名师工程

教研提升系列

以研立教

语文课例研究

模型建构与实践探索

王从华／著

SWUP
西南大学出版社
国家一级出版社
全国百佳图书出版单位

图书在版编目(CIP)数据

语文课例研究：模型建构与实践探索 / 王从华著
. -- 重庆：西南大学出版社，2023.12
ISBN 978-7-5697-1552-1

Ⅰ. ①语… Ⅱ. ①王… Ⅲ. ①语文教学－教学研究
Ⅳ. ①H193

中国版本图书馆CIP数据核字(2022)第168865号

语文课例研究：模型建构与实践探索
YUWEN KELI YANJIU：MOXING JIANGOU YU SHIJIAN TANSUO
王从华　著

责任编辑：李青松
责任校对：刘欣鑫
装帧设计：闰江文化
排　　版：杨建华
出版发行：西南大学出版社（原西南师范大学出版社）
地址：重庆市北碚区天生路2号
邮编：400715
印　　刷：重庆新生代彩印技术有限公司
成品尺寸：170 mm×240 mm
印　　张：24.5
字　　数：328千字
版　　次：2023年12月第1版
印　　次：2023年12月第1次印刷
书　　号：ISBN 978-7-5697-1552-1

定　　价：98.00元

序

语文教学有一些令人迷惑的现象，集中表现在以下几个方面：(1)从学生角度而言，多学两节课和少学两节课，似乎没有什么区别，“凡是语文好的学生，都不承认是语文老师教出来的”；(2)从教师的角度而言，“语文太难教”“备课的时候，不知道要教什么，上课之后还是不知道教什么”，“教什么”似乎成为语文教师最痛苦的一件事；(3)从评课的角度而言，似乎什么人都可以对语文教学评论一番，“这里教的不是语文”“那里教得不对”；等等。

与其他学科课程相比，语文教师面对的是一篇篇课文。课文既是学习的材料，也是学习的对象。因此，语文教师在教学设计、实施和评价的过程中，首先要解决的是“教什么”的问题，其次才是解决“怎么教”的问题。

“教什么”的问题就是语文教学内容问题，这一问题与课程、教材、评价息息相关。在语文课程层面，课程目标应该清晰地表述学生应达到的语文素养和语文能力的要求，应根据课程目标明确语文课程内容“一般应该教什么”。在语文教材层面，理想的情况下应该做到“语文课程内容教材化”“教材内容教学化”：一方面，要通过运用种种资源使课程内容生动具体地显现；另一方面，教材要形成可操作的教学设计，使学生在师生、生生互动中走进经典的世界，建构语文能力。在语文教学评价层面，理想的情况下也应以促进学生的学习为目的，建构语文评价体系，通过指标和量规的清晰表述指引语文教学的发展方向。

语文教育研究者在课程、教材、评价等方面做了一系列的努力，但上述问题仍没有得到根本的改变。语文教师在教学过程中，把主要精力花在"教学内容"的生产上，这些经过语文教师苦思冥想出来的"教学内容"普遍存在着严重的问题。

近年来，教研专家、学科专家和学科教学专家共同参与的课例研究，成为语文教学层面融通转化理论与实践的有效载体，对教师专业素养的提升，尤其是对教师学科教学知识的改善起到了不可替代的作用。

自新中国成立以来，我国就有课例研究的传统，并形成了本土化的课例研究的多种样态。上海师范大学"语文课程研究基地"在承担"国培计划"项目的过程中，开发了"主题学习工作坊""共同备课工作坊""课例研讨工作坊"三个工作坊互补的研修模式。从华教授是我指导的博士后，在上海师范大学学习期间，积极参加"国培计划"项目的组织实施工作，担任共同备课工作坊和课例研讨工作坊的合作专家。

出站之后，从华教授带领自己的团队在研究生培养、学校和区域的教师培训中开展语文课例研究，取得了一系列的成果，先后获得国家级教育硕士专业学位研究生教学成果奖一等奖，基础教育国家级教学成果奖二等奖。

本书是从华教授这方面研究成果的总结，对推进语文课例研究和教师专业发展做了较为深入的探索。例如：第一章"语文课例研究模型的多维建构"强调研究的场域要回到真实的课堂，通过课例研究的功能定位、教科书使用、流程设计等多个维度，把“主题学习工作坊”“共同备课工作坊”“课例研讨工作坊”围绕系列主题整合为一个有机关联的行动取向的综合课例研究系统，为职前、职后语文教师的专业发展提供有力的技术支撑。第二、三章是行动中的综合课例研究的部分成果的提炼，对语文教师如何在日常的工作场景中开展课例研究有重要的参考价值。第四章对语文项目化课例研究做了较为系统的总结与反思，为教育硕士的培养和学校语文学科建设提供了有益启示。

《语文课例研究：模型建构与实践探索》这部著作的出版，标志着从华教授在语文教育研究方面又向前迈进了一步。语文教师专业发展、语文课例研究、广大县域中小学语文学科建设，任务还很艰巨。希望从华教授能沿着这一方向继续精耕细作，推出更有分量的研究成果。

王荣生

上海师范大学教授、博士生导师

2023年10月26日

目录

contents

绪 论

一、问题的提出

伴随着世纪之交西方国家教育建构、重构的汹涌浪潮，始于2001年的我国基础教育课程改革，把教育改革的重心放在改革学校的课程和课堂教学层面。在不同课程改革模式中，教师扮演的角色是不同的。新课程改革是一次课程理念的全面更新，以学生发展为中心，在课程目标、内容、组织、评价以及课程实施方面，更关注学生的学习，注重个性差异，为学生的发展提供多元化的学习环境和教材。这种变革，为教师参与课程建设、创造性地重构课堂教学开辟了更为广阔的空间。课程改革的成功不仅取决于课程政策，更取决于教师于课程的互动与转化，教师专业发展成为课程改革能否成功的关键要素。在课堂教学层面，与课程改革之前相比，确实发生了一些变化，但是“课堂还没有从根本上实现由以教为主向以学为主的转变”[①]。具体到语文教学层面，不仅仅是“由以教为主向以学为主的转变”的问题，更为棘手的是“教什么”和“用什么去教”的

---

① 田慧生.落实立德树人根本任务 全面深化课程教学改革[J].课程.教材.教法，2015，35(1)：3-8.

问题。王荣生教授旗帜鲜明地指出："大量事实表明，语文教师所生产的'教学内容'，在'教什么'正确与否和'用什么去教'是否对路方面，都存在着严重问题。"而许多语文教师对上述问题"缺乏反思"，"甚至缺乏自觉"，"这种情况急需改变"。他进一步指出，语文教学内容问题出现的主要原因有三个：(1)"语文课程内容"骤变为"语文教学内容"；(2)"语文材料"顶替了"语文教学内容"；(3)"语文活动"遮蔽住"语文教学内容"。① 由此可见，语文课程的变革落实到教学层面，不仅需要教学方式的转变，更需要教学内容的重构与创生。从语文教师的角度而言，作为研究者，他们不仅要在互动中调适与课程、教材的关系，还需要花大力气研究自己的教学行为和学生的学习行为，自觉地反思并重构自己的教学，从而参与到推动有效的、高质量的语文课程发展之中。因此，教师专业发展是语文课程改革的基础，也决定着语文课程改革的成败。

当前，教师专业发展正经历着由接受到探究的范式转型。在结果驱动、系统思考和建构主义三大理念的影响下，教师专业发展路径向着三个维度整合的方向发展：(1)从多维视角来研究教师专业发展，如贝尔和吉尔伯特提出从社会发展、专业发展和个人发展三个方面的互动来考察教师的专业发展②；(2)"在'工作情景'中，通过对'教学的探究'而进行的'教师自主'发展"③；(3)在专家引领的多元能动主体互动对话中促进教师的专业发展④。从教师专业发展的内部要素来看，也沿着两个方向推进：(1)内涵的扩展，把教师专业发展建立在教师发展、人的发展基础上，

---

① 王荣生.语文课程与教学内容[M].北京：教育科学出版社，2015：235-242.

②BELL B ，GILBERT J .Teacher development as professional，personal，and social development[J].Teaching & Teacher Education，1994，10(5)：483-497.

③赵明仁.教学反思与教师专业发展：新课程改革中的案例研究[M].北京：北京师范大学出版社，2009：10.

④ 王鉴，王力争.课堂教学变革的力量：能动者的联动[J].教育研究，2016，37(12)：97-105.

转向“为己为人”的立场[①]；(2)内部要素的聚焦，把教师的学科教学知识优化，作为教师专业发展的核心要素。到目前为止，人们对学科教学知识达成了三点共识：第一，学科教学知识处于教师专业知识结构的核心地位，支配着教师的教学行为；第二，学科教学知识是向特定学生有效呈现和阐释特定内容的知识，与特定主题相联系，是关于某一主题的教学知识，通过教师的教学得以呈现；第三，学科教学知识是知识的综合体，包括关于教学对象、学科内容、教学方法和教学情境等知识的综合。

从教师专业发展的内外部因素来看，开展以改善语文教师学科教学知识为目的的课例研究，可能是一条有效的路径。那么，以教师专业发展为指向的课例研究进展到何种程度？语文教师如何通过课例研究优化自己的学科内容知识？要回答这些问题，需要对相关研究作梳理，从而寻找一条通过课例研究促进教师专业发展的有效路径。

二、课例研究促进教师专业发展研究述评

课例研究最初始于日本，目前正逐步成为我国中小学的常见教研形式。随着 2005 年世界课例研究协会(WALS)的成立，课例研究在世界范围内得到了推广。[②]“在内地，课例研究最初由上海教育科学院顾冷沅教授引介并作为一种教师培训形式加以推广，2003 年在教育部要求积极推进校本教研制度建设和开展行动研究的背景下，我国中小学教师开始探讨和实践具有国际认同的确定性意义上的课例研究。”[③]教育理论与教学实践之间往往相互隔离，需要一个“支架”来连接，这个支架能够引导着

①叶澜，王枬.教师发展：在成己成人中创造教育新世界——专访华东师范大学叶澜教授[J].教师教育学报，2021，8(3)：1-11.

② 安桂清.以学为中心的课例研究[J].教师教育研究，2013，25(2)：72-77.

③ 袁丽，胡艺曦.课例研究对促进教师专业发展的作用、不足与改进策略——基于文献的考察[J].教师教育研究，2018，30(4)：99-105.

教师掌握、建构和内化所学的知识技能，使他们进行更高水平的认知和教学实践活动，从而促进教师的专业发展，而课例研究就是这样一个“支架”。基于此，笔者以2001年以来在中文核心以上期刊发表的论文为研究对象，从课例研究的内涵、特征及其与教师专业发展三个方面的文献进行梳理，进而为设计并开展促进语文教师专业发展的课例研究提供有益的借鉴。

(一)课例研究的内涵阐释

当前，课例研究作为一个专有概念，研究者对其界定众说纷纭，有必要对相关概念进行分析。国际上，课例研究被默认为一个过程，即研究小组在课前共同确立主题、集体备课，课上关注学习水平不同的个案学生，课后基于所收集的数据进行共同研讨，如此循环至少三次，撰写研究报告并在实践中运用。而致力于建构本土课例研究的国内研究者，对于课例研究内涵的界定有较大差异，较多观点认为课例研究是一种过程或活动。例如，谌启标认为：“‘课例研究’(Lesson Study)，是一种教师联合起来计划、观察、分析和提炼真实课堂教学的过程。”[①]赵德成认为课例研究是教师以课为载体，对教学实践中的问题开展的合作性研究，是一种动态的研课过程。[②]张东娇认为课例研究就是以一节节具体的课为例，反映课堂教学活动从设计到实施的过程。[③]钟尚润、朱晓东认为：“课例研究是以教师的教学实践为基础，围绕一堂课在课前、课中、课后所进行

---

① 谌启标.基于教师专业成长的课例研究[J].福建师范大学学报(哲学社会科学版)，2006(1)：156-159+167.

② 赵德成.教师成为研究者：基于课例研究的分析[J].教师教育研究，2014，26(1)：75-80.

③ 张东娇.课例研究：提升学校效能的文化工具——以北京市丰台区三所小学的课例研究为例[J].中国教育学刊，2009(10)：21-25.

的种种教研活动。"[①]胡定荣等人认为课例研究是通过教师集体对研究课进行设计、观察和反思的循环来促进教师专业发展的活动。[②]胡庆芳认为："课例研究，是基于日常教育教学中需要解决的问题，在教学过程中持续进行实践改进，直至问题解决的一种研究活动。"[③]

也有观点认为课例研究是指教师系统地合作研究课堂中的教与学，从而改善教师的教学经验和学生的学习经验的综合过程。例如，林楠、毛振明认为："课例研究是教师以课为载体，对教学实践中的问题展开的合作性研究。"[④]乔江艳认为："课例研究是以某一具体的课为载体，依据新课程改革的理念选择一定的主题，将特定的、典型的教学问题放置在一个情境中，为教师提供在具体的情境中诠释教学现象、把握教学理论的机会和途径。"[⑤]肖春梅认为："课例研究是以课例为载体的合作性教学研究活动形式。"[⑥]

还有研究者提出"课例研究"是一种课堂行动研究。胡定荣、黄晓青、徐昌提出："课例研究是一种促进教师专业发展的行动研究。"[⑦]吴支奎提出："课例研究是教师个人或专业共同体立足真实的课堂情境，对具体的课例进行观摩、评价、反思和提炼的一种教学行动研究，是校本教研

① 钟尚润，朱晓东.以课例研究为载体促进中学教师专业化发展[J].继续教育研究，2015(4)：49-50.

② 胡定荣，黄晓青，徐昌."课例研究"如何取得实效——对七位初中教师"课例研究"经历的反思[J].中国教育学刊，2010(10)：66-69.

③ 胡庆芳.在课例研究中改进教学——以一节初中历史课为例[J].人民教育，2012(9)：46-49.

④ 林楠，毛振明.基于课例研究的新任体育教师反思能力发展的研究[J].北京体育大学学报，2017，40(6)：88-93+121.

⑤ 乔江艳.基于研究共同体的课例研究[J].教学与管理，2008(36)：57-58.

⑥ 肖春梅.课例研究：数学教师学科教学知识发展的有效途径[J].教学与管理，2015(18)：100-103.

⑦ 胡定荣，黄晓青，徐昌."课例研究"如何取得实效——对七位初中教师"课例研究"经历的反思[J].中国教育学刊，2010(10)：66-69.

的一种有效形式。”[①]

总的来说，对于课例研究的概念界定虽然有些不同，但达成的共识有：(1)对教师在课例研究中的主体身份和教师在课例研究中的合作互助形式的认同；(2)课例研究的研究对象是教学实践中的课例；(3)一般认为课例研究的目的在于优化教学质量、总结教学经验、解决教学问题和促进教师专业技能发展。

（二）课例研究的特征

近年来，课例研究因其具有以校为本、基于实践共同体、深入学科教学、重视实践反思等特点而受到研究者的极大关注。课例研究的核心特征在于：长远目标的共享性；课程内容的选择性；学生研究的周密性；课例观察的鲜活性。[②]齐渝华，刘悦等人认为“课例研究的特点表现在以下几个方面：一是，强调组建合理的研究共同体，发挥来自大学研究人员、研修员和教师三方各自的优势，避免教师在研修中同水平甚至低水平地重复；二是，倡导平等、民主的教研文化”；“三是，强调在真实自然的教学情境中观察和改进教师的教学行为”。[③]钟尚润、朱晓东指出，课例研究的特点体现在其具有研究性、合作性、情境性、间接性、长期性。[④]国际上公认的课例研究的共通性特点，主要有以下四点：(1)强调问题导向，围绕主题展开研究；(2)倡导群体合作，欢迎异质人员参与；(3)重视平等交流，开展实践性、过程性反思；(4)坚持“一课N研”，关注教学行为的持续

---

① 吴支奎.课例研究与教师实践智慧的生长[J].教育与职业，2009(23)：46-47.

② 谌启标.基于教师专业成长的课例研究[J].福建师范大学学报(哲学社会科学版)，2006(1)：156-159+167.

③ 齐渝华，刘悦，张汉林，等.以课例研究为载体探索教师研修的新途径——以北京市西城区“课例研究”研修项目为例[J].课程·教材·教法，2010，30(10)：92-97.

④ 钟尚润，朱晓东.以课例研究为载体促进中学教师专业化发展[J].继续教育研究，2015，(4)：49-50.

性改进。[①]纵观国际上各种形态的课例研究还可以发现它们有一些相似之处，比如：强调教师的群体合作性，并尽可能争取专业人员参与；强调行动中的过程性实践反思；强调持续性的教与学行为改进。[②]一些研究者还提出课例研究是校本教研的一种有效形式。肖建民提出课例研究具有七个鲜明的特征：主体性，教师是课例研究的主体；问题性，课例研究是从解决教学中的问题入手的，问题来源于教学的真实情景；思辨性，涉及对课程观、教学观、学生观、评价观的思辨；过程性，课例研究重在过程，重在教学行为的转变，提升教师的实践能力；互助性，课例研究是在专业引领下同伴互助实践反思的过程；叙事性，课例研究的方法注重叙事研究，它把有关生活性质的理论思想引入到活生生的教育经验之中；科学性，课例研究以科学研究为手段，致力于解决教师在实施新课程中遇到的现实问题。[③]吴支奎提出："课例研究作为校本教研的一种有效形式，具有主体性、实践性、过程性和真实性等鲜明的特征。"[④]

总的来说，研究者对于课例研究的特征的认识虽然并不完全相同，却大体相似，大都强调课例研究具有实践性、反思性、合作性、过程性和真实情境性的特点，认为课例研究是一个研究共同体，肯定了课例研究对促进教师专业发展的作用。

（三）课例研究对促进教师专业发展的作用

依据教师专业的结构，教师专业发展可以从专业知识、技能、态度等

---

① 王丽琴.校本研修视域下的中式课例研究及其课程化——以浦东系列"校本课例精修工作坊"为例[J].教育发展研究，2019，39(18)：52-58.

② 杨玉东.从中式课例研究看上海数学教师的专业学习[J].中国教育学刊，2019(11)：6-11.

③ 肖建民.课例研究是开展校本培训 促进教师专业发展的重要策略[J].中小学教师培训，2004(5)：3-5.

④ 吴支奎.课例研究与教师实践智慧的生长[J].教育与职业，2009(23)：46-47.

不同方面进行分析；依据教师职业生涯的过程，可以把教师专业发展分为不同的水平或阶段。教师的专业化水平的提高与课例研究有着密切的联系，二者相辅相成。课例研究本质上是一种课堂行动研究，有利于教师改进教学，促进教师专业发展。

1.有助于教师专业知识的扩充

研究者们普遍认为课例研究可以促进教师专业知识的发展。教师必须有丰富的专业知识，才能教好学，学生也才能乐于学习，今天的学生是不会喜欢和欣赏一个知识匮乏的老师的。"课例研究能提供给教师深入了解教材的知识，使教师发现自己的知识的不足和学习新知识的重要，以应对教学过程中所遇到的关于教材问题、教学内容问题和教学策略问题的挑战。"[①]"'课例研究'促进了教师之间的经验交流和知识分享，打破了传统的信息隔离状态。通过'课例研究'，富有经验的教师的隐性知识能够被保存和传播，'课例研究'起到了知识的纵向传承的作用。"[②]通过教师间的相互观课、交流与反思，教师的学科教学知识可以得到进一步的发展与提高。杨彦军、童慧从话语功能和话语内容两方面分析了为期一年的课例研究实验对教师知识建构水平的影响后发现，"基于协同知识建构的课例研究实现了教研活动由'信息共享型'会话向'研讨建构型'会话的转变，课例研究小组的会话技巧明显提高、会话内容更加广泛深入"。[③]因此，课例研究不仅有助于教师扩充和提升自身教育教学知识的含量与质量，使教师更深入地学习教材知识、掌握教育教学知识，也

① 齐晶莹.课例研究：教师专业发展的有效途径[J].教育探索，2009(4)：84-85.

② 谌启标.基于教师专业成长的课例研究[J].福建师范大学学报(哲学社会科学版)，2006(1)：156-159+167.

③ 杨彦军，童慧.基于课例研究的教师知识协同建构模型及其实践效果研究[J].电化教育研究，2015，36(12)：103-108.

有助于教师进行自主的本体性知识建构，提高教师协同知识建构的水平，为教师专业知识的持续性发展提供助力。

2.有助于教师专业能力的提升

教师专业能力一般包括教学基本能力和研究合作能力。在课例研究中，执教教师是关键的能动者。每节课的关键事件都蕴含在复杂的教学情境中，而能否发现这些关键事件，又取决于教师的专业判断力，取决于指导者的学科素养和专业眼光。齐晶莹认为课例研究是促进教师专业发展的一种有效途径。“课例研究以解决教育教学中的实际问题为主，为教师搭建了理论与实践相结合的平台和相互交流与学习的场所，有利于帮助教师不断提高自己分析教学问题的能力，改进教学行为，从而促进学生的全面发展。”①肖建民研究发现，在校本培训中开展以课例为载体的行动研究有力地促进了教师的专业成长，“课例研究以解决教育教学中的问题为重点，提高了教师发现问题、分析问题、解决问题的能力，提高了教师实施新课程的能力。”②课例研究有助于教师顺利高效地完成教学活动，提高教学活动效率，进一步提升教师的教学专业能力，促进教师的教，是教师专业发展的主要途径。

3.有助于教师专业态度的强化

除了促进教师专业知识和专业能力的发展之外，课例研究也有助于强化教师的专业态度。课例研究较多采用叙事研究方法，注重问题解决，能较为直观地使教师感受到理论与实践相结合的意义和价值所在，

---

① 齐晶莹.课例研究:教师专业发展的有效途径[J].教育探索,2009(4):84-85.

② 肖建民.课例研究是开展校本培训 促进教师专业发展的重要策略[J].中小学教师培训,2004(8):18-20.

更易于使教师产生对理论学习的渴求。[①]课例研究有助于提高教师对教育理论学习的积极性与主动性；同时，课例研究也是促使教师把发展的欲求内在化的有效方式，有助于进一步提升教师个体的专业发展水平。[②]课例研究的最终目的是发挥教师的积极性和创造性，实现教师在教学上的成长和形成对教学不断探索的精神，从而增强教师自我发展的意愿，激发教师学习的内在动机，也能够帮助教师提升自信心和工作积极性，从而改善工作状态、克服职业倦怠。教师专业态度得到强化，教师便能以饱满的热情投身于教育事业之中。

三、课例研究对促进语文教师专业发展的启示

综合有关课例研究与教师专业发展的文献可以发现：当前研究者越来越关注课例研究和教师专业发展的互动关系，而且大部分研究者都主张课例研究是促进教师专业发展的有效途径。当前的研究趋势：一是越来越关注课例研究中的教学反思，强调反思实践的重要性；二是越来越关注同伴互助，强调和谐良好的合作氛围；三是越来越关注校本教研，强调专业引领的高效性；四是越来越关注学生，强调要回归真实情境。

（一）在课例研究中反思，是提高教师教学能力的关键要素

“课例研究是通过教师集体对研究型课例进行设计、观察和反思的循环来促进教师专业发展的活动，一般包括准备、计划、授课和反思四个基本阶段。”[③]而教师的反思注重“以解决实际教育、教学问题和困惑为出

① 肖建民.课例研究是开展校本培训 促进教师专业发展的重要策略[J].中小学教师培训，2004(8)：18-20.

② 杨帆，夏惠贤.日本课例研究的特征及对教师专业发展的影响[J].外国中小学教育，2008(12)：31-34.

③ 陈静静.专业场景中新手教师实践性知识的发展机制研究[J].全球教育展望，2011，40(11)：15-19.

发点，通过反思追求教学决策和行动的正确性和满意度”，“这是对尝试错误的探索过程的知觉和评价，从而对自己的教学进行审视和监控”。[①]相关研究表明：课例研究是能够使教师的教学反思水平得到提升的。例如：林楠、毛振明通过研究发现伴随课例研究的实施，新任体育教师的反思水平得到显著提高。[②]崔藏金以核心反思模型为理论框架，运用个案研究法探查了课例研究对英语教师教学反思水平的促进作用。其研究结果显示：“在课例研究影响下，英语教师的反思内容（质量）和反思水平均有明显的提升”；“英语教师反思水平的上升并不都呈现出渐进式、逐层上升的变化趋势，而是存在跨越式上升的现象”。[③]总的看来，“课例研究”形式的教研活动能够促进教师反思水平的显著提高和反思内容的全面化，有效促进教师综合反思能力的提高。教师应在课例研究中不断促进教学反思能力的提升，在反思性实践中释放教师专业发展的潜能。

教师反思是教学理解与教学实践的对话，是教学现实与教学理想的沟通，是教师专业知识和能力发展的根本机制。教师“通过教学反思可以检查教学过程的科学性；分析教学中的不足；记录教学中的困惑；发现教育过程中教学行为存在的缺陷；可以发现自己的教育教学方法是否适合学生；可以不断地、逐渐地提高教师自我的教学监控能力，提升教师的专业素质、综合水平”[④]。通过教学反思可以“使教师不断自我超越，使教师的实践性知识在教师的判断和选择中获得新生的机会，教师将以更加

① .杨彦军，童慧.基于“课例研究”的教师教学智慧发展研究[J].电化教育研究，2014，35(11)：95-101.

② 林楠，毛振明.基于课例研究的新任体育教师反思能力发展的研究[J].北京体育大学学报，2017，40(6)：88-93+121.

③ 崔藏金.“课例研究”如何促进英语教师反思水平发展[J].当代教育与文化，2017，9(4)：58-64.

④ 钟尚润，朱晓东.以课例研究为载体促进中学教师专业化发展[J].继续教育研究，2015(4)：49-50.

开放的、发展的方式视角去看待教学中所遭遇的情况，他们会更加了解学生的需要，给予学生更多的话语权，从更加长远的视角来审视自己的教学实践，真正成为学生发展的促进者，成为反思性实践者”[①]。当前有许多教师在自己的教学中，常常看不到自身的问题，教学处在一种盲目的状态，在教学中出现问题，也不会分析或找出原因，使教学处于低水平徘徊的状态。因此，课例研究中的教学反思环节极其重要。“课例研究对反思环节有如下要求：反思应通过集体活动来进行；反思应围绕预计的教学目标，针对集体设计的教学方案的有效性来进行；反思应根据观察资料来进行。”[②]因此，教师要善于反思，教师应当对课前、课中、课后全方位反思，对每一天的教育教学活动进行反思，在实践中探求、反思、感悟。力争做到在反思中扬长，在审视中甄别，在前瞻中创新。时刻把教学与反思相结合，在反思中教学，在教学中反思，创造性地开展教学工作。

（二）同伴互助，是促进知识生成的黏合剂

课例研究不是教师单打独斗能够完成的，其讲究教师间的合作与配合。借助团体的力量改进教学，教师能够在分析课堂教学的基础上相互启发，进一步提高教学能力。而且课例研究作为一种注重集体协作的活动，有助于推动学习共同体的建构与发展，形成教师发展文化，加强教师间的交流与合作，有助于培育、发展良好的研修文化，形成学科研修课程的课程资源包。[③]作为青年教师要善于借助环境、团队的力量实现专业

① 陈静静．专业场景中新手教师实践性知识的发展机制研究[J].全球教育展望，2011，40(11)：15-19.

② 胡定荣，黄晓青，徐昌．“课例研究”如何取得实效——对七位初中教师“课例研究”经历的反思[J].中国教育学刊，2010(10)：66-69.

③ 齐渝华，刘悦，张汉林，等．以课例研究为载体探索教师研修的新途径——以北京市西城区“课例研究”研修项目为例[J].课程·教材·教法，2010，30(10)：92-97.

成长，比如课题组、名师工作室、学习小组，因为“课例研究中的研究问题、课堂设计、课堂观察和课后讨论都是在互助合作的条件下完成的，教师在合作中又有具体的分工，一轮的课例研究之后还有分享，这个为教师专业成长提供了一个合作的基础”[①]。而且，教师在个人成长中会有懈怠与停滞的不良心理，往往会安于现状，但是当其置身于一个团队之中时，团队的管理机制是化解其懈怠与停滞心理的最好措施。另外，在文化氛围上，课例研究构建合作互动、开放有序的教研文化氛围，能使课例研究中教师间的交流有效展开。

课例研究不仅可以帮助教师完善自身的教学能力，还可以营造良好的合作氛围。通过同伴互助，教师可以激发学习热情和工作的积极性，也可以从其他教师的教学方式上学到一些内容，对自身的教学方法和教学质量都会有一个提高。因此，课例研究可以促进教师之间共同进步、共同成长，进而使教师整体的专业化水平得到提高。

（三）专业引领，是促进教师专业发展的助推器

在新课程改革的背景下，以“校本教研”为核心的教师专业发展活动在我国逐步得到推广。杨玉东提出要“把课例研究作为教师专业发展重心下移的校本研修举措”。[②]开展校本课例研究，建构以专家引领的校本课例研究模型，推动新手教师、经验教师向优秀教师的进阶发展，并且持续深化对校本课例研究实践的探索，进一步揭示“校本课例研究”在促进教师专业发展上的科学性与规律性。“当前校本研修需求呈现出的一大特征：专家为主导的引领性活动要与教师日益个性化、多元化的学习需

① 曾家延，李凯.英国促进教师专业成长的课例研究：经验与启示[J].中小学教师培训，2016(10)：74-78.

② 杨玉东.从中式课例研究看上海数学教师的专业学习[J].中国教育学刊，2019(11)：6-11.

求充分对接。所谓专家为主导的引领性活动，通俗地说就是邀请专家来校做讲座。这种常见的校本研修活动操作相对简便，能保证研修内容的前沿性。”①“专家要为教师看待问题提供多维视角和有效的理论支持，为教师提供信息上和技术上的支持。”②引入学科专家和教研人员为教师开展课例研究提供研究技术与研究资源支持，为教师在课例研究中的专业发展奠定良好的资源基础，为教师专业发展层次的提高提供充足的资源保障，有利于课例研究更好地开展。

“通过专家引领、群体智慧碰撞，教师个体隐性知识不断显化，教师群体将这些显化的知识运用于自身的教学实践，不断生成新的隐性教学知识。教师的教学知识就是在这种显性和隐性的相互转化过程中不断生成与发展的。”③因此，要在课例研究中落实专业引领、提高研讨效率，进而促进教师专业成长。

（四）回归真实工作场域，是指向教师专业发展的课例研究的有效路径

“课例研究聚焦于‘原汁原味’的课堂，始终围绕教师‘怎么教’和学生‘怎么学’的教学实践，能帮助教师发现课堂中潜在的真实的问题。”④课例研究是一种促进教师专业成长的，具有情境性、实践性的研究方式。因此，课例研究应当回归真实的教学生活。如果课例研究执着于寻求教学规律，便会落入冷冰冰的、符号化的科学世界，也就因此遗忘了教学的

---

①王丽琴.校本研修视域下的中式课例研究及其课程化——以浦东系列“校本课例精修工作坊”为例[J].教育发展研究，2019，39(18)：52-58.

② 乔江艳.基于研究共同体的课例研究[J].教学与管理，2008(36)：57-58.

③ 肖春梅.课例研究：数学教师学科教学知识发展的有效途径[J].教学与管理，2015(18)：100-103.

④ 齐晶莹.课例研究：教师专业发展的有效途径[J].教育探索，2009(4)：84-85.

现实生活世界。而"课例研究超越了以往教学研究的单纯思辨和实验等方法,倡导教师深入课堂,采用民族志的研究方法,更直接地触及课堂教学的实际,揭示课堂教学的问题,因此它有能力引导教学研究回归真实的教学生活,解决教学的实践问题"①。教师要在真实、自然的情境中展开研究,研究的对象是真实的第一手情境资料,研究的成果直接推广和运用于教学活动。坚持现场研究、坚守真实课堂的课例研究可能会产生意想不到的效果。教师要进一步深化落实生活化、情境化的课例研究,基于情境体验可以改进教学行为,形成教学信念,促进教师专业发展。

(五)课例研究的本土化,是促进教师专业发展、学生发展和课程变革的必由之路

长期以来,我国教师的专业成长是在各种教育培训机构中实现的,这种教师培养就等同于理论学习。这种教师的培养方式,不但没有让教师得到专业成长,反而使大部分教师失去教学的热情和乐趣。日本、美国等国家在课例研究方面已经积累了较为丰富的实践和研究经验,以日本课例研究的经验为例:"从关注教师的教转向关注师生互动,关注学生如何自主、主动学习,关注学生是否主动地参与发现、思维、探索、操作的学习过程,以及学生在学习过程中所表现出来的情感和态度的变化"②。这一点对于我国传统的观、评教研活动中更关注教师教的内容与形式而言,是值得反思与借鉴的。

当然,在借鉴吸收国际经验时,也要注重本土经验的发掘与应用。王荣生、高晶曾在《"课例研究":本土经验及多种形态(上)》中明确提出,

① 安桂清.课例研究的意蕴和价值[J].全球教育展望,2008(7):15-19.

② 杨帆,夏惠贤.日本课例研究的特征及对教师专业发展的影响[J].外国中小学教育,2008(12):31-34.

要提防中国课例研究的"本土经验或被遗弃或被遮蔽"现象。[①]本土经验扎根现实，具有很强的针对性和适用性，应正确对待课例研究本土经验，避免片面追求外国经验，而忽视了本土经验的价值。而且，"中式课例研究有一个很大特点，就是强调教师行为改进，且这种改进是在具体情境中完成的，伴随教师们的多种现场体验，教师比较容易达成原有教学信念的巩固或修正"[②]。同时，中式课例研究能够促进教师专业发展："有利于精致化传统教研活动"，"有利于提升磨课活动中的方法论自觉"，"有利于践行中华优秀传统文化和思想"[③]。因此，我们有必要深入发掘中国基于教研制度所长期形成的"磨课研究"形态，弘扬具有中国特色的"中式课例研究"，既为促进教师专业发展发挥作用，也为确立"中国模式"奠定研究基础。

---

① 王荣生，高晶."课例研究"：本土经验及多种形态（上）[J].教育发展研究，2012，32(8)：31-36.

② 王丽琴.校本研修视域下的中式课例研究及其课程化——以浦东系列"校本课例精修工作坊"为例[J].教育发展研究，2019，39(18)：52-58.

③ 杨玉东.从中式课例研究看上海数学教师的专业学习[J].中国教育学刊，2019(11)：6-11.

第一章 语文课例研究模型的多维建构

●○随着教师专业发展范式的转化，扎根于教师工作场景中的课例研究正在成为语文教师专业发展的主要路径之一。语文教师走情境化的专业发展道路的核心是通过名课研习和行动中的课例研究优化自己的话题PCK。教师话题PCK的转化，要求语文教师参与到有语文名师、学科专家引领的课例研究中，直面自身的一系列问题，在参与互动中获得更多的支持。在学校场域中开展课例研究，需要在教师教科书使用、共同备课、观课评课等教学实践活动中系统展开，激发教师专业发展的积极性，发挥专家和名师的引领作用，让多元能动主体参与其中。这不仅对职后语文教师专业发展起到重要的推动作用，对促进本科生、研究生专业实践能力的发展也发挥着非常重要的作用。

第一节　课例研究：语文教师专业发展的情境化路径①

在结果驱动、系统思考和建构主义三大强势理念影响下，教师专业发展正面临着范式转型。新的范式沿着多维视角、工作情景和专家引领三个整合的方向发展。课例研究，是教师"工作情景"中的一项实践活动，可通过专家引领在教学实践中开展研究，促进语文教师多维度地发展，具有广阔的发展前景。

一、课例研究与语文教师专业发展的关系

课例研究（Lesson study），最初来自日本，20世纪60年代日本在小学数学学科中普遍运用。到目前为止，研究者对"课例"的理解，主要有静态或动态两种。静态的"课例"，主要指"教学设计""课堂教学"等已形成的课；动态的"课例"，主要指从备课、上课到评课等持续改进中的课。课例研究的重心，不是"课例"，而是"研究"，即在特定的情境下，探究一节课"教什么""怎么教"和"为什么教这些、这么教"的道理。行动取向课例研究的核心特征是：指向具体的、真实的、有价值的问题，并运用合理的

① 王从华.课例研究：小学语文教师专业发展的情境化路径[J].语文教学通讯，2019(9)：4-7.（收入本书时有改动）

研究方法，对研究的问题做出合理的解答。[①]

教师专业发展，是当前基础教育研究的一个关键词。目前，学界对教师专业发展的理解主要有三种不同视角：(1)从社会学与教育学的角度来看，教师专业化是指教师职业成为专门职业、并获得应有的专业地位的过程；(2)从"教师专业的发展"和"教师的专业发展"这两种不同的语词搭配的角度来看，"教师的专业发展"则强调教师个体内在的专业性的提高，关注教师如何形成自己的专业精神、知识和技能；(3)从过程角度来看，教师专业发展是教师专业成长的过程，指在教学职业生涯的每一个阶段，教师掌握良好的专业实践所必需的知识与技能的过程。美国学者利思伍德、贝尔和格里布里特等都认为，教师专业发展是一个多维度发展的过程。利思伍德、贝尔认为，教师专业发展分为专业知能发展、心理发展和职业周期发展三个维度，它们之间既相互独立，又相互依赖，其中专业知能的发展处于核心地位。格里布里特等则从社会发展、专业发展和个人发展三个维度描述教师专业发展的演进模式，认为教师专业发展会遇到三种情境：确认与渴望变革、重新建构和获得能力。[②]

自美国学者舒尔曼提出学科教学知识(PCK)术语之后，格罗斯曼、卡特、古德曼斯坦、雷诺兹、科克伦、威尔和麦肯斯特等人经过持续深入地研究发现，教师专业发展的核心是学科教学知识的改善。舒尔曼认为，教师的学科教学知识是"教师在面对特定的学科主题或问题时，如何针对学生的不同兴趣与能力，将学科知识组织、调整与呈现，以进行有效

---

① 王荣生，高晶."课例研究"：本土经验及多种形态(上)[J].教育发展研究，2012，32(8)：31-36.

② 叶澜，白益民，王枬，等.教师角色与教师发展新探[M].北京：教育科学出版社，2001：262-265.

教学的知识”[1]，强调教师在面对特定教学主题与学生时，其学科知识的表征方式与概念转换的教学策略等内涵的知识要在案例教学中建构并发展[2]。科克伦等人从宏观动态的角度看待学科教学知识，认为它“是一种综合性的动态知识”[3]。托宾、蒂宾斯和吉拉德从微观的角度分析了学科教学知识建构的本质，认为它是教师在与真实教学情境的相互作用中自主建构的，往往与学科知识、教学知识交错在一起，不宜单独分开。尽管不同学者对学科教学知识的理解存在很大差异，但基本形成以下三点共识：是支配教师教学行为的核心知识；在教学中得以呈现；表现为包括教学对象、内容、方法和情境在内的知识的融合。基于此，我们认为，学科教学知识是教师的核心知识，可以通过课例研究来辨识、抽取、描述和改善。

课例研究适合改善中小学语文教师的学科知识。不管哪一个阶段的语文教学，教学内容都是由一篇篇课文来承载的，语文教师需要通过课文解读、单元解读、学情分析，找准课文中的教学点，围绕教学点选择并开发合宜的教学内容，才能把教材内容转化为教学内容。因此，开展以改善语文教师学科教学知识为目的的课例研究，应该是语文校本教研的常态，也是语文教师在实践场域提升自己专业能力的必由之路。

---

① SHULMAN L S.Knowledge and teaching: Foundations of the new reform[J].Harvard Educational Review,1987,57(1):1–23.

② 舒尔曼.实践智慧：论教学、学习与学会教学[M].王艳玲，王凯，毛齐明，等，译.上海：华东师范大学出版社，2014:141.

③ COCHRAN K F, DERUITER J A, KING R A. Pedagogical content knowing: an integrative model for teacher preparation[J]. Journal of Teacher Education. 1993, 44(4): 263 - 272.

二、促进语文教师专业发展的课例研究的主要样式与流程

(一)课例研究的主要样式

新课改以来,“我国‘课例研究’具有多种形态,如‘课例’作为研究成果的表达形式,‘课例’作为研究对象,‘课例’作为所研究问题的载体,作为研修内容或研修方式的‘课例研究’,等等”[①]。就语文学科而言,主要样式有走向精致化的评课、玩赏品味的名课研习、评论得失的课例评析、基于立场的课例兼评、明确所指的课例述评、教学反思的新形式[②]和解决教学问题的行动中的语文课例研究。实践证明,以上样式的课例研究对语文教师专业发展均有促进作用,但发生作用的程度是不一样的。王荣生教授指出,由于我国“语文课程内容的缺失”和语文教材对这一篇课文“教什么”的回答“往往含混其事乃至似是而非”,“教材内容的教学化”要靠教师“创设”,因而,语文教师的学科教学知识主要体现为“教什么”“学什么”“怎么学”“怎么教”的抉择。[③]对大多数小学语文教师而言,课例研究需要满足以下条件:(1)研究的内容要聚焦“教什么”“学什么”“怎么学”“怎么教”的抉择问题。(2)课例研究要有相对规范的流程。(3)发挥专家的引领作用。教师专业发展是一个复杂、漫长的过程,在教学实践中面临的问题往往是具体的,解决的方式方法也是具体的,需要发现问题、澄清问题、找到解决问题的办法并落实到教学实践中。在课例研究中,引入学科教学专家,作为教师开展课例研究的合作者,可从专业视角引领校本教研的方向,进而推动教师的专业发展。(4)课例研究的成果化。

---

① 王荣生,高晶.“课例研究”:本土经验及多种形态(下)[J].教育发展研究,2012,32(10):44-49.

② 胡根林.语文课例研究的几种样式:抽样与评介——2007年度语文教育研究论著评析之八[J].中学语文,2008(34):16-21+47.

③ 王荣生.语文课程与教学内容[M].北京:教育科学出版社,2015:225-245.

课例研究不仅可以改善教案或教学，还可以转化为研究成果，持续推动课例研究的开展。我们认为，以厘清“教什么”“学什么”“怎么学”“怎么教”的抉择问题的“名课研习”和“行动中的课例研究”，对改善中小学语文教师学科教学知识的作用比较大。这里的名课研习，与“重在玩赏品味的名课研习”还是有一些差异的，其主要目的不在于“说出这节课的精妙处”，而是通过对这一节语文课“教什么，为什么教这些”“怎么教，为什么这么教”的分析，抽取出可以转化的学科教学知识。

（二）课例研究的内容要素和基本流程

无论是名课研习，还是行动中的多轮课例研究，都要围绕“教什么”“学什么”“怎么学”“怎么教”的抉择问题展开。具体而言，两种类型的课例研究都聚焦四个核心内容：(1)教学目标。如阅读教学可依据“这一篇”课文的体式特征和学情特征确定教学目标，教学目标是解决课文中学生应该理解却又难于理解的关键词句。(2)教学内容。阅读教学内容是对一节课教师应该“教什么”，学生应该“学什么”的回答，主要包括各种类型的语文知识、包含承载语文知识的材料以及嵌入了语文知识的学习活动。(3)教学环节。教学环节是一个十字打开的过程。在纵向上，学生的学习有阶梯的递升或方面的扩展；在横向上，学生们建立相互的关联并形成共同的学习经验。(4)教学活动。以“学的活动”为基点的课堂教学有三个显著的特点，即：学生“学的活动”有较充分完整的时间，学生的学习经验有较充分的表达与交流，班级的每个学生都能获得共同的学习经验。

名课研习研究的是名师的课例，或者是优秀的课例。它的一般流程是：(1)我看到了什么，教学活动分析；(2)教师实际在教什么，教学内容分析；(3)学生学到了什么，教学目标分析；(4)教学目标评价，联系学生与教材;(5)做出评价,抽取可以转化的学科教学知识。

行动中的多轮课例研究,活动过程主要分为三个阶段。第一阶段,文本解读与教学设计。这一阶段要做好四件事情,即选择教学点确定教学目标,围绕教学点选择合宜的教学内容,依据这一篇课文的层次结构和学生的认知特点组织教学环节,以“学的活动”为中心组织教学活动。第二阶段,课例实施。这一阶段,执教者和观察者关注的内容稍有差异。执教者关注的内容是:学生的学习状态(包括学习兴趣、任务完成情况和小组学习的形式),适时创设任务情境,激发学生的学习动机、明确学习任务,引领学生参与到“学的活动”中来,循着学情搭设支架,呈现教学内容(语文知识、学习材料),组织“学的活动”,通过讨论、追问、比较、反馈、点拨等形式,促进学生经验的获得,达成教学目标。观察者关注的内容是:(1)教学活动的开展;(2)教学内容呈现与转化;(3)教学环节的有序展开;(4)教学目标的达成度,即学生学习行为的变化。但两者都聚焦教学内容问题,即语文知识的呈现和使用问题。第三阶段,课例诊断、反思与重构,聚焦教学内容的选择和教师话题PCK的改善。具体包括四个步骤:(1)根据教与学的行为判断教师想教什么教学内容,教到什么程度。(2)从学生的行为表现推断教师实际在教什么内容,教学效果如何。(3)如果教学目标达成,在教学内容的选择和教学方法的运用上有哪些可借鉴的经验;如果教学目标没有达成,语文教师在文本解读、教学内容选择和教学方法运用方面出了什么问题,应该如何解决。(4)经过讨论、交流和反思,修改完善教学设计,进入下一轮的课例研究。行动中的语文课例研究,往往需要二到三个循环,才有可能达到优化学科教学知识的目的。

三、名课研习：改善语文教师学科教学知识的横向维度

长期以来，在教师专业发展领域，人们往往缺乏对其内部系统和结构的认识和改善。教师职前、职后教育，往往从优秀教师应该具备的素养出发，从专业理念与师德、专业知识、专业能力等维度尽可能多地传授学科知识、一般的教学知识、学生的知识等。这些课程内容不能说没有用，但实践证明，效果是非常有限的，其中最重要的原因是优秀的教师应该具备的核心知识是上述知识的融合体，即舒尔曼提出的学科教学知识。语文教师回到真实的教学场景后，面对特定的教学任务和学情，发现系统化的学科知识或教学知识很难发挥作用。因此，进入教学现场，面对"教什么""怎么教"的具体问题，大多数语文教师只能在暗中摸索或者重复"昨天的故事"，课堂教学水平很难得到质的提升，名噪一时的"杜郎口经验""洋思经验"仅从课堂形式上改变教学的做法都没有解决课堂教学的问题，为什么呢？因为，课堂教学的改善关键在教师，只有教师的专业发展落到实处，学生发展、课堂教学才能真正得到改善。名课研习，顾名思义，研究的课例是名师的课例。名师课例具有情境化特征，它面向的是具体教学任务和学生，对"教什么""学什么""怎么学""怎么教"的抉择做出了很好的示范，可以从横向维度丰富语文教师的学科教学知识。下面以王崧舟《长相思》为例（表1-1-1），来说明名课研习的实施过程。

表1-1-1　王崧舟《长相思》名课研习分析表

研习步骤	教学环节及研习内容		
	环节一	环节二	环节三
1.教学活动	1.自由朗读课文。2.个别朗读(读得字正腔圆,“聒”是个生字,她都念准了)。3.齐读两遍。4.谁再来读,注意停顿。5.齐读两遍(读古代的诗词,不但要把它读正确,读得有节奏,还要尽可能读出它的味道)。6.自由读,个别读(读出自己的味道和感觉,说说脑中留下的印象)。7.默读后回答“身在何处,心在何方?”8.自由读,齐读(把作者身和心分离的那种感受、那种心情读出来)。	1.师配乐范读(学生聆听想象);2.学生齐读;3.学生描述看到的画面,想象写话后交流分享;4.个别朗读,齐读。	1.探究作者“这么热爱家乡,为何还要去从军”;2.引用作者的诗句“问君何事轻离别,一年能几团圆月”指导学生扮演“父亲、母亲、妻子、儿女”等角色互问互答;3.学生从作者的角度作答;4.齐读。
2.教学内容	1.认读生字“聒”等;2.诗词朗读知识:读正确、节奏和味道;3.运用想象和讨论的方法理解作者身心分离的心情。	运用想象和写话的方法读懂词中作者“心系故园”之情。	通过互文比读、角色扮演的方法理解体验“碎”字传递的复杂情感。
3.教学目标	身向榆关那畔行,聒碎乡心梦不成。	聒碎乡心梦不成。	碎。
4.教学目标评价	通过反复朗读和问题讨论,学生读懂了词意。	激活了学生想象,丰富了学生生活经验,让学生读出了词情。	通过互文解读、角色扮演和朗读,学生领悟了“碎”的复杂感情。
5.学科教学知识	运用朗读法和问答法指导学生读懂词意。	运用想象和写话的方法指导学生读懂作者的情感。	运用互文比读、角色扮演的方法指导学生深入理解作者的复杂感情。

经过五个步骤的分析,我们发现,《长相思》课例具有以下特点:(1)教学目标鲜明而集中,理解“聒碎乡心梦不成”是核心教学目标。目标的设定既符合古诗词的“言志传情” 的特点,也扣住了这首词“炼字”的艺术。(2)教学内容以程序性知识(如由认读到读情感)和策略性知识(如想象

的方法、角色扮演理解诗情的方法）为主，朗读、诵读贯穿整个课堂，重在教阅读的方法。(3)整节课分为三个教学环节，层层递进，教学的起点是朗读，这是学生已经具备的学习经验，教学的终点目标是"理解体验'碎'字传递的复杂情感"。(4)围绕教学点，开展了丰富多样的学习活动（朗读、讨论、表演），学生参与其中，乐在其中，生成了教学目标。基于此，我们可以抽取出三条学科教学知识：(1)运用朗读法和问答法指导学生读懂词意；(2)运用想象和写话的方法指导学生读懂作者的情感；(3)运用互文比读、角色扮演的方法指导学生深入理解作者的复杂感情。通过名课研习，可以避免机械模仿名师的课堂教学，而是提取并转化名师优质的学科教学知识，进而解决一节课"教什么""怎么教"和"为什么教"的问题。

四、行动中的课例研究：改善语文教师学科教学知识的纵向维度

行动中的语文课例研究的主要特征是，在真实的教学情境下，从语文教师已有的教学经验出发，在教学实践中，发现并解决语文教学问题。其核心价值在于从纵向维度改善语文教师的学科教学知识，进而提升语文教学质量。接下来，我们以课例《呼风唤雨的世纪》[①]为例，来阐释语文教师学科教学知识是如何得以改善的。

1.共同备课阶段

在这一阶段，备课专家首先确立了"解读型的阅读姿态"，然后找出文中的关键词句，并结合四年级学情特点确定教学点。这一步骤花费了很长时间，最后确定的教学点是：(1)了解20世纪取得的科学成就及其带

①俞王毛，柯梦春.实用文阅读教学：教什么和怎么教——以《呼风唤雨的世纪》为例[J].江西教育，2018(29)：14-17.

来的变化;(2)识别主要说明方法,理解其表达效果;(3)掌握科学小品阅读的方法。接下来,依据教学点选择的教学内容有:(1)生字词的认读;(2)中心句的识别与理解;(3)标题运用拟人的修辞,概括文章主要内容;(4)举例说明、比较说明。在排列教学环节和设计学习步骤之后,完成了这篇课文的教学设计。参与备课教师的反思是:了解了实用文阅读的姿态是理解性阅读;掌握了阅读教学设计的一般流程;教学点和教学内容的确定是备课的关键环节;产生了新的疑问,即教学点和教学内容的关系是什么,教学内容主要是知识吗,是哪一类知识呢?

2.课例实施阶段

在教学过程中,执教老师对教学点的把握是比较准的,整节课主要围绕以下四个教学点展开:(1)20世纪是一个呼风唤雨的世纪;(2)20世纪的成就,真可以用"忽如一夜春风来,千树万树梨花开"来形容;(3)科学在改变着人类的精神文化生活,也在改变着人类的物质生活;(4)标题"呼风唤雨的世纪"。存在的问题体现在教学内容和教学活动两个方面。前者存在的问题是:(1)介绍"科学小品"概念,对促进小学生的阅读几乎是无效的;(2)"科学小品应该怎么读"的讨论是伪讨论,用讨论的方法是掌握不了这篇课文的阅读方法的;(3)了解文意不宜采用朗读的方法;(4)对中心句的解释不准确;(5)理解中心句的方法不恰当;等等。后者存在的问题:活动形式单一,主要是问答活动,且问的问题比较琐碎。

3.课例诊断与反思

在课例诊断阶段,评课专家认为:这节课教学点的确定比较准,但教学内容的选择不够具体、准确,并且指向对教学点的教学活动设计形式单一,在纵向和横向上都影响了学生"学的活动"的充分展开,影响了教学目标的有效生成。在此基础上,专家提出的改进建议是:(1)教学活动的设计与组织应指向教学目标并承载着合宜的教学内容；(2)教学活动的设计与组织应促进“学的活动”充分展开。授课教师在教学反思中，也认识到了自己教学中存在的问题，并对改进这一篇课文的教学有了新的想法。

在本次课例研究中，语文教师在专家的引领下，通过三个阶段的参与实践，对这一篇课文“教什么”“怎么教”有了新的理解和认识。课例研究前，教师要选择碎片化的学科知识或将课文内容理解为教学内容的知识。一轮研究结束后，教师们明确了教学内容选择的依据，即文本的体式特点、选文功能和学情。当然这些知识真正转化为教师的教学实践，还需要两到三轮的研究才可能实现。

综上所述，课例研究聚焦一节课“教什么，为什么教这些”“怎么教，为什么这么教”两个核心问题，落点是语文教师学科教学知识的改善，能为中小学语文教师提供情境化的专业发展平台。在课例研究中，语文教师主动参与研究过程，这是建构与改善学科教学知识的首要条件。课例研究不能仅仅关注一篇课文、一次写作教学的研究，还要有以篇达类的意识，即由一次课例研究带动一类课例研究，全面改善语文教师的学科教学知识。因此，课例研究需要语文教师强化课程意识，把每一个课例都纳入语文课程视野，不仅要为达成课程目标服务，还要为全面提升语文教师的专业素养服务。

随着社会的发展，语文课程与教学改革持续地推进，新的语文学习方式，如整本书阅读、群文阅读、专题学习、项目学习的先后出现，给语文课例研究带来新的问题和挑战。但无论语文教学形式怎么变，语文教学目标、教学内容、教学流程、教学活动等核心内容始终是不会变的。教学问题解决的过程，就是小学语文教师在“工作场景”系统安排好语文教学目标、教学内容、教学流程、教学活动，进而达成教学目标的过程，也是学科教学知识建构、优化的过程。因此，无论课程与教学如何变革，语文教师始终抓住学科教学知识改善的牛鼻子，教师专业发展才能真正落到实处。

在世界范围内，课例研究方兴未艾，也面临一系列问题和挑战。促进教师专业发展的课例研究，既需要相关政策、制度的支持，也需要专家的智力支持和广大一线教师的积极参与。语文教师不仅是课例研究的参与者、行动者，还是一个反思实践者，在实践中反思，在反思中实践，才能解决问题，获得专业发展。

第二节 语文名师课例中话题PCK的特征及其转化路径①

20世纪80年代，美国学者舒尔曼提出在案例教学中建构发展教师特有的、把教学内容和教学方法结合的知识——学科教学知识(Pedagogical content knowledge，简称PCK)。②舒尔曼最初认为“学科教学知识”是学科知识的一种，它包括学科内容和它的可教性方面的知识；后来又指出，“它是教师在面对特定的学科主题或问题时，如何针对学生的不同兴趣与能力，将学科知识组织、调整与呈现，以进行有效教学的知识”③。强调教师在面对特定教学主题与学生时，其学科知识的表征方式与概念转换的教学策略等内涵的知识。

舒尔曼还指出，对于期望从经验中学习的专业人员来说，最大的挑战就是记住那些成为原理分析和反思对象的经验，若案例成为经验分析的途径，实践者就能够检验经验并从中学习，但前提是每个案例都是对学科教学知识的叙事。④在国内，我们尚缺少自觉研究学科教学知识的

① 王从华.语文名师课例中话题PCK的特征及其转化路径[J].江西教育，2018(32)：8-16.(收入本书时有改动)

② 舒尔曼.实践智慧：论教学、学习与学会教学[M].王艳玲，王凯，毛齐明，等，译.上海：华东师范大学出版社，2014：13.

③ SHULMAN L S.Knowledge and teaching：Foundations of the new reform[J].Harvard Educational Review，1987，57(1)：1-23.

④ 舒尔曼.实践智慧：论教学、学习与学会教学[M].王艳玲，王凯，毛齐明，等，译.上海：华东师范大学出版社，2014：384-385.

叙事案例,大量名师课例中蕴含的学科教学知识被笼统地称为实践智慧,难以转化、借鉴和学习。因此,辨识与抽取名师课例中的PCK,并将其进一步转化为教师的公共经验,体现了教师专业发展范式转型的理论特征与实践需求,具有十分重要的意义。

一、话题PCK研究为名师经验的转化提供了学理依据

PCK是教师在日常教学中"实际使用的理论",在教学实践中发展,对教师的教学行为具有支配作用,通常具有四个突出特征:建构性、整合性、转化性和层次性[①]。建构性指学科教学知识是教师整合学科知识、教学知识、有关学生的知识、有关情境的知识的理解与建构过程;整合性指学科教学知识是学科知识、教学知识、有关学生的知识的融合体,是教师在教学过程中融合学科与教学知识而形成的知识,包含了教师的个人经验、价值和信念;转化性指学科教学知识是由学科知识和教学知识通过一定方式转化而来的。

"威尔采用布卢姆目标分类法将不同文献中提到的PCK归为一般PCK、特定学科PCK、特定领域PCK、特定主题PCK。"[②]其中主题PCK,也叫话题PCK。它所关涉的主题(话题),相当于一门学科中具体的知识点,就语文学科的阅读教学而言,主要指这一节阅读课(有时指这一篇课文)教什么、怎么教的问题。教学名师最核心的专业表征是精湛的教学能力,具体包括教学设计能力、课堂教学能力和教学反思能力,这些能力的内核是学科教学知识,而"教什么、怎么教"这类话题PCK就是教学名师区别于学科专家的关键知识,也是引领教师专业发展的关键知识。

---

① 袁维新.学科教学知识:一个教师专业发展的新视角[J].外国教育研究,2005(3):10-14.
② 解书,马云鹏,李秀玲.国外学科教学知识内涵研究的分析与思考[J].外国教育研究,2013,40(6):59-68.

辨识与抽取语文名师的学科教学知识，转化为可迁移的专业知识，目的是使教师的专业成长由“暗中摸索”化为“明里探讨”。语文教师的学科教学知识通常是以一定的表征形式来呈现的，这些表征形式是“意象、隐喻、实践规则、实践原则、个人哲学”[①]，是在教学实践活动中得以显现的。教学名师课例，不仅蕴含着个人的价值观或信念以及显性的学科教学知识，也蕴含着大量无法明言的隐性学科教学知识，因此，需要结合名师明言的教学主张进行考察，同时也要对名师的教学主张进行审议。一般而言，名师课例是指导特定的学生学习特定的内容，学科不同，教学内容的确定性有很大差异，如数学、物理等学科的教学内容比较确定，语文、历史等学科的教学内容则相对模糊。有研究者指出，由于语文课程内容的缺失和语文教材对这一篇课文“教什么”的回答往往含混其事乃至似是而非。[②]因而，选择语文名师的课例，对其学科教学知识进行辨析的关键是对其具体课例中呈现、创生的教学内容、教学方法进行辨析、提炼和审议。

二、语文名师课例中话题PCK的特征

名师课例，往往融入了教师较高水平的教学实践智慧。这样的课例深受一般教师喜爱和追捧，同时，也让不少教师感到很难复制。出现这种情况的原因是，名师课例具有情境化和高度个性化特征，特别是语文学科，语文教师创生着新的学科知识和学科教学知识。如果在名师课例研习中不能过滤掉高度个性化的要素，不能对新创生的学科知识和学科教学知识进行审议，当然就很难迁移。由于语文课程的特殊性，语文名师的两类课例尤其值得关注：一类是看似过时了却历久弥新的课例，其

① 姜美玲.论教师实践性知识的表征形式[J].全球教育展望，2010，39(3)：50-57.

② 王荣生.语文课程与教学内容[M].北京：教育科学出版社，2015：225-245.

中呈现或创生的学科教学知识对教师的专业成长具有引领作用;另一类是所谓的创新课例,虽然呈现了较高水平的PCK,但是这种PCK所整合的学科知识或者教学知识是错误的、残缺的,对教师专业成长具有负面影响。

依据威尔和麦肯斯特的分类,可以把语文教师的话题PCK进一步细分为话题PCKⅠ(阅读教学)、话题PCKⅡ(不同文体课文阅读教学)和话题PCKⅢ(这一篇课文阅读教学)三个层次来具体描述,如表1-2-1所示。

表1-2-1 语文名师散文类课文阅读教学课例中的话题PCK

课例	学科教学知识			
	学科PCK	话题PCKⅠ	话题PCKⅡ	话题PCKⅢ
《荔枝蜜》[①]	语文就是对学生进行本民族语的教育,就是通过读、写、听、说的训练,培养学生理解和运用祖国语言文字的能力。	学生通过对范文语言的诵读、品味、赏析,生成语感,积累语料,学习民族语言丰富的表现力;与此同时,受到范文语言所蕴含的思想、情感、情操的熏陶感染。	引导学生理清思路,识文眼,品味关键语句。	结合上下文指导学生理解文中的生词,抓住关键句子理清《荔枝蜜》的思路;指导学生通过讨论"识文眼",理解作者情怀;指导学生抓住关键语句欣赏品味精准的语言表达。
《〈背影〉课堂实录》[②]	对学生进行生命教育和语言训练。		让学生理解关键词句,领悟文章的主题。	指导学生正确朗读并理解词语,通过筛选信息、品味相关语句、运用拆字法和互文解读法,让学生理解并体验《背影》的主题是"写生与死,慨叹生命的脆弱、短暂与虚幻"。

① 钱梦龙.导读的艺术[M].北京:人民教育出版社,1995:116-128.

② 韩军.《背影》课堂实录[J].语文教学通讯,2015(11):32-36+45.

（一）对“这一篇课文”教什么、怎么教的讨论

1.教学内容选择的讨论

“教什么”主要指教学内容问题，而语文阅读教学内容的选择遵循的理据是：从语文课程目标角度看，阅读教学的核心是教给学生阅读的方法，培养学生的阅读能力。培养学生的阅读能力一般要做两件事：一是指导学生抱着合适的目的去看待特定的文本；二是指导学生在特定体式的文本里，能从重要的地方看出所传达的意思和意味来。[①]因此，选择合宜的阅读教学内容要依据“这一篇”课文的文本体式和学情特点。关于散文的文体特征，有研究者指出：“作者之所以写散文，是要表现眼里的景和物，心中的人和事，是要与人分享一己之感、一己之思。阅读散文，自始至终都在‘散文里’，我们阅读散文，是感受作者所见所闻，体认作者所感所思。”[②]阅读散文应该读懂作者描写的人、事、物、景，进而体认作者的情怀。据此，以上两位名师选择的教学内容基本上是符合散文的体式特征的。名师A的《荔枝蜜》课例主要是围绕散文的特征来选择教学内容的：(1)结合语境理解生字词；(2)先确定课文的文体是“散文”，然后抛出问题“本文的材料是按怎样的思路组织的”，指导学生抓住“情感变化的句子”理清思路；(3)进一步指导学生“思路是否乱”这一问题理解散文“处处有伏笔，时时有照应”的写法；(4)指导学生抓住“能表达中心，含义深刻的句子”“识文眼”，领悟作者独特的情感；(5)指导学生欣赏除文眼以外“精彩的句子”。名师B的《背影》课例选择的教学内容主要有：(1)识释字词；(2)组织讨论“《背影》写到了朱家几个人”，理清课文写了朱家

① 王荣生.阅读教学设计的要诀：王荣生给语文教师的建议[M].北京：中国轻工业出版社，2015：99.

② 李海林，王荣生.散文教学要从“外”回到“里”[J].中学语文教学，2011(2)：18-26.

四代"生命传递的链条",初步体会作者的感伤之情;(3)讨论四次流泪的原因,理解文章的主题是感叹"生命的脆弱与短暂";(4)插入朱自清散文《匆匆》和诗歌《毁灭》相关语句,讨论"背影"的深层含义,进一步理解散文的主题是"写生与死,慨叹生命的脆弱、短暂与虚幻"。两位名师散文教学内容选择的共同点是能紧扣散文的文体特征,抓住关键语句理清文章思路,带领学生"感受作者所见所闻,体认作者所感所思"。

名师B对《背影》主旨的解读是"写生与死,慨叹生命的脆弱、短暂与虚幻",并认为是新解码。细读名师B课堂实录和相关文章,可以发现,他的新解码在解读方法上有待商榷。正如王荣生教授指出的那样,当前散文解读的主要问题出在两个方面:第一,"从散文里的'个人化的言说对象'跑到'外在的言说对象'";第二,"从散文里的'独特的情感认知'跑到概念化、抽象化的'思想''精神'"。[①]名师B由"分析文中写了朱家几代人及其生命特征"解读出"生命链条","背""影"说文解字解读出"写生与死,慨叹生命的脆弱、短暂与虚幻",都属于前一种情况,也就是说,《背影》的言说对象跑到了"外在的言说对象"即"朱家几代人"和"背影"上;由"文中四次写到流泪"解读出生命的脆弱则属于后一种情况,也就是说,由作者独特的"情感认知"——"流泪",跑到了概念化、抽象化的"思想"即"对生命脆弱的感受"上。阅读教学要建立学生和"这一篇"课文的链接,实质是建立学生经验与作者语文经验和人生经验的链接。由于散文中作者的独特经验是由作者独特的所见所闻、个性化的语言表达和词句章法传递出来的,所以,文本解读就需要从独特的所见所闻、个性化的语言表达和词句章法(也叫文本的体式特征)中理解和分享,但更为重要的是依据学生的阅读情况,选择学生读不懂、读不好的地方来教。名师B

① 王荣生.中小学散文教学的问题及对策[J].课程·教材·教法,2011,31(9):49-55+83.

认为“从‘生命与死亡’解读《背影》，契合初中生，契合儿童心理”，依据是儿童有强烈的“生命与死亡意识”[①]，但是，这里需要讨论的问题是“生命意识”是不是文本的“核心思想”或正确解读，而不是儿童是否具有“生命与死亡意识”。

2.教学方法运用的讨论

在课例中，语文教学方法总是具体的，即操作层面的教学方法。一般来说，教学方法本身没有对错之分，但在操作层面，与教学内容相结合就有“对错”和“合理与否”的区分了。正如巴班斯基所言：“是教学目的和内容‘选择’方法，而不是其相反。”[②]名师A在课例中运用了精彩的“导读”教学：“以学生为主体”，每个教学内容落点都着眼于学生“学会”“会学”；“以教师为主导”，在教学过程中，教师善于指导学生由“理解字词”到“理思路”“识文眼”，再到“品语言”，环环紧扣，层层深入；“以训练为主线”，这里的训练，把老师的教和学生的学有机结合在一起，教会学生《荔枝蜜》这篇散文应该学什么、怎么学，学生则在老师指导下练习结合语境理解词语，抓住标志性句子理清思路明确写法，品味关键语句的内涵理解作者的感情和语言表达技巧。这些方法与所教的内容非常匹配，教学效果显著。名师B运用的一些教学方法则需要辨析，其主要问题体现在教学方法与教学内容的匹配上。如“文中写了朱家几个人”的信息筛选法是用阅读小说的方法阅读散文；有感情地朗读《毁灭》《匆匆》来体认“生命的虚幻之情”，体验的不是《背影》中作者的情感，而是《毁灭》《匆匆》中作者的情感；“背”“影”说文解字读出“生命的脆弱、短暂与虚幻”的慨叹，读出的是相关文本中“背”“影”二字蕴含的情感，而不是《背影》一

---

① 韩军.《背影》课七说[J].语文教学通讯，2015(11)：28-31.

② 巴班斯基.中学教学方法的选择[M].张定璋，高文，译.2版.北京：教育科学出版社，2001：3.

文中朱自清要表达的情感。正确的做法是,解读方法应与课文独特的情感认知、个性化的言说对象和语言章法建立链接,而不是与散文之外的言说对象或概念化、抽象化的思想或精神建立链接。

(二)语文教师话题PCK的讨论

威尔等人指出:"具有普通PCK的有经验的教师对教学理念(Pedagogical concepts)的理解更健全、合理;但话题PCK这一级别的知识,才是普通PCK、学科PCK这两个层次的技能和能力的坚实的剧目(Repertoire)。"①这意味着,学科教学知识无论在哪一层次上,都应是综合的。随着越来越接近学生,知识综合性的思考也应该越来越具体化。就语文学科而言,学科PCK虽然具有对语文教学理念的统领意义,但拥有清单式的、系列的话题PCK,如"阅读教学""不同文体阅读教学"和"这一篇课文阅读教学"话题PCK才能发挥强大的支撑作用。相关研究指出,"阅读教学"层次的话题PCK的核心是"如何指导学生形成其需要的阅读能力",即形成阅读不同文体的方法、阅读不同文体的能力。阅读教学内容的选择依据文本体式和学情,并根据教学内容选择教学方法。"不同文体阅读教学"层次的话题PCK重心下移到"如何指导学生形成其需要的这一类文体阅读能力",如散文教学内容选择的依据是散文体式特征和学情,教会学生用阅读散文的方法来阅读散文。"这一篇课文阅读教学"话题PCK重心进一步下移到"如何指导学生形成其需要的这一篇课文阅读能力"。通过对以上两则课例和相关文章资料的分析,两位教学名师学科教学知识的层次比较清晰,这也是两位教学名师学科教学知识的水平高于一般教师的重要标志。在学科PCK层面,名师A强调"通过读、写、

① 高晶.课例研究:语文教师话题PCK的提炼与改善[D].上海:上海师范大学,2012:14.

听、说的训练，培养学生正确理解和运用祖国语言文字的能力”[①]，并进一步细化分解到不同层次的话题PCK层面；名师B则强调对学生进行生命教育和语言训练[②]，也进一步细化到话题PCKⅡ（不同文体课文阅读教学）和话题PCKⅢ（这一篇课文阅读教学）层面，但在话题PCKⅠ（阅读教学）“教什么”“怎么教”层面没有明确呈现，这里就暗藏着阅读教学可能走偏的风险。

（三）话题PCK与名师教学主张的关系

语文名师区别于其他教师的重要特征是有自己的教学主张，“教学名师、名家和流派的差异性主要表现在不同的教学主张上”[③]。教学名师的教学主张是从教学实践中提炼出来的，也是用先进科学的理论反思、批判、充实、引领的个人理论，并落实到教学实践中。上述两位教学名师在课例中呈现的学科教学知识也充分体现了他们的教学主张。名师个体的教学主张是对教育精神和学科文化的一种反映，对名师的教学主张要做两方面的考察：是否“符合教育教学规律和培养目标要求，体现教育教学的永恒价值和核心价值追求”；是否“符合学科（课程）的性质和特点，体现学科特有的文化内涵和价值意义”[④]。

名师A提出的教学主张是“三主”“四式”的“语文导读法”，“三主”指学生为主体、教师为主导和训练为主线，属于教学理念层面；“四式”指自读课、教读课、练习课和复读课，属于实践操作层面。“语文导读法”的核心主张是“三主”，三者的内在逻辑是：“‘学生为主体’是教学的根本立足点和出发点，着眼于学生的‘会学’；‘教师为主导’则是把教师的作用定

① 钱梦龙.我这样上语文课[J].课程.教材.教法，2016，36(3)：11-17.
② 韩军.《背影》课七说[J].语文教学通讯，2015(11)：28-31.
③ 余文森.论名师的教学主张及其研究——以福建省为例[J].教育研究，2015，36(2)：75-81.
④ 余文森.论名师的教学主张及其研究——以福建省为例[J].教育研究，2015，36(2)：75-81.

位于‘导’(引导、指导、辅导),着眼于教师的‘善导’;而学生的‘会学’和教师的‘善导’在教学过程中的互动,必然归宿于一个‘训练’过程,‘训’就是教师的引导、指导,‘练’就是学生的学习实践、操作。”[①]名师A这一教学主张,在《荔枝蜜》课例中得到充分体现。“忆词语”“理思路”“识文眼”“品语言”,整个教学过程其实是学生讨论探究的过程,教师的作用就是指导和引导,而上述活动也是围绕“理解和运用语言文字”学习阅读课文,达到“教是为了不需要教”的“方格之中见圆融”的理想境界。这种理想境界其实并不神秘,其核心是教师对合宜教学内容的精准选择,对“学情的熟知与把握”,以及善于“‘导’入文本的言语形式”和“‘导’向‘领悟读书之法’”[②],这三者有机的整合就是高水平的学科教学知识。

名师B旗帜鲜明地提出了“新语文教育”教学主张。他指出,这种教育“秉承五四新文化精神”,以“语言即人、即存在”为哲学基础,“以‘说真实的个性的话’为价值论,以‘用语言立人的精神’为语文教育终极目的和本体论,以‘举三反一’为语文教育的总体操作论”[③]。他后来又进一步补充:“新语文教育”回归传统语文教育,回归教学方法,要在“言语上下苦功”;“文就是道”,抓住言语就是语文教育最大的“道”;语文教育中张扬“人文精神”,“人文”“人文精神”指向“人性、真实、自由、多元”[④]。《背影》课例充分体现了名师B的教学主张,如对主题“生与死”的“新解码”体现了文本解读的“自由和多元”,张扬了“人文精神”——读懂《背影》对“生命脆弱、短暂与虚幻”的慨叹;“举三反一”方法的运用突出表现在“背

① 钱梦龙.我这样上语文课[J].课程.教材.教法,2016,36(3):11-17.

② 陈日亮.重返钱梦龙——研读钱梦龙经典课例之通感[J].课程.教材.教法,2016,36(3):18-23.

③ 韩军.“新语文教育”论纲——兼论五四后中国语文教育的三重误区[J].语文教学通讯,2000(17):4-7.

④ 韩军.循故求新激浊扬清——再论“新语文教育”[J].中学语文,2004(13):10-12.

影”的拆字解读法上，“夫之背”“父之背”之影，“背债”“背井离乡”“走背字”之影，“见背”“幻灭虚在”之影，可谓是借“博”求“专”，不厌其烦。尽管名师B反复强调语文教育“文就是道”，并提出“着力于言语”的原则，但是在《背影》课例中，天平还是倾斜到了“人文精神”一边，虽然着力于言语却跑到“言说的对象”——“背影”上，即散文之外去领悟作者的情感，这种偏离了特定文体的“新解码”是一种阅读取向的错位。由此可见，名师B所“宣称的理论”并没有完全落实到实践中，其中最突出的问题是对学情的忽视，阅读教学应当教会学生“读会”“会读”。而在《背影》课例中，学生没有形成自己的感悟和发现，而是成为语文教师所谓的“人文精神”的跑马场，被老师牵引着去读懂“生与死”。在课堂教学中，语文教师在灌输其“立人精神”的同时却在很大程度上忽略了学生这一“生命主体”。总之，《背影》课例，充分体现了其“新语文教育”的主张，但由于“学科知识”的错误（把散文当作故事来读）乃至学科教学知识的失当（《匆匆》《幻灭》中的情感迁移，“背影”的拆字解读）和学生主体地位的失落，呈现的学科教学知识是残缺的、错误的。

三、语文名师课例中话题PCK的转化

名师课例是语文教师专业发展重要的资源之一，这些资源如何发挥作用，实现教学经验的迁移是需要深入探究的问题。长期以来，教育领域侧重从教学名师如何管理课堂、组织活动、分配时间和次序、布置作业、进行批评表扬、划分问题层次、备课、判断学生总体理解程度等方法论的视角进行鉴赏式观课评课，并进一步提升为所谓的“教学艺术”，这种“凌空蹈虚”视角下的教学方法肯定是难以学习和借鉴的。造成这种困境的真正原因是舒尔曼指出的“关于内容盲点”的缺失范式，这种研究

"忽略的问题是教学的内容、所提出的问题和给出的解释"①。从教师专业发展的角度来看名师的课例,有一系列问题值得深入思考:教学名师如何决定教什么?如何呈现教学内容?如何向学生提问,并处理学生误解的问题?如何对上述问题做出解释?等等。近年来,在语文教育领域,由于语文课程研制者把"语文课程内容(一般应该教什么)"的研制任务转嫁给了教师,而教科书的编者"通常用什么去教"的工作也转嫁给了教师,因而在课程和教材层面"教什么"和"用什么去教"是不确定的。②在这种背景下,王荣生教授大力倡导并尝试从教学内容的角度去观课评课,进而引领语文教师的专业发展的做法与舒尔曼是一致的。因此,从话题PCK的角度去重新诠释名师的课例,是推动语文教师专业发展的重要途径之一。

(一)名师课例有效利用的前提:撇除个性化、情境化的要素,聚焦话题PCK

所谓个性化是指课例呈现的"教什么""怎么教"是名师个体在长期实践和理论反思的基础上逐步形成的,具有鲜明的个性特征。所谓情境化是指课例是在特定的情境中教特定的学生。这两方面在教师教育中很难进行迁移和转化,这也是名师课例难以复制的根本原因。以学科教学知识为切入口和核心要素,对名师课例进行重新诠释和描述,剔除其中个性化和情境化的要素,把名师课例"教什么""怎么教"的实践智慧整理为有意义的经验体,成为教师共同储存、交换和组织经验的一种方式,一般教师就能够从中检验、反思并习得。因此,把名师课例转换成话题

① 舒尔曼.实践智慧:论教学、学习与学会教学[M].王艳玲,王凯,毛齐明,等,译.上海:华东师范大学出版社,2014:134.

② 王荣生.语文课程与教学内容[M].北京:教育科学出版社,2015:230.

PCK叙事，是有效利用名师课例资源的关键环节。这种转换的关键技术是用案例的结构来解析经验的流动，具体可做如下尝试：(1)在一般教师"最近发展区"内设置一个需要解决的问题情境，即把名师课例作为研究相关教学问题的一个案例；(2)从"教什么""怎么教"和"为什么教这个""为什么这么教"等不同角度来描述名师课例，呈现名师解决这一系列问题情境的学科教学知识(要区分学科教学知识的不同层次，厘清学科教学知识与教学主张的联系与区别)，即把名师课例中个性化、情境化的或隐性的学科教学知识转化为普遍的、显性的学科教学知识；(3)提示教师进行讨论、反思和检验的程序和策略。

(二)名师经验转化：需要语文教师在实践—反思—合作中生成话题PCK

在整个名师课例研究过程中，教师学习者是能动的主体，主动参与整个学习的过程(包括问题情境的设置，课例的描述与诠释，讨论反思、检验和再行动)是建构话题PCK的首要条件。教师学习者成为名师课例研究的主动参与者除了个人主观努力外，还需要外在的政策制度支持，国家、地方组织的各项培训以及学校开展的校本教研制度的完善和持续的学习共同体的建设都是不可或缺的重要支撑。其次，教师学习者不仅要参与、行动，更要做一个反思实践者，需要在课例研究中反思自己的思维和行为方式，并分析自己的想法达不到或达到某些结果的原因或方法，而教师学习者个人对为何和如何以特定的方式学习特定内容的元认知意识是展开深度学习的关键。第三，教师学习者要参与到合作中，尤其是要参与到有语文名师和学科专家引领的课例研究中，直面自身的一系列问题(如何把学科知识转化为学生能够理解接受的知识，面对表述模糊、有瑕疵或杂乱的教材或面对处于学习困境中的学生如何对知识进行新的解释、陈述和澄清，等等），在参与互动中获得更多的支持，从而把名师高水平的话题PCK转化为语文教师的教学经验。

实践证明，在我国在近百年现代教育发展进程中，已经积累了十分丰富的教学名师的课例资源。这些资源是教学名师们在实践中形成的教学智慧的结晶，其中凝聚着大量的高水平的学科教学知识，是教师专业发展可利用的无尽宝藏。而话题PCK是语文教师最为核心的专业知识和实践智慧，语文名师课例需要经过合理描述和阐释后，才有可能转化为新手教师的话题PCK。因此，从学科教学知识的视角，大力开发以名师课例和教师学习者实践相结合的课例研究，体现了当代教师专业发展范式转型的需求，也必将为提升语文教师专业水平发挥重大作用。

第三节 基于课例研究的中小学语文教师教科书使用路径[①]

课程改革遭遇的问题，责任不在教科书；教科书也不是必然直接影响学生的学习。教师是教学的经理人，通过传递教科书内容，掌握学生学习进展。可见，教师如何使用教科书，影响课程改革的成败。教科书在学校教育中的地位是无可取代的，仍然是最重要的语文课程材料之一，但是教科书只是“书面的课程”，必须经过教师的有效转化，才能成为“运作的课程”，进而转化为学生的经验，达成课程目标。随着课程改革深入，教师教科书使用情况正在发生变化。相关研究显示，尽管大多数教师偏重依赖教科书，但是教师参照教科书调整教学内容，已经成为教科书使用的重要模式。有学者指出：“教师正成为课堂中的主导者，教科书是教师教学与学生学习最主要的资源；自然而然地，教师如何转化教科书内容，也是教学成功与否的关键。”[②]在课程实施层面，作为课程实施主体的教师需转变过分依赖教科书的观念，最为关键的任务是把教科书内容转化为有效的教学内容，进而把教学内容转化为学习者的经验。

在教科书既定的情况下，教师如何使用教科书呢？教师参照教科书

---

① 孙锦明，王从华．学科建设视域下中小学语文教科书的使用策略[J]．江西教育，2018(11)：14-19.(收入本书时有改动)

② 霍秉坤．教科书使用取向的核心：教师专业发展[J]．湖南师范大学教育科学学报，2015，14(2)：23-35+49.

的教学形式，多采取下列步骤：(1)检视教科书和教师手册，选择列入课堂教学的主题和单元；(2)考虑学习者的兴趣和能力，删减或增加单元的内容；(3)确定主题和单元的教学次序和时间；(4)使用教师手册或教学指引提供的活动，自行设计教学活动；(5)使用其他图片、影片、幻灯片、录音带、图书资料等教学资源。林智中、余玉珍等人强调，教师使用教科书必须具备的知识和能力有：(1)分析学情能力，即能充分了解学生的特点，学生的水平和兴趣，调适教学目标及要求；(2)课程理解能力，即能分析和掌握课程的精神、目标以及评核要求；(3)具有丰富的教学内容知识，理解学生在学习某些内容、概念或技能中可能出现的学习困难，以及如何更有效地教学；(4)能利用评估资料改善教学，促进学生更好地学习。①

近年来，关于语文教科书使用策略的研究，李金云、王嘉毅认为集中在三个层面：(1)宏观层面，基于课程标准、学情、教科书文本分析的角度，探讨教科书使用策略；(2)中观层面，从教科书内容、价值取向、选文功能的角度，探讨教科书使用策略；(3)微观层面，以具体主题和课文为例，探讨教学内容、教学策略等方面的教科书使用策略。②上述研究表明，研究者正在突破从教学目标、教学内容或教学方法等单向维度来探索教科书的使用策略，开始走多元整合的研究路径。上述研究主要从教师层面探讨教科书使用策略，且理论思辨色彩比较浓，缺少从校长领导下的校本学科建设的层面进行系统考察，因而很难解决当前语文教师教科书使用的难题。本研究的作者本着坚定的学生立场，立足学科课程与教学的深度改革，寻求有效的知识引领，以校长教–学领导下的“三层九

---

① 林智中，余玉珍.教科书的局限与改善方法：香港的经验[M]//石鸥.教科书评论：2013.北京：首都师范大学出版社，2014：110–121.

②李金云，王嘉毅.教科书使用的研究热点与发展趋势[J].课程.教材.教法，2015，35(12)：29–36.

维"学科建设[1]为依托,在关系思维和系统思维中,把语文教科书使用与校本课程建设、教学改革、校本教研、教师专业发展进行整合,并做了一些实践探索。

一、语文教科书使用问题需要在学科建设视域下统筹解决

中小学学科建设是一项系统工程,语文教科书的使用问题也是系统工程,需要根据语文学科的功能定位、教科书使用、教学改革、校本教研、教师专业发展和校本课程建设相互关联、系统推进,才能有效解决。在上述诸要素中,语文学科的功能定位是前提和基础;校本课程建设是中小学语文学科建设的出发点和归宿;校本教研是中介和桥梁;教科书使用是影响教学改革的关键问题,而教科书使用和教学改革又是校本教研的两大核心内容,并推动教师专业发展;教师专业发展对包括教科书使用和教学改革在内的校本教研具有推动作用;教科书使用和教学改革又推动校本教研的发展。其中,教师专业发展是学科建设的核心内容,教学改革是学科建设的关键要素。

(一)教科书使用与语文学科功能定位的关系

"学校语文课程"包括课程标准层面的语文课程、教师理解层面的语文课程、课程实施层面的语文课程和学生习得层面的语文课程,这四个层面的课程是相互制约、相互影响的。其中语文课程标准是依据,教师理解与实施的语文课程是中介,落脚点是学生习得的语文课程。因此,课程标准中对语文学科本质的界定与功能定位,能否让中小学语文教师理解和把握,是影响课程实施的前提条件,也是影响教科书使用的基本要素。《义务教育语文课程标准(2011年版)》指出,"语文课程是一门学习语言文字运用的综合性、实践性课程",表达了两层意思:第一,说明语文

课程的目标和内容应聚焦于“语言文字运用”;第二,说明这门课程具有实践性、综合性的特点。对语文学科的功能定位是开展语文教学必须要解决的原点问题,即:语文课程如何才能促进学生生命成长?教材内容的具体生命价值何在?具体的语文教学行为是否能够实现生命价值和提升生命价值?从教师角度而言,语文课程应该是语文教师遵照课程标准,以知识(这里的知识指的是广义的知识[①])为中介,组织语文学习活动,涵养学生的语言文字运用能力。这是语文课程本体的形式表征,而言语生命、完善人格的养成是语文课程的内容表征。因此,言语实践与言语生命合二为一应是语文课程关注的最关键形态,是正式的语文课程转化为经验的语文课程的唯一通道。基于语文课程的本质特征和功能定位,依据学生“语言文字运用”习得的特点,丰富学生的生活经验和语文经验乃至言语生命、完善人格,教科书使用的观念、模式和路径就有了坚实的基础。

(二)教科书使用与校本课程建设的关系

“校本课程”古已有之,如我国古代的孔子和古希腊的苏格拉底都是根据自己的教育思想及掌握的知识、技能而开设课程的,这些可以看作现代校本课程的滥觞。在新课程改革的推动下,语文校本课程建设主要有三种形态:一是国家语文课程的校本化,二是地方课程的校本化,三是以学校为主体开发和实施的语文课程。其中,国家语文课程的校本化是校本课程建设的主体,后两者是校本课程建设的补充。从学校层面而言,这三种形态的语文课程要统筹安排,突出重点,才能形成校本语文课程建设的特色。在学校学科建设视域下,就语文教师而言,其核心工作

① 韩雪萍.语文课程知识初论[M].南京:江苏教育出版社,2011:6.

是国家课程校本化，理想的状态是把国家课程、地方课程与校本课程整合为一体。Silver、Remillard等人的研究表明，教师对教科书内容的转化是使用教科书的关键，直接影响学生学习。[①]因此，教科书使用问题，是校本语文课程建设的核心环节，需要把国家课程、地方课程和校本课程转化为运作的课程，进而指向经验课程。

（三）教科书使用与教学改革的关系

21世纪以来，大学与中小学合作是推动教学变革的主要力量。当前影响比较大的多方联动促进教学改革的模式主要有三种：一是日本的佐藤学教授提出的“学校共同体”理论与实践模式，二是叶澜教授的“生命·实践教育学”的理论与实践模式，三是香港的李子建教授的“从4P到4R”的理论与实践模式。[②]自叶澜教授《让课堂焕发生命活力——论中小学教学改革的深化》一文后，“从更高的层次——生命的层次，用动态生成的观念，重新全面地认识课堂教学，构建新的课堂教学观，它所期望的实践效应就是：让课堂焕发出生命的活力”[③]已成为教学改革的共识。叶澜还进一步指明了教学改革要解决的两个核心问题：“一个是为谁而教，一个是怎么教。”[④]随着语文课程改革的深入，语文课程教学研究的重心已转移到课程与教学内容层面，学生言语能力的习得，语文素养的提升，完善人格的形成都与课程与教学内容有密切的关系。然而，“由于我国学术界关于听说读写、关于文章文学的知识状况不佳，由于语文课程内容研制缺乏专门的成熟的专家，由于新教材编制者的人员构成等局限，致

① 霍秉坤.教科书使用取向的核心：教师专业发展[J].湖南师范大学教育科学学报，2015，14(2):23-35+49.

② 王鉴，王力争.课堂教学变革的力量：能动者的联动[J].教育研究，2016，37(12):97-105.

③ 叶澜.让课堂焕发出生命活力——论中小学教学改革的深化[J].教育研究，1997(9):3-8.

④ 叶澜.基础教育改革深化之路怎么走?[J].人民教育，2015(11):60-62.

使语文知识的纳新、知识的学术状态向语文课程与教学内容的转化，困难重重"①。因此，语文教师教学的首要工作就是，依据课程标准、教材内容选择教学内容。在这方面，王荣生一直呼吁从教学内容选择的角度来使用教科书、观课评课，建构了从教学内容角度观课评教的标准②，并做了大量的实践探索，为语文教学改革指明了方向。与此同时，从"经验的课程"角度而言，依据学情特征（课前、课中、课后三种状态）③选择教学内容、实施教学，也是语文教学改革不可忽视的重要问题。而这些问题的解决都无法绕过语文教科书的使用问题。

（四）教科书使用与校本教研的关系

校本教研是推动学科建设的动力，也是教师专业发展的有力保障。校本教研聚焦的核心问题是"研究什么""怎么研究"和"为什么研究"。"研究什么"，校本教研内容非常丰富，几乎涉及学校课程与教学的方方面面，其主要内容包括理论学习、教材研究、课堂教学、校本课程开发与实施等。"怎么研究"，李子建、丁通勇提出的"课例研究"的方式④，赵敏、蔺海沣提出的"教研共同体建构"的方式⑤，都很有启发。至于"为什么研究"的回答，主要集中在提高教学的有效性，落实课程目标，促进学生的发展和教师专业成长。近年来，王荣生等人完成的一系列成果[2]，在语文校本教研"研究什么""怎么研究"方面的做法引人注目，其中对教学内容的研究成效显著。关于教学内容确定问题，他们认为语文教科书的有

---

① 王荣生，等.语文教学内容重构[M].上海：上海教育出版社，2007：6.

② 王荣生.听王荣生教授评课[M].上海：华东师范大学出版社，2007：22.

③ 陈隆升.语文课堂"学情视角"重构[M].上海：上海教育出版社，2012：265.

④ 李子建，丁道勇.课例研究及其对我国校本教研的启发[J].全球教育展望，2009，38(4)：29-34+39.

⑤ 赵敏，蔺海沣.校本教研共同体建构：从"共存"走向"共生"[J].教育研究，2016，37(12)：112-119.

效使用是前提和基础。因此，在语文学科建设视域下，要充分发挥以语文教研组为主体的、学科专家引领的、语文教师共同参与的校本教研的优势，建构共生的校本教研共同体，科学合理地使用教科书，进而提高课堂教学的效果，落实语文课程目标。

（五）教科书使用与语文教师专业发展的关系

教师的专业发展是语文学科建设的核心，语文课程标准的理解、教科书的使用、课堂教学的实施、语文学习的评价都依赖于教师专业发展。2012年，教育部发布的《教育部关于印发〈幼儿园教师专业标准（试行）〉〈小学教师专业标准（试行）〉和〈中学教师专业标准（试行）〉的通知》指出，中小学语文教师的课程内容分为专业理念与师德、专业知识和专业能力三个维度，每个维度下设若干模块，每个模块下设若干专题，每个专题提供了学时建议和内容要点。从教师专业成长的角度来看，语文教师专业发展是指语文教师个体专业理念与师德、专业知识和专业能力三个维度多维互动的发展过程，中小学语文学科建设应当遵循教师专业发展规律，通过出台相关政策、搭建教师专业发展平台，发挥专家引领的作用，促进教师专业的自我更新。霍秉坤强调，解决教科书使用问题必须关注教师专业发展。[①]王荣生认为，“语文教学内容”问题得到解决的路径之一是教师审视自己的“学科教学知识”并改善之。[②]自美国学者舒尔曼提出“学科教学知识”之后，学科教学知识是教师的核心知识已成为学界的共识。高晶通过课例研究发现，语文教师的学科教学知识是可以描述、抽取并改善的，而且对促进语文教师专业发展更有效。[③]

---

① 霍秉坤.教科书使用取向的核心：教师专业发展[J].湖南师范大学教育科学学报，2015，14(2)：23-35+49.

② 王荣生.语文课程与教学内容[M].北京：教育科学出版社，2015：245.

③ 高晶.课例研究：语文教师话题PCK的提炼与改善[D].上海：上海师范大学，2012：10-14.

二、语文教科书使用的基本路径:以单元为整体单位确定教学点

我国现阶段使用的教科书都是以单元组织的方式来编排的,以单元为单位组织教科书内容已成为语文教科书编写的共识。1963年语文教学大纲确定了语文教科书"单元"编写思想后,语文教科书主要以"单元"作为基本单位来编制。此后,语文教科书单元编写形式越来越多样,如"积木式"结构单元组织(如北师大四年制初中语文课本,单元一般都按听、读、说、写的先后次序编列,单元内部的几项内容能相互联系照应),听、读、说、写配合训练的综合性单元组织(如洪宗礼主编的初中语文课本,单元与单元紧密联系,形成一个"珠串"),能力训练为中心的单元组织(如广东省九年义务教育初中语文课本,把语文能力训练分解成若干个项目,编列成若干单元,整套教科书的单元编排形成了有机联系的整体),等等。进入21世纪,以人教版为例,语文教科书以语文与生活的联系为线索组织单元,按照人与自我、人与自然、人与社会三大板块组织单元,每个单元由"阅读"和"综合性学习·写作·口语交际"两部分组成,写作、口语交际整合于综合性学习之中。

随着教科书单元编写单位的定型,特别是1980年以来,语文教师在单元教学方面做了许多探索,积累了丰富的经验。以单元组织教学,有利于克服选材和教学中的盲目性、随意性,加强组织教材和教学的计划性,体现教学过程的阶段性、连续性和循环性,做到从整体上来考虑安排传授知识和培养能力的序列。近年来,针对语文教学目标、内容和方式相互关联的特点,有研究者提出了"教学点"这一概念。教学点是"教师根据自己对文本的理解预设的教学内容与教学方式的聚合物",是语文教学目标的物化形态。[①]无论是单元教学,还是单篇教学,确定教学目标

① 魏本亚.语文教学点:课堂教学的基础[J].语文建设,2016(13):22-24.

固然重要，然而落实教学目标选取合宜的教学点（教学内容和教学方式）更重要。

在学科建设中，根据语文课程的功能定位、教科书编写特点，我们选择语文教育界关于教科书、阅读教学、写作教学、口语交际教学等方面的研究成果[3]，拟定了语文校本教研“教科书使用的第一阶段目标”，即以单元为整体单位确定教学点。具体做法是：第一步，引领语文教师阅读基础参考书，建立能够展开对话的话语平台；第二步，根据课程标准、教科书单元编写特点，在学段目标与内容的统领下，确定选文的功能类型、写作文体、口语交际任务类型和综合性学习主题；第三步，分析课文的功能类型及文本的体式特点、习作的文体特点、口语交际教学的任务类型和综合性学习的主题，结合学情，分析确定每篇课文阅读教学、写作教学、口语交际教学和综合性学习的教学点；第四步，综合上述教学点，根据学段连续的教学序列，整合出一个单元的教学点。

（一）单篇课文教学点的确定

1. 分析课文的体式特点，梳理课文可教的教学点

语文教师素读后查阅相关文献（教师用书、赏析类文章），完成以下任务：（1）明确课文的体裁和题材，了解、复述、概括课文的内容；（2）抓住关键语句归纳出课文的内涵主旨；（3）分析课文的表现手法以及语言风格；（4）运用不同的解读方法解读不同体式特征的选文，文学作品要确定鉴赏的要点。

2. 结合单元提示和课文的功能类型（定篇、例文、样本、用件和引子），确定要教给学生的语文知识、阅读技巧和策略。不同功能类型选文的解读要点如表1-3-1所示。

表1-3-1 不同功能类型选文的解读要点

选文功能	教学点的选择		
	课程内容	选文解读	教学处理
定篇	经典内涵。	透彻地理解课文的思想、情感和语言表现力。	诵读积累语文知识、阅读的方法与策略、情意态度。
例文	关于选文的语文知识和读写知识。	理解课文内容。	掌握语文知识、读写知识。
样本	关于选文的阅读方法。	理解课文内容。	学习阅读的方法与策略。
用件	选文提供的信息和知识,引发新的问题和知识的学习。	理解和运用课文出现的知识或信息。	运用课文中的知识或信息,形成新的阅读方法和知识,实践阅读活动。
引子	选文的内涵以及与全文或整本书内容或阅读方法的链接点。	透彻地理解课文的思想、情感和语言表现力,引发阅读全文或整本书的兴趣,掌握相关联的内容和阅读方法。	激发阅读兴趣,掌握相关联的阅读内容和阅读方法。

3.分析学生的生活经验和语文经验,发现学生阅读课文、完成上述任务时的障碍,包括字词障碍与阅读方法障碍等。在此基础上,确定一篇课文的核心教学点,一般是阅读的方法和策略,而作为定篇的教学文本,如古典小说和古诗词类课文,还应包括文本形象层和意蕴层的体验、赏析等内容。教师教学文本解读思路如图1-3-1所示。

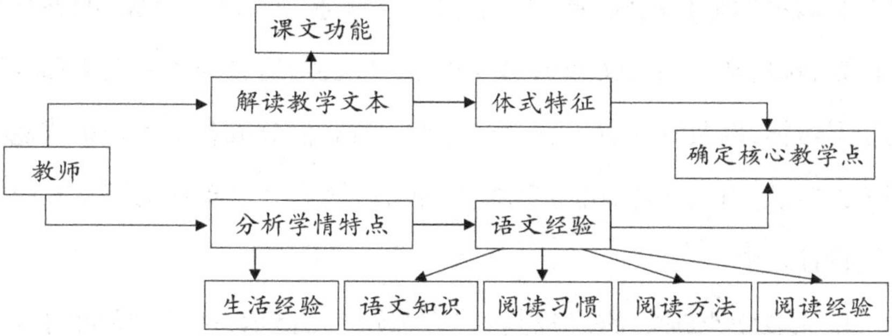

图1-3-1 教师教学文本解读思路图

4.写作教学点的确定

根据教科书提供的写作任务、写作知识或主题确定本次作文的文体，分析学生的生活经验和写作经验，统筹构思、选材、行文、修改等写作过程，确定核心写作教学点（一般是确定学生在本次写作中需要的程序性或策略性写作知识），如部编版语文七年级下册第三单元《抓住细节》确定的核心教学点是：学会选点（人物神态、语言、动作等变化处），在特定场景下运用准确的动词、形容词或比喻、拟人等修辞手法描写人物个性特点。

5.口语交际教学点的确定

根据教科书提供的口语交际任务、知识或主题，确定交际情境（人际交往、组织交往和公众交往），分析学情特点，确定口语交际教学的核心教学点（一般是确定学生在本次口语交际中需要的程序性或策略性口语交际知识）。

（二）单元教学点的确定

现在使用的语文教科书“单元”通常是以文体、主题、题材、能力等“核心词”来组建的，部编版语文教科书则采用“双线组织单元结构”，即按照“内容主题”组织单元，课文大致都能体现相关的主题，形成一条贯穿全套教材的显性线索；同时又有另一条线索，即“语文素养”的各种基本因素，包括基本的语文知识、必备的语文能力、适当的学习策略和良好的学习习惯，以及写作、口语训练，等等。将它们分成若干个知识或能力训练的“点”，由浅入深，由易到难，分布并体现在各个单元的课文导引或习题设计之中。

单元教学点确定的流程是：(1)解读单元提示，明确“单元内容主题”“文体类型”“能力训练点”和“语文知识点”；(2)确定单元课文的文体功能；(3)在单篇课文文本解读的基础上整合单元语文知识、阅读方法策略和鉴赏要点；(4)把主要的阅读方法策略、定篇的鉴赏要点确定为单元阅读教学的核心教学点，并根据本单元的“内容主题”、语文知识和写作、口语交际的任务要求，进一步确定写作和口语交际教学的教学点。

三、语文教科书使用的创新路径：以专题教学为单位确定教学点

新课程实施以来，一线优秀教师已经不再满足于单篇课文和单元教学形式，开始探索新的教学模式，如韩兴娥老师的“海量阅读”，陈琴老师的“经典素读”，吴勇老师的“童化作文”，管建刚老师的“作文周报”，李希贵老师的“语文主题学习”。这些新的尝试都不再是单篇课文的阅读或者单篇作文的学习，而是围绕一定主题开展的专题学习，如赖玉能老师的《张爱玲作品专题教学的设计和实施》①，以张爱玲作品为主线，设计了近两个月的专题教学。其中，十课时精读选取的是最为经典的几部小说原著；十五课时阅读《张爱玲专题》的资源，主要是述评张爱玲作品的书籍和文章；五课时分析张爱玲作品的风格，讨论后完善学生自己的观点和思路；最后用一个月左右的课外时间重读原著来完成自己的写作。这些环节的设计环环相扣，体现了专题教学的系统性，为我们提供了很好的范例。

语文专题教学的鲜明特征为：以语文学习的主问题为核心组织学习材料，学生围绕这个主问题阅读选定的阅读材料（对语文教科书课文的重构），找到适合自己学习的问题，自主选择阅读材料（自选与教师推荐相结合），选择适合自己的学习方式进行学习，以达到解决问题、提高语文能力的目的。专题教学的选材是在更广范围甄选出更合主题的材料，

① 赖玉能.张爱玲作品专题教学的设计与实施[J].语文建设，2012(19)：32-33.

范围广但更贴切；在教学内容的确定方面，教学内容是围绕一个主题而整合确定的；在教学目标的拟定上，专题教学不仅仅是传授学生知识，提升学生能力，渗透情感态度价值观，更重要的是让学生体验学习的过程，形成探究意识；在教学活动的开展方面，专题教学不局限于课堂，而是走出课堂，关注学习内容、学习时空的一体化整合，以学生有目的的学习活动为主要形式；在教学的评价上，专题教学实施的评价不仅关注结果，更关注过程，对实施过程的评价是为了更好地完善整个教学，期望在以后的学习中达到更好的效果；在教学设计的核心上，专题教学是以活动为核心设计任务群，师生共同参与学习活动。

围绕某一中心，整合课内外文章是专题教学的重要特征，也是专题教学组织选材的重要一步。不同时期、不同教学者的文章整合样态是不同的；同一教学者也可能根据不同的教学对象和不同的教学内容来选择不同的整合策略。那么按照专题开展的时间长短来分，可分为小型（一节课）、中型（几节课）和大型（用时较长）三种；按照整合对象来分，可分为单元内部的整合、单元之间的整合、各册教材之间的整合和课内与课外的整合四种。义务教育阶段专题教学以读写结合为主，从学习材料选取的角度，可分为两种主要形式。

（一）基于教科书整合的专题教学点确定

基于教科书整合的语文专题就是以教材为依托，注重对教材的创新性使用，实质上是一种教材整合方法。如霍秉坤指出的，教师应视教科书为一种而非唯一的教学资源，应补充教材，按个人认知转化教学内容，并结合讲解、问答、讨论、问题探究等方法，以协助学生既掌握基础知识，又从事批判思考等高层次的学习。教师整合各单元选文的联系，尝试对课文、写作学习、口语交际学习进行重组，形成系列主题的专题教学，如知识专题、文体专题、人物专题、作者专题等。这一类专题教学也涉及课外内容，但所选取的课外内容是作为课内文章的拓展，目的在于帮助学生理解课内文章。这类专题教学打破了单篇阅读的传统教学方式，但没有脱离教材，实际上是传统教学方式的部分改造和补充。

确定这种类型的专题教学点一般分为两个阶段：(1)教师根据语文教科书、学生语文学习的问题进行筛选、整合，确定语文学习的主问题，把语文学习主问题解决的目标和任务作为第一阶段的专题教学点；(2)学生在阅读教师提供的阅读材料、解决主问题的过程中，发现适合自己学习的问题，把问题解决的任务和目标作为第二阶段的专题教学点。

（二）自主开发的语文教学专题教学点确定

专题教学这个概念虽有独特而统一的特质呈现，但形式多样，不同的语文教师可以根据学情特点和语文课程的功能定位，抛开语文教科书自主开发语文教学专题。深圳新安中学吴泓老师是其中的代表。吴泓专题式教学是在新课程理念指引下，指导学生以特定语文教学内容为核心，自主学习，展开专题式阅读、写作和综合性学习的语文教学活动。吴泓编写有《精神和言语共生：高中语文“专题研究性学习”》《成长足迹：我们也会思考啦》等书籍，对专题教学的理解、阐述思路清晰。后来出现了多篇以研究吴泓的专题教学为对象的论文，所以他具有代表性。吴泓等人的专题教学多以人物、书、时代等为专题内容，如吴泓的《诗经》专题、倪方的《海明威文学作品专题教学研究》、赖玉能的《张爱玲作品专题教学的设计与实施》等。

专题教学是围绕核心主题元素进行设计和展开的，一般流程是“个性泛读，调动积累—专题阅读，质疑思考—单篇研读，自主选题—多维阅读，交流讨论—合作研读，整合选题—组内讨论，解决问题—选择角度，分组探究—引导点拨，完成学习—成果展示，弥补思维”[①]。这一过程强调了学生学习这个核心元素，强调了学生自我阅读、自我思考与多维阅读、多维思考的结合，强调了学生的自主性和积极性，强调提升学生的阅读能力和学习能力。基于此，自主开发的专题教学点的确定也分为两阶段：(1)根据主题要素确定阅读、写作、口语交际不同领域的教学点；(2)按“导读”“精读”“略读”“主题写作”四个阶段分别确定教学点。导读阶段重在“导”，专题导读是在专题核心教学点学习之前对整个专题学习的整体感知，从初步感知主题到了解各篇文章大意，再到感知专题的情感意识，到明确内容的学习任务，最后到做好专题学习计划。导读阶段的教学点主要是激发学生的学习兴趣，让学生简要明确专题学习的训练重点，提示学生学习方法和学习的重难点。精读阶段的教学突出“精读”的特点，教学点的设置既要考虑对文本内容的深入理解，也要考虑教给学生阅读方法和策略，同时兼顾文学欣赏的路径。略读阶段突出“略读”的特点，教学点的设计主要集中在训练学生对阅读方法的运用和广泛的阅读与积累上，目的是培养学生阅读的熟练度和广博读。专题阅读积累和丰富了学生的生活经验和语文经验，因此，读写结合教学点应突出写作的文体特点和表达技巧，教学内容聚焦在不同文体写作的方法和技巧问题上，进而训练学生的文体思维。

【注释】

[1]校长教-学领导“三层九维”模型，是笔者近年来本着坚定的学生立场，立足学科课程与教学的深度改革，寻求有效的知识引领，在一所九年一贯学校开展持续的行动研究，总结出来的教学成果。三层包括：目标层——学科建设的目标研制是校长教-学领导的首要任务；过程

① 张秋玲，吴欣歆.“专题学习，个性选择”选修教学模式的设计思路[J].语文建设，2009(3)：27-31.

层——学科建设的实施过程是校长教-学领导的关键所在;驱动层——学科建设的多重驱动是校长教-学领导的推进策略。九维包括:功能定位是学科建设目标构成的方向维;课程开发是学科建设目标构成的筹划维;教学改革是学科建设目标构成的运作维;教研革新是学科建设实施过程的桥梁维;教师发展是学科建设实施过程的能动维;文化积淀是学科建设实施过程的成果维;变革领导是学科建设多重驱动的激励维;专家引领是学科建设多重驱动的品质维;校际联动是学科建设多重驱动的协作维。

[2]王荣生等人在这方面的研究持续了十几年,代表性成果有《阅读教学内容重构》《听王荣生教授评课》《阅读教学设计的要诀:王荣生给语文教师的建议》《语文课程与教学内容》《语文教师专业发展十四讲》等著作和相关论文;指导一线教师聚焦"教学内容"问题,通过课例研究的形式开展校本教研;在教学内容选择上,强调两条路径:对语文教材内容重构,在教学过程中创生。

[3]本研究选择了王荣生教授提出的定篇、例文、样本、用件和引子选文功能划分理论,陈隆升教授的语文教学的学情视角理论和荣维东教授的交际语境写作教学理论,指导语文教学点选择和语文教学实践。

第四节　专家引领的共同备课是推动语文课例研究的有效路径

基础教育阶段的语文教学长期以来难以取得令人满意的成绩，似乎是不争的事实。吕叔湘先生所谓的“咄咄怪事”①到目前也没有得到根本改变。现代语文课程与教学走过了110多年。中国成立后，语文教学改革也经历了八次之多，但对于中小学语文教师而言，似乎越改越不知怎么教了。大部分语文教师认为，在考试中取得好成绩就是硬道理，语文教师只要让学生考出比较满意的成绩就可以了，当然，其中一部分教师对机械应对考试的做法还是不认同的。还有一小部分教师心中仍存探寻理想语文教育的梦想，或囿于语文教材独自“在暗中摸索”②，或整合语文教材提出群文阅读、绘本阅读、整本书阅读、专题教学，艰难地推动语文教学向前发展。其实，当前造成中小学语文教学困境的问题是多方面的，如课程设计层面（核心是课程内容问题）、教材层面（课程内容的具体化、教学化）、教学层面（教什么、怎么教的问题）、教学评价层面（评什么、怎么评的问题）。这些问题仅靠一线语文教师的努力，是很难解决的。当前语文教学核心问题是“教学内容问题”，这一问题的解决需要多方合作、形成合力，具体可从以下四个方面努力：一是国家层面的语文课程研制、教科书编写和语文教育评价改革；二是语文教育研究者落实到教学

① 吕叔湘.当前语文教学中两个迫切问题[N].人民日报，1978-03-16(3).

② 王荣生.评我国近百年来对语文教材问题的思考路向[J].教育研究，2002(3):54-57+77.

实践层面的研究；三是学校层面系统语文学科建设实施（包括语文课程功能定位、教材使用、校本教研、教学改革和校本课程开发与实施）；四是语文教师个体的专业成长。

2017年暑假，笔者作为备课专家参与了湖南省江声实验学校和江西省南昌市举办的以“阅读教学内容的确定和教学活动的设计”为主题的研修活动。本文以这两次课例研修为例，深入探究专家引领下的共同备课是如何改善语文教师的话题PCK的。

这两次研修主要采用了主题学习、共同备课和备课研讨等工作坊研修模式，以不同文体的课文为样例，探究阅读教学应该“教什么”“怎么教”的问题。在培训过程中，大学语文教育研究者、语文教研员和一线语文教师通过“共同备课”“备课研讨”，充分展开对话交流，目的是“以篇达类”，改善语文教师的话题PCK。备课专家在“共同备课”“备课研讨”发挥的作用为：追问无疑处、推进纠缠处、解释困惑处、勾连理论与实践、备课成果物化。

一、教学文本解读指向教学点和教学内容的选择

吴忠豪在2011年就呼吁语文教学期盼“教课文”朝向“教语文”的美丽转身”，指出语文教材中“除了少量的古诗词等流传千古的经典篇目，语文课本中的课文基本不属于语文课程内容”。[①]这种观点和夏丏尊（语文教学就是明里探讨那些“共同的法则”和“共通的样式”，而“选文”主要是说明“共同的法则”和“共通的样式”的例子）、叶圣陶（语文教学内容应该是怎样阅读、怎样写作的“方法”，而“选文”主要是“历练方法”的“凭借”）等人的主张是一脉相承的。[②]语文教材内容是课程内容的主要载

① 吴忠豪.期盼语文课的美丽转身——从“教课文”到“教语文”[J].语文教学通讯，2011(6):9-11.

② 王荣生.评我国近百年来对语文教材问题的思考路向[J].教育研究，2002(3):54-57+77.

体，语文教学内容是教师对教材内容进行的重构和对课程内容的创生。王荣生认为，在“文选型”教材中，语文课程内容主要由“选文”和“语文知识”构成，并主要通过教材的“助读”和“练习”来完成，而阅读“教学内容”问题，则突出地表现为这篇课文“教什么”的问题。[①]这里的“教什么”的“什么”应该是确定的，因课文功能而异，如“定篇”教学内容的重心是理解作品的权威阐释，而例文、样本、用件等，则归入“用课文来教”，教“语文知识”，包括语言和言语的知识、文章和文学的知识、阅读和写作的知识。基于此，教学文本解读主要是读懂课文中“有什么可教”（即针对特定的课文和具体的学情确定可选择的教学内容），而不仅仅是解读出这篇课文“写了什么”“怎么写”的（尽管这些内容也是教学文本解读的重要组成部分）。

（一）散文类课文共同备课的推进过程

备课的文本是《紫藤萝瀑布》，选自部编版语文七年级下册第五单元。单元导读中提示本单元主要学习“托物言志的手法”，并建议“运用比较的方法阅读”。在备课之初，备课专家先组织小组成员回顾了对阅读教学设计的理解，他们通过前期的理论学习，明确了以下三个问题：（1）回到学生立场，带领学生读懂作者的情感；（2）要打破传统的记叙文、说明文、议论文文体教学的框架，回到“这一篇课文”上，把每篇课文的教学内容连接起来，学生应该形成一张语文知识的网络；（3）确定教学点为语文教学指明了方向，但如何确定教学点还存在诸多疑点。在备课专家的引导下，备课小组首先找出了课文中的关键词句，并简要交流这些句子的表达作用。找出的关键词句有：（1）文艺性的标题“紫藤萝瀑布”；（2）在结构上起总括、过渡和照应的句子；（3）表达作者情感体验的句子，

① 王荣生.语文课程与教学内容[M].北京：教育科学出版社，2015：151，225-243.

一类是直接抒情议论的句子,一类是融情于景的句子;(4)描写生动细腻的句子;(5)表达独特的句子,如"在这浅紫色的光辉和浅紫色的芳香中""不断地流着,流着,流向人的心底"等。通过分析学情特点,备课小组把(2)(3)(4)(5)四类句子作为教学点。在后面的备课研讨中,各小组分别就以下问题展开了讨论:(1)如何理解比喻、拟人等描写生动的句子;(2)如何处理抒情议论的句子,如"花和人都会遇到各种各样的不幸,但是生命的长河是无止境的""不断地流着,流着,流向人的心底";(3)关于首尾呼应句子的理解;(4)表现手法(如对比)的运用。通过研讨,各小组基本达成共识,即:问题(1)(2)主要指向课文"写了什么",属于内容层面的理解;问题(3)(4)则指向课文是"怎么写"的,属于形式层面的理解。

(二)小说类课文共同备课的推进过程

小说选择的课文是《变色龙》,出自部编版语文九年级下册第二单元。在备课伊始,备课专家所在小组的老师普遍认为,课文比较难解读,如果按照读小说的办法解读这篇课文,一时不知从何处入手。在备课过程中,备课专家仍然指导学员先找出课文中的关键词句。这一步开展得比较顺利,老师们很快找出了以下词句:(1)比喻性的标题"变色龙";(2)开头部分环境描写的句子;(3)人物语言、动作、神态、心理等细节描写的句子;(4)"军大衣""手指头""法律""宪兵""席加洛夫将军"的象征意义和反讽意味)。备课专家以此为契机,进一步引导老师们发现标点符号(如省略号、破折号)的独特作用,主人公奥楚蔑洛夫前后矛盾的言行等。通过两轮研讨,备课小组最后确定的教学点有三个:(1)读懂情节脉络;(2)读活人物形象;(3)读出讽刺意味。在教学设计过程中,小组成员讨论的话题由教学点转向了课文"写了什么"(如故事情节、人物形象、主题)和"怎么写的"(如人物描写、环境描写、讽刺的手法等)。其中,值得关注的变化是，老师们开始关注小说阅读的方法和策略。这一点成为教学设计的一个亮点，在备课研讨中得到了备课专家和其他小组的认同。

（三）文言文类课文共同备课的推进过程

文言文选择的课文是《与朱元思书》，出自部编版语文八年级上册第三单元。专家组通过备课研讨发现，最后一句“横柯上蔽，在昼犹昏；疏条交映，有时见日”是课文“炼字炼句”的关键处，也是学生理解鉴赏的疑难处。在小组备课过程中，参与研修的学员能够根据文言文“一体四面”的文体知识对课文中的关键词句进行分类：(1)文言层面，“缥碧”“奔”“轩邈”“见”等词语，“风烟俱净，天山共色”“夹岸高山……千百成峰”等句式是理解的重点；(2)文章层面，“奇山异水，天下独绝”“鸢飞戾天者……窥谷忘反”是篇章结构的关键句；(3)文学层面，认为“泉水激石……猿则百叫无绝”主要运用了对仗的修辞手法、以声衬静的写法、通过句式变换舒缓节奏等表达技巧，是鉴赏的重点；(4)文化层面，认为“鸢飞戾天者……窥谷忘反”一句体现了“智者乐水，仁者乐山”的儒家文化和“天人合一”的道家文化的有机融合。应该说，其中一个小组对课文的解读还是比较深入的，特别是对最后一句“横柯上蔽，在昼犹昏；疏条交映，有时见日”有了新的发现。此时，备课专家引用王国维提出的“境界说”帮助学员思考“有我之境，以我观物，故物皆著我之色彩。无我之境，以物观物，故不知何者为我，何者为物”的意味。有学员发现，这一句“疏条映日，有时见日”在结构上回应了开头第二句“从流飘荡，任意东西”，作者的心境进入到无我之境。备课专家乘机引述孙绍振先生对这句话的评述，“没有转移对于自然景观的迷恋，仍然一如既往地沉醉在美好多变的景色之中”[①]，让老师们体悟出这句话独特的意蕴，即作者的心灵与明净

---

① 孙绍振.在骈体的约束中抒写情志——读《与朱元思书》[J].语文建设，2013(16):44-47.

开阔、动静相宜的大自然融合在一起的独特境界。然而，在备课研讨中，大部分小组对课文的解读停留在对“奇山异水的理解”和“作者独特情思的感受体验”层面，而较少关注对关键词句的品读、鉴赏，更少关注这一类课文阅读方法知识的开发。

（四）实用文类课文共同备课的推进过程

实用文选择的课文是部编版《义务教育教科书·语文 八年级 下册》第二单元的《大自然的语言》，这是一篇科研工作者向普通读者介绍科学知识的文章，也叫科学小品。这类课文的阅读适用理解性阅读，即通过抓住关键语句理解课文的要点，“在教学中要把‘课文内容’和‘作者的表达’结合起来，让学生完整而恰当地理解文章所表达的观点”[①]。本次备课，备课专家所在小组成员能很快关注课文中几个关键科学术语（物候、物候知识、物候学、物候观测），甚至有一位小组成员试图用图示法来找出几个科学术语的关联，但是几经努力好像并没有画清楚。接下来，小组成员围绕如何理解“物候现象的来临决定于哪些因素”及其在文章结构中的关系展开了讨论，确定了影响物候来临的因素是由主到次叠加的关系，然后对文中一些容易理解错误的句子进行了讨论，并进一步明确了这一部分是对“物候学”中通过“记录植物的生长荣苦，动物的养育往来”，进而“了解随着时节推移的气候变化和这种变化对动植物影响”的关键要素的阐释。最后，备课小组对语言表达准确、通俗、生动这一特点做了较为细致的分析：（1）运用举例子、列数字、摹状貌等说明方法；（2）使用大量短句和过渡照应句子；（3）准确运用表示先后次序的词语；等等。在备课研讨与交流中，各组也是围绕上述语句展开交流讨论的，其中只有一个组把“品味准确生动的语言”“体会和培养求真、求实的科

① 王荣生.实用文教学教什么[M].上海：华东师范大学出版社，2014：53.

学态度与精神"作为教学点，特别值得关注。

通过对共同备课及备课研讨内容的梳理，我们不难发现，参与共同备课的语文教师对课文的解读越来越专业，具体体现在以下方面：(1)能抓住课文中的一些关键词句，联系学情把这些词句确定为教学点；(2)文体意识增强，对于文学作品类课文，能抓住部分有丰富意蕴的词语作为教学点；(3)开始意识到要从文本不同的层次和学生认知的特点对教学点进行排序。在备课中，我们也发现，大多数语文教师的文本解读能力还停留在这一篇课文写了什么、怎么写层面，而对选文的功能和教学内容(语言和言语的知识、文章和文学的知识、阅读和写作的知识)的选择讨论较少。因此，在今后的研修中，还应该继续加强以下内容的研修：(1)综合运用篇性特征和类性特征，选择课文的教学点；(2)能揣摩学生阅读的疑难困惑，围绕教学点选择并开发教学内容；(3)能根据选文的功能选择教学点和教学内容；(4)依据文本层次理论和学生阅读经验安排教学环节；(5)围绕教学点，展开教学活动设计。

二、教学目标和内容的确定要指向学生高认知能力的发展

具体而言，教学目标即教学点，具体指的是学生能够找到文中的关键词句并能完成对这些词句的加工。一节课的教学目标与教学内容有密切的关系。王荣生认为，教学点就是通常所说的教学目标，是"文本关键点和学生疑难处"关联的地方，开发或选择帮助学生学习"如何阅读的语文知识"也就是确定教学内容①。阅读教学目标要学生通过外显行为完成对"文本关键点"加工，教学目标的达成又需要合宜的教学内容(语文知识和百科知识)来填补学生已有经验和目标之间的落差。王荣生指出，中小学阅读教学的核心是理解，主要是语篇层面的理解：在"篇章格

① 王荣生. 帮助、指导学生打开审美的窗户——曹勇军老师《最后的常春藤叶》课例研习[J]. 语文教学通讯，2018(4)：35-41.

局”的基础上，建构“情境模型”（个人化的篇章格局）；不但要理解在具体语境中的文意，还要指向对外部世界的认识、对人生的认识和体验；关于学习文学作品的阅读教学目标，还要上升到以“体验”“评鉴”“体会”“赏析”“分享”为行为动词的“文学欣赏”层面。[①]祝新华参照布鲁姆、安德森等人的教育目标的分类理论，把阅读认知能力分为“复述、解释、重整、伸展、评鉴、创意”六个层级（如表1-4-1所示），并进一步指出“重整”以上层级的能力项目属于高认知能力。[②]《义务教育语文课程标准（2011年版）》指出，“欣赏文学作品，有自己的情感体验，初步领悟作品的内涵，从中获得对自然、社会、人生的有益启示。对作品中感人的情境和形象，能说出自己的体验；品味作品中富有表现力的语言”，“阅读科技作品，还应注意领会作品中所体现的科学精神和科学思想方法”，明确提出了高认知水平的课程目标。

表1-4-1　祝新华阅读认知能力的六个层级

能力层级	能力项目	具体指标
1	复述：辨认或认读。	认读材料，抄录词句，指出显性信息。
2	解释：转译。	用自己的话解释词语或句子的表面意思。
3	重整：分析、综合、比较。	分析、综合文本内容，辨识表达技巧。
4	伸展：推论、推测、想象。	推论引申含义，想象拓展内容。
5	评鉴：批判性思维。	评说思想内容，鉴赏语言表达。
6	创意：创造思维、求异思维。	找新方法，提新方法，运用获取的信息解决问题。

如表1-4-2所示，本次共同备课选择的四篇课文，《紫藤萝瀑布》《变色龙》《与朱元思书》属于文学作品，《大自然的语言》属于实用文章。文学作品类课文选择的教学点，除少部分“感受、体验”等情意目标外，认知

① 王荣生.阅读教学设计的要诀：王荣生给语文教师的建议[M].北京：中国轻工业出版社，2014:12,31-32.

② 祝新华.促进学习的阅读评估[M].北京：人民教育出版社，2015:57-58.

目标主要集中在“认知”“理解”层面，“行为动词”的使用比较随意。“体会运用讽刺的写法及作用”“品味(欣赏)作者笔下的奇山异水”等教学目标指向欣赏、评鉴，但用词不准，“体会”换成“品析”似乎更准确一些，“品味(欣赏)”的对象表述不准，应该是“描写奇山异水句子的表现力”。关于实用文教学目标的确定，则主要集中在理解层级，大方向是对的，但是要理解到“物候等科学术语、四大因素及其与农业的作用的内在关联”层面才比较到位，“读懂课文写作的目的”属于重整层级，而“培养求真务实的科学态度和精神”似乎偏向情意方面。

表1-4-2　共同备课中四篇课文教学目标设定统计

选文	文体	教学点选择
《紫藤萝瀑布》	散文	1.理解赏花(紫藤萝盛衰)带来的生命感悟(情思)的句子;2.感受、理解作者情感变化的句子;3.感受、体验紫藤萝旺盛的生命力的句子;4.理解花和人的不幸的句子。
《变色龙》	小说	1.感受并理解描写主人公内心世界的句子;2.体会运用了讽刺的写法的句子;3.理解对奥楚蔑洛夫、赫留金等可笑但并不可恨的人物形象描写的句子;4.理解席加洛夫将军的形象;5.了解小说中描写社会现实的句子。
《与朱元思书》	文言文	1.品味(欣赏)作者描写奇山异水的句子;2.体验表达作者志趣的句子;3.积累文言词语;4.感受、理解并体验作者赏景时独特的心境;5.品读炼字炼句、章法考究的句子。
《大自然的语言》	实用文	1.理解物候、物候学等科学术语;2.理解通俗易懂的句子的语言特点;3.学习条理清晰地阐释事理的方法,品味语言的准确性、生动性;4.读懂课文写作的目的;5.积累物候知识,体会、培养求真务实的科学态度和精神。

三、聚焦教学内容选择才能真正优化语文教师的学科教学知识

教学点是对一篇课文"教什么"的具体表述，是"教师根据自己对文本的理解预设的教学内容与教学方式的聚合物"[①]，是语文教学目标的具体呈现。教学内容主要指"针对具体情境中的一个班乃至一组、一个学生，为使他们或他(她)更有效地达成既定的课程目标，'实际上需要教什么'"，以及"为使具体情境中的这一班乃至这一组、这一个学生能更好地掌握既定的课程内容，'实际上最好用什么去教'"。[②]教学内容既需要在教学设计中预设，也是在教学过程中生成的。因此，教学内容的确定不仅取决于教师对文本的解读，也要高度重视学情分析，教学点的表述既包含教学内容的选择，也包含教学方法的运用。教学内容的确定是语文教师最为核心的专业能力，在教学设计过程中，一般需要三个步骤才能完成：第一步，分析课文的体式特点和学情特点，确定这一篇课文的教学点。第二步，结合单元提示和课文的功能类型(定篇、例文、样本、用件和引子)，选择要教给学生的知识(百科知识和语文知识)、阅读方法和策略。第三步，分析学情。发现学生完成阅读任务时的障碍，包括语言文字的障碍、生活经验的障碍与阅读方法的障碍等。围绕教学点选择核心语文知识，阅读这一篇文章的阅读方法和策略。作为定篇的教学文本，应查阅文献，转化名家的权威解释来彻底、透彻、清晰地领会经典的魅力。

通过对表1-4-3的统计分析，可以发现，老师们在选择教学内容时，主要是理解关键词句表层意和深层意，往往容易忽略找到这些关键词句和对这些关键词句进行加工的阅读策略和阅读方法，在语言表述上，主要是呈现文本的信息，而不是完成阅读所需的"心智技能"。从教学点的

① 魏本亚.语文教学点：课堂教学的基础[J].语文建设，2016(13)：22-24.

② 王荣生.语文课程与教学内容[M].北京：教育科学出版社，2015：225-226.

表述来看，老师们基本没有搞明白这一篇课文应该“教什么”和“怎么教”，背后的原因是教师学科知识、教学知识，尤其是学科教学知识的不足。语文教师的学科教学知识主要体现为对一篇课文“教什么”“学什么”“怎么学”“怎么教”的抉择。[①]如《与朱元思书》的教学点“疏通文意”的表述，还需要进一步补充三个方面的信息：(1)要学习的具体词句蕴含的知识(包括语言知识、文章知识和百科知识，如“奔”“轩邈”的意思和用法，什么是骈文，富春江在哪里，等等)；(2)要用什么方法来学习(朗读指导法、提问法、讲授法等)这些知识；(3)达到什么学习结果，如“正确理解课文大意”的目标要运用准确的行为动词描述学生的行为结果：反复朗读课文，正确说出“奔”等文言词语的意思，用自己的话描述课文大意。

表1-4-3　四篇课文教学内容选择统计

选文	文体	教学内容
《紫藤萝瀑布》	散文	1.概括眼前之景(赏花盛)；2.文中的比喻句及其作用；3.“生命的长河是无止境的”“不断地流着，流着，流向人的心底”蕴含的情感和哲思；4.花和人不幸的深层含义；5.借景抒情的写作手法。
《变色龙》	小说	1.小说情节；2.人物心理变化；3.小说的主题；4.奥楚蔑洛夫的形象；5.赫留金、巡警和那群人的形象；6.席加洛夫将军在文中的作用；7.小说讽刺的特质；8.认清人物，看透社会；9.对话描写的技巧。
《与朱元思书》	文言文	1.文言词句的表层意思；2.概括山水的特征；3.体悟作者心灵之纯净(理解、体会作者的情志)。
《大自然的语言》	实用文	1.物候学等术语的意思；2.理解科学小品语言表达通俗易懂的特点；3.概括课文主要内容；4.影响物候来临四个因素的关系；5.写作目的是强调观测记录是为了指导农业生产；6.求真务实的科学态度和精神；7.积累阅读实用文的方法。

① 王荣生.语文课程与教学内容[M].北京：教育科学出版社，2015：245.

下面我们以学员们确定的《与朱元思书》教学目标“品读炼字炼句、章法考究的句子”为例，做进一步分析。

1. 要用阅读方法和策略知识整合阅读教学内容

语文知识、读写策略（广义的语文知识包括陈述性知识和程序性知识，程序性知识具体可以分为两类：策略性知识和指向言语活动规则的认知知识[①]）是阅读教学的核心内容。从备课成果来看，语文教师选择的教学内容，比较零散，不能进行有机地整合。(1)《与朱元思书》是一篇山水小品，不仅写景如画，而且富有诗情（登山则情满于山，观海则意溢于海）；(2)骈散结合的体式、长短变化的句式，体现了作者情感的变化；(3)以动写静、以声衬静的写法，不仅突出了画面美，也反衬出人物的心境美；(4)妙用典故，间接点题，暗示作者的心境；(5)以景物描写结尾，回应开头“从流飘荡，任意东西”，深化情感，余韵悠长；(6)联系作者的人生经历领悟“鸢飞戾天者，望峰息心；经纶世务者，窥谷忘反”的多层含义；(7)抓住关键词语、句子，如“风烟俱净，天山共色。从流飘荡，任意东西”“横柯上蔽，在昼犹昏；疏条交映，有时见日”，从景物描写的特点及其语言表达体验、领悟作者蕴藏在“奇山异水”背后的“明净、通透、自由、快乐”的心境。其中，(1)(2)(3)条是文章学和文学知识，是静态的知识，对学生鉴赏活动的指导意义非常有限；(4)(5)条是语用知识；(6)(7)条是阅读方法与策略，这两类知识对学生阅读经验的形成具有很大的指导意义。在阅读教学中，语文教师需要用阅读方法和策略的知识整合语文基础知识、语用知识，提升学生高认知能力，达到重整以上的阅读认知能力。但令人遗憾的是，语文教师在选择教学内容时，恰恰缺乏用阅读方法和策略整合语言、文章、文学、语用知识的能力，因而妨碍了阅读教学内容的有效选择。

---

① 刘华.广义知识观下的语文课程内容重构[J].课程·教材·教法，2012，32(10)：30-34.

2. 教学方法要与教学内容相匹配

教学方法的选择首先要与教学内容相匹配，同时也要符合学生特点。如针对知识点(1)可采用朗读指导法、追问法来展开教学，首先让学生有感情地朗读课文后，思考下列问题：①读了这篇课文后，除了感受到“奇山异水，天下独绝”之外，还有何感受？②“登山则情满于山，观海则意溢于海”是什么意思，这句话对读懂课文有何启示？针对知识点(7)可采用创设情境法、小组讨论法、词语辨析法来展开教学。学生无法领悟、体验作者蕴藏在“奇山异水”背后的“明净、通透、自由、快乐”的心境，一是因为生活经验的不足，需要唤起和补充学生的生活经验，即作者吴均因“私撰《齐春秋》，因罪免职”后，闲居富春江一带的江南山水中的生命体验；二是缺少语文知识和阅读的方法，如小品文起承转合的章法、“净”“任意”“见”关联起来的用法和“以景物描写结尾”的用意。基于此，这一教学点的落实可通过四个步骤来完成：①小品文的写作特别讲究“起承转合”，请根据这一特点讨论“课文最后四句话能否删除”。②联系开头部分的“净”“任意”两个词，推敲“见”的含义及表达作用。③听名家的配乐诵读，谈自己聆听后内心的感受。④小组讨论，王国维在《人间词话》提到：“有我之境，以我观物，故物皆著我之色彩。无我之境，以物观物，故不知何者为我，何者为物。”反复诵读最后一句，你体验到作者怎样的心境？通过以上四个步骤，让学生在整合多种知识的过程中达到对关键词句的深度理解。因此，语文教师在阅读教学中不仅要选择合宜的教学内容，还要依据教学内容选择与之相匹配的教学方法，才能达成高认知层次的教学目标。

四、教学活动设计要指向学生“学习经验”的获得

教学活动可以分为“教的活动”和“学的活动”，“教的活动”指的是教

师的教学行为,“学的活动”指的是学生的学习行为,这两种活动既有区别又有联系,联系点是教师“教的活动”要指向学生“学的活动”。王荣生指出,当前语文教学活动的症结是以“教的活动”为基点,具体表现为:“(1)教师‘教的活动’结构完整,学生‘学的活动’非常零散、没有结构;(2)教师‘教的活动’相对丰富、多样,学生‘学的活动’非常呆板、单调。”解决的途径是转向以“学的活动”为基点,即“在教学内容确定的时候,着重考虑学生需要学什么;在设计教学环节的时候,着重考虑学生怎样学才好”。[①]

通过表1-4-4可以看出,参与共同备课的教师设计的教学活动主要有两类:一是讨论问题的设计,既包括教师“发问”的教学行为,也包括学生“讨论回答”的学习行为;二是学生“学的活动”的设计,针对不同的文体特点、教学内容,设计了一些学习活动。可以说,上述教学活动设计在一定程度上体现了王荣生教授的理念,即主要不是设计“教的活动”,而是设计“学的活动”。但仔细分析“学的活动”的设计,还有以下问题需要进一步讨论:(1)从活动的行为动词的使用上看,一些“学习活动”的设计还无法落实到学生具体的学习行为上,如“讨论”“感受”“品味”“探究”“品读”“悟读”等词语的表述比较模糊,到底如何展开“讨论”“感受”“品味”“探究”“品读”“悟读”行为,尚不得而知,恐怕教师、学生看到这些词语都是糊里糊涂的;(2)“教学活动”的设计并不是师生在课堂活动一番就可以了,教和学的活动最终要指向学习经验的获得。从表1-4-4来看,只能看到“教的活动”或“学的活动”的罗列,至于这些活动能否达成学生的学习经验,我们就不得而知了。因此,提高“教学活动”设计的有效性路径可从三个方面入手:(1)转变教学观念,由关注教师“教的活动”

① 王荣生.阅读教学设计的要诀:王荣生给语文教师的建议[M].北京:中国轻工业出版社,2014:127-128.

转向关注学生“学的活动”和“学习经验的获得”;(2)提高学情的观察、分析和反思能力,在备课中关注学生的学习经验,在教学中关注学生的学习状态,在反思中关注学生的学习结果;(3)综合运用听读说写多种学习方式开展形式多样的学活动;(4)教学活动要指向学习任务的完成,并在纵向和横向两个维度充分展开。

表1-4-4　四篇课文教学活动设计统计

选文	文体	教学活动设计
《紫藤萝瀑布》	散文	讨论的问题设计:对紫藤萝的描写集中在哪些段落?作者眼中的紫藤萝花是怎样的?作者是如何观察和展开描写的?怎么理解文中的关键词句?从哪些句子可以看出花和人的不幸?紫藤萝花带给我怎样的情感变化?作者为什么“不由得停住了脚步”“不觉加快了脚步”?作者“伫立凝望”时想到了什么?
		学习活动设计:(1)找出文中的比喻并发现比喻的共同特点;(2)小组讨论,找出描写紫藤萝花的句子,探究这样描写带给作者的感受及原因;(3)小组交流“花”和“人”的不幸;(4)勾画关键词,感受生命力,说说作者情感的变化。
《变色龙》	小说	讨论的问题设计:(1)赫留金是受害者吗?(2)那群人在文中多次出现,透过他们的言行,你读到了什么?(3)你怎样看待巡警这一人物形象?(4)“变色龙”指的是谁?为何而变?(理解变色龙的深刻含义)(5)这场闹剧的制造者究竟是谁?(6)席加洛夫将军在小说中有何作用?
		学习活动设计:(1)跳读课文,概括故事情节;(2)批注、讨论、交流奥楚蔑洛夫的语言;(3)从狗的视角描写场景;(4)我从什么地方读到了一个怎样的奥楚蔑洛夫的形象;(5)品味人物语言和动作的细节描写,了解人物性格的典型意义;(6)探究小说的批判性和戏剧性;(7)画人、狗、法律的关系图;(8)师生分角色朗读;(9)运用批注法,细读动作、语言、神态等细节描写,在语言矛盾处、省略号的使用处体验人物的心理活动;(10)从标题、对话、人名三个角度读出小说的讽刺意味。

续表

选文	文体	教学活动设计
《与朱元思书》	文言文	讨论的问题设计:(1)作者笔下的山水有何特点?(2)这些“奇山异水”为何是“天下独绝”?(3)作者是如何描写山奇水异的?(4)这篇课文表达了作者怎样的志趣?(5)最后两句能否删去,为什么?(6)从句式的变化中看出作者情感发生了怎样的变化?
		学习活动设计:(1)结合注释,疏通文意;(2)背诵课文;(3)品味“鸢飞戾天者……”这一句的深层含义;(4)细读写山水的句子,感知景之“净”;(5)品读“泉水激石……猿则百叫无绝”感受景之“静”;(6)悟读“鸢飞戾天者……窥谷忘反”传递的“名士情怀”;(7)比较与《答谢中书书》的异同;(8)梳理出作者情感的变化。
《大自然的语言》	实用文	讨论的问题设计:(1)作者是如何面向普通读者介绍科学知识的?(2)决定物候来临的因素有哪些?(3)为什么要研究物候学?(4)标题“大自然的语言”指的是什么?(5)1、2两自然段能否删去?(6)6至10自然段的顺序能否调换?
		学习活动设计:(1)勾画生字词和介绍物候知识的句子;(2)用自己的话转述物候知识;(3)画出物候、物候知识、物候学和影响物候来临的四个因素之间的关系图;(4)品味精准、生动的语言;(5)讨论6至10自然段,感受严密的逻辑思维。

通过上述分析,我们发现,“共同备课”“备课研讨”作为语文教师研修活动对语文教师的话题PCK的改善有显著效果。这种任务导向的研修活动,把研修学员带入到真实的教学场景中,通过课文研读、台阶式教学设计,把语文教师带入到工作场景中,与专家、同侪的交流对话中,不断在实践中反思重构学科教学知识,在不知不觉中提升专业能力。当然,在“共同备课”“备课研讨”中,备课专家一方面要鼓励学员大胆发言,充分暴露他们已有的学科知识,另一方面要加强引导,通过设定规则、打断对话、追问、提供知识支架等行为,促进一线语文教师反思、重构学科教学知识,才能取得最佳效果。

第五节 行动取向语文课例研究的基本形态、流程与实施策略①

随着新课程改革的深化，课例研究在借鉴实证研究和行动研究等科学研究方法的基础上，正在成为新兴的研究领域，对改善语文课堂教学、促进教师专业发展发挥越来越重要的作用。

一、语文课例研究的基本形态

课例研究(Lesson study)最初来自日本，20世纪60年代在日本小学教学中应用已经相当普遍，特别是在小学数学教学方面。当前，世界范围内影响最大的三种课例研究模式分别是日本的授业研究(Lesson Study，也译为课例研究)、香港的课堂学习研究(Learning Study)和上海的行动教育(Action Education)，其中日本的授业研究影响最大。

研究者对课例研究中“课例”的理解主要有静态或动态两种，静态的“课例”，主要指“教学设计”“课堂教学”等已形成的课；动态的“课例”，主要指包括备课、上课、课堂效果的评价的(包括同行观察)持续改进中的课。这里的课既可以是完整的一节课，也可以是一节课中相对完整的片段。课例研究的重心不是“课例”而是“研究”，这里的“研究”的形式是多样的，就一线教师而言，既可以是教学反思，也可以是同伴研讨；既可以

①王从华.语文课例研究的基本形态、流程与实施策略[J].江西教育，2018(23)：12-17.(收入本书时有改动)

教师合作研讨,也可以有专家的引领。中小学校本教研中的课例研究主要是行动取向的研究,即在动态形成过程中来研究“课”,研究者(包括教师和专业研究者)直接介入“课”的形成或改善过程。

参照课例研究的相关最新成果,我们认为,促进语文教师专业发展的校本课例研究应具备四个特征:(1)研究的内容要针对教师专业成长中的具体问题,研究的过程要始终聚焦这一问题。就语文教学而言,主要问题集中在“教什么”和“怎么教”两个方面。(2)课例研究要有相对规范的流程,比如上海教育发展研究院顾泠沅教授领衔的以课例为载体的行动研究(分为教学设计、课堂观察和反馈会议三个阶段),上海师范大学王荣生教授提出的教学设计四个阶段(确定教学目标—选择教学内容—教学环节的组织—“学的活动”设计),在实践中取得了良好的效果,值得借鉴。(3)发挥专家的引领作用。教师专业成长,需要包括学科知识、教学知识、有关学生的知识等学科教学知识的引入。在校本教研中,引入学科专家作为教师开展课例研究的合作者,可从专业视角引领校本教研的方向,提供发现问题、追问问题、澄清问题、提出解决问题的思路和建议,从而在促进教师改善课堂教学的同时,也促进教师的专业发展。(4)课例研究的成果化。课例研究通过研究课,在改善教学行为的同时,形成教学设计、课例和研究报告等研究成果。

二、行动取向的语文课例研究的流程

旨在促进教师专业发展的校本课例研究的主体最好由学科专家或教研员和一线教师共同组成,研究的问题主要来自教学实践,研究的流程可借鉴研修方式的“课例研究”,整合行动取向的课例研究的流程,主要分为共同备课、课例观摩、课例诊断三个阶段,并形成二到三个循环,直到解决问题,形成研究成果。

(一)共同备课阶段

阅读教学共同备课的一般流程有四个步骤:(1)确定教学点(教学目标)。教学点也可称为“教学目标”,是课文关键处与学生疑难困惑处重合的词语或句子。阅读教学的目标就是看到并理解、感受这些词语或句子。(2)确定教学内容。教学内容主要指的是填补学生已有经验和阅读这篇课文所需经验落差的百科知识和语文知识,其中,阅读方法是核心教学内容。(3)教学环节的组织。教学环节的组织,主要指的是教学点的排列,一般遵循三种逻辑:一是课文的逻辑,课文中先出现的教学点先教,后出现的后教;二是学生认知的逻辑,学生容易理解的教学点先教,较难理解的后教;三是阅读的逻辑,读懂了后边的文字才能更好地理解前边的内容,因此,教学点的安排就要适当调整。安德森等人在吸收前人研究成果的基础上,把认知过程分为六个层级,并用不同的行为动词进行描述,值得借鉴。[①](4)学习活动的设计。由“教的活动”为中心转为“学的活动”为中心,学生有较充分的学习时间和机会,每个学生获得的学习经验基本相同。因此,在共同备课过程中,由教师“教的活动”为基点转向学生“学的活动”为基点设计教学活动,既是共同备课的关键点,也是困难点。设计“学的活动”时候,要聚焦两个方面:第一,“学的活动”要与教学内容相匹配;第二,“学的活动”要丰富多样,并有效达成教学目标。

(二)课堂教学实施与观察阶段

课堂教学实施与观察是课例研究的第二个阶段,根据共同备课的成果,可指定一位教师执教“研究课”,专家和其他教师进行观课活动。在

① 安德森,等.学习、教学和评估的分类学[M].皮连生,译.上海:华东师范大学出版社,2008:59-60.

课堂教学过程中，执教教师要关注学生的学习状态和学习经验的生成。在观课过程中，观课教师要关注学生学习状态的变化，或指向“学的活动”，或指向学生学习的结果，进而思考教师教什么、怎么教，学生学什么、怎么学，链接点和互动情况。王荣生教授在教师培训中多次指出，课堂观察，需要观察者接受过严格的专业训练；有效的听课，需要听课者掌握观课评教的门道；在课堂教学中教师所显现的教学内容知识、教学方法知识，以及学生所留住的经验，大部分是隐性的缄默知识，靠社会学方法的调查、访谈较难探测出来。因此，观课的教师要从学的视角来观察课堂。观察内容包括：(1)教学活动；(2)教学方法，即教师用什么方式开展活动；(3)教学内容，即师生活动行为指向的对象；(4)教学组织，即教师、学生和教材之间的关系；(5)教学目标，即学生的行为变化。

（三）课例诊断与评价阶段

课例研究中的“评课”不以甄别课的好坏为目的，而是围绕课例研究的问题，从教学内容的角度对课堂优劣有基本的判断。判断的依据首先来自课堂观察，诊断课例之前，评课专家和教师要对课堂教学行为进行描述，然后判断语文教师实际在教什么，对教学内容展开分析，通过学生行为的变化来分析达成何种教学目标，进而做出肯定或否定的判断。做出诊断之后，评课教师还要从教学内容和教学方法两个方面提出改进的建议，即执教教师应该教什么和怎么教。

三、开展行动取向的语文课例研究的有效策略

（一）课例研究聚焦教学点和教学内容的确定

夏丏尊指出：语文教学就是明里探讨那些“共同的法则”和“共通的样式”，而“选文”主要是说明“共同的法则”和“共通的样式”的例子。叶

圣陶认为：语文教学内容应该是怎样阅读、怎样写作的"方法"，而"选文"主要是"历练方法"的"凭借"。[①]教学文本解读主要是读懂课文中"有什么可教"（即针对特定的课文和具体的学情确定可选择的教学内容），而不仅仅是解读出这篇课文"写了什么""怎么写"的（尽管这些内容也是教学文本解读的重要组成部分）。

教学点是对一篇课文"教什么"的具体表述，是语文教学目标的具体呈现。教学内容主要指"针对具体情境中的一个班乃至一组、一个学生，为使他们或他（她）更有效地达成既定的课程目标，'实际上需要教什么'"，以及"为使具体情境中的这一班乃至这一组、这一个学生能更好地掌握既定的课程内容，'实际上最好用什么去教'"。[②]教学内容既需要在教学设计中预设，也是在教学过程中生成的。教学内容的确定是阅读教学设计的核心环节，一般需要三个步骤才能完成：第一步，分析课文的体式特点，梳理课文可教的教学点。第二步，结合单元提示和课文的功能类型（定篇、例文、样本、用件和引子），明确要教给学生的知识。第三步，分析学情。发现学生完成阅读任务时的障碍，包括语言文字的障碍、生活经验的障碍与阅读方法的障碍等。选择一篇课文的关键词句，一般蕴含着特定的阅读方法和策略。而作为定篇的教学文本，应包括对文本中分别处于形象层、意蕴层的关键词句的体验、赏析与品读等内容。

教学内容主要是指教学点中蕴含的语文知识、方法、原理、技能和策略。如《与朱元思书》教学内容主要包括以下方面：（1）文言知识；（2）文体知识；（3）句式的知识；（4）写作手法的知识；（5）以景物描写结尾；（6）联系作者的人生经历领悟主题句的多层含义；（7）从景物描写的特点体验、领

① 王荣生．评我国近百年来对语文教材问题的思考路向［J］．教育研究，2002(3)：54-57+77．

② 王荣生．语文课程与教学内容［M］．北京：教育科学出版社，2015：225-226．

悟作者心境。其中，(1)(2)(3)条是文章学和文学知识，是静态的知识，对学生鉴赏活动的指导意义非常有限；(4)(5)条是语用知识；(6)(7)条是阅读方法与策略。最后两类知识对学生阅读经验的形成具有很大的指导意义。但令人遗憾的是，语用知识和阅读方法与策略的知识恰恰是语文教师极度缺乏的知识。而这些知识的获得需要大量阅读文艺学、文章学、语言学、阅读学等著作才能获得。

要明确教学内容的落点。所谓"确定教学内容的落点"，主要是指通过相关内容的学习，达到什么样的学习结果，通俗一点说，就是学生在学习前和学习后发生了怎样的变化。"品味作者心灵之纯净"教学点的表述基本还停留在活动层面，需要加上结果指标才指向明确，可改为"体验、领悟'有时见日'表达出来的心灵之纯净"，更重要的落点是在理解体验作者情感的基础上，品读"见"字的妙用。换言之，教学内容的落点不能仅停留在知识与活动层面，而是在学习知识的活动中形成能力，丰富情感体验。

(二)关注学生"学习经验"的获得

王荣生指出，当前语文教学活动应该由以"教的活动"为基点转向以"学的活动"为基点开展教学设计。具体做法是：(1)以"学的活动"为中心设计教学；(2)关注学生经验的获得；(3)"学的活动"要丰富多样。

(三)发挥专家引领的作用

课例研究的作用其实是一体多面的，主要功能体现在两个方面：一是改善课堂教学，增强课堂教学的效果；二是改进教师的教学认知水平和实践能力。为实现上述功能，学科专家在课例研究中发挥的作用是很重要的，具体体现为：(1)在共同备课过程中追问无疑处、推进纠缠处、解释困惑处、勾连理论与实践、促进备课成果物化；(2)在课例诊断中，引领观课评课的方向，依循一定的学理指导教师对语文课堂教学进行诊断，聚焦问题、解决问题；(3)促进课例研究成果的物化。李海林教授曾诙谐幽默地指出，专家参与的共同备课，好比是“萝卜炖肉”，萝卜和肉的味道掺杂在一起，滋味就更加鲜美了。因此，有学科专家参与的校本课例研究，可以把专家的理论和一线教师丰富的实践经验有机整合，更好地实现语文课例研究的功能。

总之，校本语文课例研究是中小学校改善课堂教学、促进教师专业发展的有效方式。中小学校要高度重视行动取向的语文课例研究，正确理解其内涵和主要流程，聚焦语文教学内容问题，关注“学的活动”，并充分发挥学科教学专家的专业引领作用，才能更大程度地实现课例研究的功能。

第二章 阅读教学课例研究

●○本章分别从文言文、诗歌、小说、散文、戏剧、实用文和整本书阅读出发,展开具体的课例研究。阅读教学是中小学语文教师比较熟悉的课程模块,但也是存在问题最复杂的领域。本章收录的课例研究的成果,大部分是在综合课例研究中的部分成果的呈现,文本解读、课例述评、课例评析、教学课例各有侧重。但一以贯之做法有四条:(1)依据体式特点和学情分析确定教学点;(2)在观照课程标准、吃透教材编写意图的基础上选择教学点和教学内容;(3)根据文本层次理论和学生认知特点排列教学点;(4)设计以“学的活动”为中心的教学活动。

第一节 文言文课例研究

一、《卖油翁》课例述评[①]

教学点是一线教师和教研员经常使用的概念，这个概念对确定一篇课文"用什么教"和"教什么"有重要价值，近年来也得到更多学者的关注。曹国庆认为，就文本而言，教学点是形意兼备的关键点，承载着文本的教学意义，兼容文本的形式与内容，是教学目标指向的聚焦点和语文活动的中心点。[②]魏本亚认为："语文教学点就是教师根据自己对文本的理解预设的教学内容与教学方式的聚合物。这种聚合物既是教学目标的物化形态，又是学习流程的集中体现。"[③]这里的"聚合物"的表述略显抽象，但从他举的例子来看，指的是一篇课文中具体的语段或词语。王荣生教授把以前模糊玄虚的教学目标清晰地揭示出来，"找准教学点"，也就"确定了教学目标"；"针对课文教学点，选择促进学生理解和感受文本的语文知识"，也就"确定了阅读教学内容"。[④]

---

① 王从华，林庆顺.《卖油翁》阅读教学点和教学内容确定的课例述评[J].江西教育，2018(17)：10-15.(收入本书时有改动)

② 曹国庆.文本教学点的特征及作用[J].语文建设，2016(19)：35-37.

③ 魏本亚.语文教学点：课堂教学的基础[J].语文建设，2016(13)：22-24.

④ 王荣生.帮助、指导学生打开审美的窗户——曹勇军老师《最后的常春藤叶》课例研习[J].语文教学通讯，2018(4)：35-41.

一、《卖油翁》课例综述

《卖油翁》自民国时期选入教材之后，备受教材编写者的青睐，在很多版本的教材中都有入选，在部编版语文七年级下册中也有它的身影。对于这样一篇篇幅短小但意蕴深刻的文章，不同的教师所设定的教学点、选取的教学内容都不太一样。本文收集了9篇公开发表的《卖油翁》课例，对课例中选取的教学内容进行梳理，推论出教师们确定的教学点，如表2-1-1所示。

表2-1-1 课例教学点选择统计表

执教老师及其课例	教学内容	教学点
容理诚《"文""白"对译的别样尝试——〈卖油翁〉课堂实录》[①]	1.理解单音节词义。 2.学会"不亦……乎"句式的运用。	吾射不亦精乎？
姜亚宁《语文版七年级上册第七单元教学设计》[②]	1.读出卖油翁不以为然的心态。 2.体会陈康肃的质问语气。	1.睨之久而不去。 2.但微颔之。 3.汝亦知射乎？吾射不亦精乎？
罗贤科《〈卖油翁〉教学设计》[③]	1.读出人物性格、态度。 2.读出陈康肃态度的变化。 3.比较卖油翁与陈康肃的语气，体会人物性格，感悟人生道理。	1.公亦以此自矜。 2.汝亦知射乎？吾射不亦精乎？ 3.尔安敢轻吾射！ 4.康肃笑而遣之。 5.睨之久而不去。 6.无他，但手熟尔；我亦无他，惟手熟尔。

① 容理诚."文""白"对译的别样尝试——《卖油翁》课堂实录[J].师道，2012(2)：26-28.

② 杨红樱，姜亚宁，刘艳霞，等.语文版七年级上册第七单元教学设计[J].语文建设，2006(12)：11-14.

③ 罗贤科.《卖油翁》教学设计[J].现代语文(教学研究版)，2009(11)：103-104.

续表

执教老师及其课例	教学内容	教学点
熊芳芳《〈卖油翁〉教学实录》①	1.对比“自矜”与“自夸”，理解陈康肃性格特征。 2.品读“立”“睨”之精准，体会卖油翁心理。 3.补充悬念知识，品读叙事技巧。 4.从“徐”字品读卖油翁人物形象。 5.品味语气，读出人物形象。 6.比较“释”“遣”的区别，读懂陈康肃的前后变化及人物性格。 7.品读人物语气、称谓，读出人物形象。 8.比较三则故事寓意，感悟人生哲理。	1.公亦以此自矜。 2.汝亦知射乎？吾射不亦精乎？ 3.尔安敢轻吾射！ 4.笑而遣之。 5.有卖油翁释担而立，睨之久而不去。 6.但微颔之。 7.徐以杓酌油沥之。 8.我亦无他，惟手熟尔。
陈金缺《给足学生自主体验的空间——〈卖油翁〉教学案例》②	1.读出卖油翁的谦虚、循循善诱等人物形象。 2.品读“笑”字分析陈康肃形象。	1.我亦无他，惟手熟尔。 2.康肃笑而遣之。
陈治勇《有限文字里的无限趣味——〈卖油翁〉教学实录》③	1.疏通文意，理解文章起承转合的“起”。 2.揣摩卖油翁心理。 3.读人物心理层次变化。 4.品读“忿然”“尔”体会人物的心理。 5.品读“取”“置”“覆”“酌”“沥”等动词，读出卖油翁高超的技巧、从容的内心；体会“乃”“而”等虚词的传情。 6.朗读句子，分析标点，理解卖油翁的从容。 7.揣摩陈康肃心理，读出其人物形象。	1.尔安敢轻吾射！ 2.汝亦知射乎？吾射不亦精乎？ 3.睨之久而不去。 4.乃取一葫芦置于地，以钱覆其口，徐以杓酌油沥之，自钱孔入，而钱不湿。 5.我亦无他，惟手熟尔。

① 熊芳芳.《卖油翁》教学实录[J].读写月报，2017(24)：38-42+49.

② 陈金缺.给足学生自主体验的空间——《卖油翁》教学案例[J].语文建设，2007(3)：17-21.

③ 陈治勇.有限文字里的无限趣味——《卖油翁》教学实录[J].中华活页文选（教师版），2017(7)：34-39.

续表

执教老师及其课例	教学内容	教学点
石智祥《引领学生在"探究"中求真——〈卖油翁〉研究性学习一例》①	1.课文翻译。 2.翻译"忿然",理解人物性格。	1.当世无双。 2.康肃问曰:"汝亦知射乎？吾射不亦精乎?"
刘恩樵《以文言"摩挲"文言——〈卖油翁〉教学札记》②	结合句式,仿写故事,强化文言感受。	乃取一葫芦置于地,以钱覆其口,徐以杓酌油沥之,自钱孔入,而钱不湿。
于漪《于漪教学实录——〈卖油翁〉》③	1.读准"矢""杓"的读音。 2.课文翻译。 3."公""亦""此""善""当世无双""尝""于""释担而立""睨之久而不去""其""发""但""颔""精""射""尔""汝亦知射乎？吾射不亦精乎?""尔安敢轻吾射!""以""取""置""覆""酌""徐""沥""之"等字词句的理解。 4.品析"沥"字妙用。见其发矢十中八九;徐以杓酌油沥之。	1.惟手熟尔。 2.徐以杓酌油沥之。

从上述9则课例中选择的教学点来看,可分为两种倾向:第一种情况是针对这篇文言文,几乎每一个句子都是关键句,力求面面俱到,教学内容也是零散的,以陈治勇、熊芳芳的课例为代表;第二种情况是选择课文中最为关键的两三个句子,联系全文展开充分的学习活动,教学内容相对聚焦,以于漪老师的课例为代表。对一篇课文而言,关键词句应该是"若干句",这个"若干句"应该是由文本的体式特征限定的有限的几句,因此,第一种倾向是有问题的,由于没有抓住文本的关键处,在教学

① 石智祥.引领学生在"探究"中求真——《卖油翁》研究性学习一例[J].阅读与鉴赏:教研,2007(9):70-75.

② 刘恩樵.以文言"摩挲"文言——《卖油翁》教学札记[J].中学语文教学参考,2018(Z2):92-93.

③ 于漪.于漪教学实录——《卖油翁》[Z/OL].(2014-06-27)[2023-11-27].http://www.doc88.com/p-3028067740586.html.

中就会面面俱到，难以突出教学的重点；第二种倾向显然是正确的。王荣生认为：“一门具体的语文课程，教学内容应该有确定性；使用同一本教科书的不同班级，语文课的教学内容应该有较高的趋同性。”①因此，针对《卖油翁》一文，哪些句子是这篇课文的关键句，哪些句子可以作为教学点，则是需要进一步讨论的。

表2-1-2　课例教学点选择分析表

教学点	数量/次	占比/%	教学内容
(1)公亦以此自矜。	2	22.2	陈康肃对射箭的态度，为后文的语言描写“汝亦知射乎？吾射不亦精乎”“尔安敢轻吾射”和神态、动作描写“笑而遣之”埋伏笔。
(2)汝亦知射乎？吾射不亦精乎？	5	55.6	陈康肃的语言描写，两个反问句，加强诘问的语气，表现了他“自矜”的心理。
(3)尔安敢轻吾射！	3	33.3	陈康肃的语言描写，感叹句把他“自矜”的心理生动地呈现出来。
(4)笑而遣之。	3	33.3	陈康肃的动作描写，态度有所转变，回应“自矜”，暗示笔记体小说蕴含的哲理。
(5)有卖油翁释担而立，睨之久而不去。	4	44.4	卖油翁的动作描写，为后文情节发展埋伏笔。
(6)但微颔之。	2	22.2	卖油翁的动作描写，为后文情节发展埋伏笔。
(7)徐以杓酌油沥之。	4	44.4	卖油翁动作的细节描写，非常传神，回应前文的“睨之久而不去”“微颔之”，生动呈现了“惟手熟尔”，表现了他技艺高超、气定神闲的正面形象，是全文刻画人物炼字炼句的地方。
(8)我亦无他，惟手熟尔。	5	55.6	语言描写，点明题旨的关键句，“亦”“惟”“尔”三个虚词非常传神，表现了卖油翁不卑不亢、谦虚的处世态度。

① 王荣生.语文教学内容的确定性及其面临的问题[J].语文学习，2009(9)：5-7.

如表2-1-2所示，9则课例选择的教学点有很大的差异，其中选择最多的教学点有5次，占比为55.6%；最少的有2次，占比为22.2%。其中，出现了5次的句子有两句：(1)“汝亦知射乎？吾射不亦精乎？”这句话是陈康肃的语言描写，两个反问句，加强诘问的语气，表现了他“自矜”的心理。(2)“我亦无他，惟手熟尔。”这句话是卖油翁语言的描写，点明题旨的关键句，“亦”“惟”“尔”三个虚词非常传神，表现了卖油翁不卑不亢、谦虚的处世态度。出现了4次的句子也有两句：(1)“有卖油翁释担而立，睨之久而不去。”(2)“徐以杓酌油沥之。”这两句都是对卖油翁的动作描写，其中后一句非常传神，回应前文的“睨之久而不去”“微颔之”，生动呈现了“惟手熟尔”，表现了他技艺高超、气定神闲的正面形象，是全文刻画人物“炼字炼句”的地方。

二、课例评析

（一）依循文言文的体式特征选择教学点

《卖油翁》首先是一篇文言文，具有一体四面的特点。学习文言文当然要解决文言问题，但这只是文言文学习较浅的层面。《义务教育语文课程标准（2011年版）》在“阅读评价建议”中指出：“评价学生阅读古代诗词和浅易文言文，重点考察学生的记诵积累，考察他们能否凭借注释和工具书理解诗文大意。词法、句法等方面的概念不作为考试内容。”因此，“学习文言文，实质是体认它们所言之志，所载之道”，以及品味作品中的“章法考究处”“炼字炼句处”。换言之，“文言文阅读的要点，集中体现在‘章法考究处、炼字炼句处’的‘所言志所载道’。文言文阅读教学着力点，是引导和帮助学生通过‘章法考究处、炼字炼句处’具体地把握作者的‘所言志所载道’。而这些，要落实到理解和感受‘章法考究处、炼字炼句处'的文言"。[①]

《卖油翁》是一篇文言笔记小说，最初收录于《归田录》，开创了笔记小说的文学样式。欧阳修在自序中写道："《归田录》者，朝廷之遗事，史官之所不记，与夫士大夫笑谈之余而可录者，录之以备闲居之览也。"[②]也就是说，欧阳修的初衷就是为了记述朝廷往事及一些当时士大夫的有趣言论。这部书从细微处呈现宋朝特有的政治文化生态与文人士大夫为人处世之品格，极具宋代文化之特色。南宋朱弁著笔记小说《曲洧旧闻》中记载："欧阳公《归田录》初成，未出，而序先传。神宗见之，遽命中使宣取，时公已致仕在颖。以其间记述有未欲广者，因尽删去之，又恶其太少，则杂记戏笑不急之事，以充满其卷帙。"[③]由此可见，欧阳修作此书以上皇帝还是非常谨慎的，但也隐含劝诫之意。

或许是为了降低理解难度，《卖油翁》在选入教材时，最后一句"此与庄生所谓解牛、斫轮者何异"被删去了，导致文章主旨的解读发生了一定的偏差，欧阳修的意图便被遮蔽了。在这一句中，包含着两个典故，庖丁解牛和轮扁斫轮。庄生所谓的"庖丁解牛"出自《庄子·养生主》，主要是谈养生的道理的，即：外在于人的生活世界是复杂的，善养生的人应该像庖丁解牛一样，抓住问题的关键处，顺应自然的规律去做，就能享受生命的快乐。庄生所谓的"轮扁斫轮"的故事，出自《庄子·天道》，主要是谈读书的。轮扁以斫轮为喻，告诉桓公书是古人思想的糟粕，而真正的奥妙是"得之于心而应于手"。两个故事都是寓言，通过故事来讲道理，一个讲的是养生之道，一个讲的是读书之道。把"此与庄生所谓解牛、斫轮者何异"这一句话放在《卖油翁》这个故事的结尾，我们可以推断，欧阳修是

---

① 王荣生.文言文教学教什么[M].上海：华东师范大学出版社，2014:34.

② 欧阳修.归田录[M].林清，校注.西安：三秦出版社，2003:序1.

③ 顾宏义.宋事论考[M].武汉：华中科技大学出版社：2017:168.

用卖油翁的故事来谈论士大夫读书作文之道的。也可以说，是宋代士大夫读书做人的“笑谈之余”，在陈康肃身上得到鲜明而又具体的表现，有鲜明的劝诫意味，具有寓言的特点。

其实，细读课文可以发现，故事虽然很短，但意趣生动，主要体现在三个方面：一是陈康肃的自矜、忿然、笑而心服的神情变化，栩栩如生；二是卖油翁则始终表现出从容不在意，其睨之、微颔之、徐沥之，全以动作来显示其神情；三是小说中的人物语言也与人物神情、动作配合相洽，增强了情节的戏剧性。正是鲜明生动的形象和戏剧性的情节凸显了小说要阐述的道理：“无他，惟手熟尔”。因此，“无他，惟手熟尔”在文中反复出现，就是作者要突出的“所言之志，所载之道”，原文结尾的一句话“此与庄生所谓解牛、斫轮者何异”也是对这一句作用的明示。当然，要理解“无他，惟手熟尔”蕴含的道理，则需要抓住文中对陈康肃、卖油翁语言、神情、动作的句子，理解其是通过鲜活生动的形象来暗示道理的。其次，从文学表达的角度来看，本文语言表达的精妙处在对“卖油翁”动作的细节描写，其中最具代表性的句子是“徐以杓酌油沥之，自钱孔入，而钱不湿”，回应前文的“但微颔之”和后文的“无他，惟手熟尔”。这一细节描写也是让陈康肃“笑而遣之”态度前后发生变化的直接原因。基于此，我们不得不佩服于漪老师教学的智慧，她敏锐地抓取了“惟手熟尔”“徐以杓酌油沥之”两个句子作为教学点，是非常精准的，也突出了《卖油翁》文言笔记小说的体式特点。

（二）分析学情确定教学点

七年级下期的学生已经学了一定数量的文言文了，且《卖油翁》中也没有特别难理解的词句，他们能够借助注释和工具书读懂文章的大意。疏通文意后，他们也能够很容易地归纳概括出“熟能生巧”“戒骄”的道理。在一篇课文的教学中，语文教师应该让学生读懂教学之前读不懂的内容，课文最需要理解的地方往往是学生不会的地方。

文中反复出现的词语“无他，惟手熟尔”是读懂故事的关键句。从卖油翁的角度看，陈康肃的射箭与自己酌油无异，但自己手熟的程度是高于陈康肃的，因此才有“睨之久而不去。见其发矢十中八九，但微颔之”，后文写酌油的动作，可用“得心应手”一词来概括，充分印证了卖油翁的说法。如果进一步细读课文，我们就会发现“手熟”背后是平和自然的心态，这种心态可从“卖油翁”不疾不徐、恰到好处的动作描写中表现出来，这一动作与“庖丁解牛”“轮扁斫轮”是一致的，即“心手合一”的“得道”“体道”的生命境界。

可“无他，惟手熟尔”真的“无他”吗？卖油翁、庖丁、轮扁身份的相同之处都是地位低下却能体道、悟道者，而陈康肃、文惠君、桓公皆身处高位而未达到体道、悟道的境界，这从文中“公亦以此自矜”“汝亦知射乎？吾射不亦精乎？”“康肃笑而遣之”可以看出。“遣”字的意思是“打发”的意思，根据上下文可以推断，陈康肃表面上很有雅量，笑着把卖油翁送走了，实则并没有领会到卖油翁真实的意图“道技合一”。

作为一篇具有劝诫意味的文言小说，学生通过“章法考究处、炼字炼句处”具体地把握作者的“所言志所载道”，就必须看到“无他，惟手熟尔”这句话的重要性，并能够理解文中的相关语句是怎样围绕这句话展开的。在此基础上，能够发现卖油翁沥油这一生动传神的动作描写的文学意味，并能品味这句话“文学的情致”，即通过“徐以杓酌油沥之，自钱孔入，而钱不湿”一系列动作的细节描写，表现了卖油翁沥油动作的熟练，技艺的高超，以及心态的从容镇定，生动地诠释了“我亦无他，惟手熟尔”的“道技合一”的心态。

（三）依据教学点选择教学内容

《卖油翁》应该教什么呢？作为寓理于事的劝诫文，而非讲故事或褒贬人物，读懂这篇文章的关键是理解“劝诫”之理。

因此，细读课文，首先要抓住卖油翁动作描写、语言描写的句子，领会“我亦无他，惟手熟尔”的含义；其次，比较陈康肃前后的变化，领会作者劝诫的意味，而不是褒谁贬谁。这里可以设计这样一个问题，带领学生去讨论思考：假如你是宋神宗，读了这篇课文后，你觉得有趣吗？对自己做人做事有哪些方面的启示呢？当然，文言文有一体四面的特点，读懂故事的劝诫意味后，还应品读文中卖油翁动作细节描写的多层意蕴，如“睨之”“微颔之”的微妙心理，酌油时的不卑不亢、气定神闲、胸有成竹的心态。

在教学中，应带着学生反复诵读品味这些句子，也可以用表演的方式让学生深入体验作者用词之精准、节奏之和谐、内涵之丰富。其中，“乃”“以”“而”字是品读的关键词，虚字传神。当然，“遣”字的含义也是可以揣摩的。

由于文言文与现代汉语的词汇、语法系统有着比较大的区别，在教学中，学生能够读通课文是理解课文的一个基础。所谓读通课文，即学生能够读好文中的语气、语调，把握好句子的停顿，这个时候就需要教师给予诵读方法的指导。除读通课文外，课文大意的理解也是很重要的，这可以通过转述故事的活动来教，教的是对词语、句子的理解，同时，在转述故事的过程中，学生对故事的脉络要有所把握，这还需要教会学生故事要素提取的方法。作为劝诫文，读懂故事的寓意无疑是重中之重，这就需要教师带着学生找到文中的关键句，并读懂关键句的用意。这个时候可设计演的活动，表演卖油翁酌油的动作，教的是品味精准语句的表达作用。

总而言之,《卖油翁》的教学内容可以概括为:(1)文言知识和诵读的方法;(2)通过转述故事理解课文大意,关注文中的关键句“惟手熟尔”“徐以杓酌油沥之”;(3)联系上下文,理解“惟手熟尔”的写作意图,读懂故事的寓意;(4)品读“徐以杓酌油沥之,自钱孔入,而钱不湿”中动词、副词的作用,联系上下文品味这些词语和句子使用的精准及其表达作用。

三 《桃花源记》课例述评[①]

陶渊明的《桃花源记》“构建了一个东方式的乌托邦,代表了古代华夏民族关于和谐社会的诗性理想”[②]。是中国古代文学史上脍炙人口、内蕴丰富的千古名篇,也是初中语文教科书中的经典名篇。

人教版语文八年级上册第五单元选入了这篇课文,单元提示指出,课文的体裁是“叙事的”,单元学习目标是先借助工具书读懂课文大意,然后在反复诵读中领会他们丰富的内涵和精美的语言,并积累一些常用的文言词语。课后练习也是围绕单元目标设计的,第1题是“熟读并背诵课文,用自己的话叙述这个故事”;第2题是文章主题内涵的理解,即课文“寄托了怎样的社会理想”;第3、4题是文言词句的积累。部编版调整到八年级下册第三单元,在单元提示中暗示文章体裁是“记事”,单元学习目标基本没有变化,课后练习题有较大的变化。其中,练习第1、4、5题相当于旧版练习的第1、3、4题,文言词句的练习略有变化;第6题与旧版第2题相当,但略有拓展,即“结合《桃花源诗》中的诗句”,理解“‘世外桃源’有哪些吸引人的地方,作者借桃花源表达了怎样的社会理想”;第2、3题

① 王从华,龚萍.《桃花源记》教学内容选择述评[J].江西教育,2018(14):9-12.
② 范子烨.《桃花源记》的文学密码与艺术建构[J].文学评论,2011(4):21-29.

是新增加的习题，分别是“默读课文前两段，想象其中的画面，说说这些画面给你的感受”，指向文学体验，“依据课文内容”赏析“笔法简洁而内涵丰富”的语言，指向文学欣赏。两套教科书中练习题的变化实际体现了编者编写理念的变化。部编版设置了六道练习题，意图是让学生全面透彻地领会课文，重点是文学体验和文学欣赏，把这篇课文的功能定位为定篇的编写意图是非常明显的。教材内容的变化必然预示着教学内容的变化，把这篇课文当作定篇来教，应该教什么是非常值得深入探讨的问题。

本文收集了2001年以来公开发表的13则《桃花源记》课例（如表2-1-3所示），对“教师和学生在课堂教学中做了什么”等活动进行分析、归类，抽取出《桃花源记》一课的教学内容，并从文本的体式特点和学情两个角度展开讨论。

表2-1-3　13则《桃花源记》课例来源统计表

课例编号	作者	题目	出处
1	胡坤玲 杨国生	《桃花源记》课堂实录及点评	《湖南教育》，2002年第12期
2	王锦起	《桃花源记》教学实录	《语文教学通讯》，2004年第14期
3	张明	《桃花源记》微型教案	《中学语文教学参考》，2004年第3期
4	李方艾	《桃花源记》问题设计一得	《语文教学与研究》，2004年第5期
5	雷声良	把握三道环节　实现三维目标——陶渊明《桃花源记》教学反思	《遵义师范学院学报》，2006年第6期

续表

课例编号	作者	题目	出处
6	童志斌	文言常用词教学实施浅谈——《桃花源记》片段与思考	《语文教学通讯》,2008年第5期
7	蔡明妍	《桃花源记》教学设计	《语文教学通讯》,2014年第26期
8	张贺	《桃花源记》教学实录	《语文教学通讯》,2014年第Z2期
9	郭丽娜	《桃花源记》教学设计与反思	《中学语文教学参考》,2015年第29期
10	陈鹏良	设"主线":有效对话的途径——以《桃花源记》教学为例	《中学语文教学参考》,2015年第17期
11	栾凯凌	《桃花源记》教材简析与教案设计	全国教育科学学术交流会,2016年9月
12	丁卫军	《桃花源记》课堂实录	《语文教学通讯》,2017年第35期
13	龚锦辉 沈烨萍	"重'读'《桃花源记》"实录与点评	《中学语文教学参考》,2017年第29期

一、课例呈现的教学内容分析

王荣生教授认为,语文教学内容同时面对两个问题:"一是针对具体情境中的一个班乃至一组、一个学生,为使他们或他(她)更有效地达成既定的课程目标,'实际上需要教什么';二是为使具体情境中的这一班乃至这一组、这一个学生更好地掌握既定的课程内容,'实际上最好用什么去教'。"教学内容是在教学过程中创造的,是语文教师在教学中对教材内容的沿用或重构,对课程内容的执行或创生。语文课程内容主要包括两点:"一是构成人文素养确切所指的文学、文化经典作品(定篇)以及对它们的阐释；二是包括事实、概念、原理、技能、策略、态度在内的语文知识。”[1]语文教学内容在理想状态下是“语文课程目标”的有效达成，关键是要教“课程的语文”，即包括对“这一篇”课文的理解及阐释，也包括“这一篇”课文中蕴含的语文知识。

从收集的课例来看，《桃花源记》阅读教学内容主要涉及语文基础知识、课文的理解与阐释、文学语言的体验与欣赏三个维度八个方面。

（一）语文基础知识层面

语文基础知识层面的教学内容包括三个方面，分别是“文言知识”“文学文体知识”和“诵读”三个方面。(1)文言知识。文言知识主要包括文言字词的音、形、义三个方面，共有12个课例，占比92.3%。教师们选择的文言知识也有差异，将“正音释义”部分单独做一课时的课例有4个，分别是课例5、6、7、11，占比30.8%。其中课例5采取学生自主学习，教师对难懂字句稍加点拨的教学方法，并让学生完成课后字词训练，体现出始终将学生作为主体的教学理念。课例6采取学生小组合作的方式有针对性地突破字词句理解的重难点，强调归纳梳理，可见对“常见文言字词句积累”的重视。同时，既有明确的字音要求，又强调了断句的重要性。课例7注重训练学生运用“录、增、补、删、换、调”的方法翻译文章的技能，特别指出三个“外人”理解上的难点。相比之下，课例11虽有多次朗读教学的内容，但却不够合理有层次，如“请一位同学朗读，要求读出感情，咬准字音”，在学生初步接触课文、未理解文章内容的情况下，怎么做到有感情呢？其后“让学生逐句翻译，教师适当点拨”的做法也过于烦琐，打击了学生的学习兴趣。而课例8和课例13，虽然没有单独将“正音释义”

---

① 王荣生.语文课程与教学内容[M].北京:教育科学出版社,2015:21,225-226.

部分的学习安排为一个独立课时，但在教学上却是下足了功夫，也取得了应有的效果。课例8通过“插图”激发学生的学习兴趣，有效地检测了学生对重点字词句的理解。“古今异义表”帮助学生梳理知识，高效积累。课例13围绕着“朗读”这个教学活动核心，有效串联起学生对关键字词句的朗读与理解，最后还有随堂检测，学生学习的效果显而易见。(2)简介作者和写作背景，各有1个课例，占比15.4%。(3)朗读和诵读课文有6个课例，占比46.2%。

(二)课文的理解与阐释

课文的理解与阐释主要包括两个方面：一是理清思路，二是探究主旨。(1)选择理清思路、梳理文章内容的课例有9个，占比69.2%。其中，课例1“学生表演”在于想象还原文章中间部分的内容。课例2教师扮演主持人访谈提问，也主要考查学生对文章核心内容的理解把握，以及对桃花源生活的评价等，运用了“寓教于乐”的教学方法。课例5侧重学生学习方法的指导，引导学生运用提要钩玄的方式梳理文章叙事脉络，有利于全面整体把握文章思路，梳理文章内容。课例11侧重概括文章层次大意，教学内容和方式较为固化。(2)探究作者写作意图共有12个课例，占比92.3%，具体包括对理想世界的看法、对人生的启示和对作者的写作意图的理解。其中张贺老师的课例既有时代背景的引入，又有互文阅读，引导学生在朗读中深化领悟，还有“以写促读”，学习活动丰富，学生领悟深入透彻。

(三)文学语言的体验与鉴赏

文学语言的体验与鉴赏主要包括三个方面：感受体验“桃花源”的特点、品味关键词句的丰富内涵和把握文章语言的风格特点。(1)结合语句把握"桃花源"的特点有6个课例，占比46.2%，主要包括读出怎样的桃花源和用自己的话再现桃花源。课例1学生通过个性化的散文语言，呈现出自己对"桃花源"的认识，"以写促读"，学习活动有任务驱动，有新意。课例8为学生的阅读理解提供表达支架，辅助学生思考与表达，有效提高了学习效率。(2)品味关键语句的丰富内涵有4个课例，占比30.8%，涉及的关键词句有"忽""穷""乃大惊""皆叹惋""寻向所志""此中人语云：不足为外人道也""不复得路"。(3)把握文章语言的风格特点有4个课例，占比30.8%。课例4通过调动学生生活经验与作者进行对比，帮助学生切身体会作者语言特点。课例6通过前面"与《桃花源诗》对比"环节以及"诵读感受"把握文章语言的风格特点。课例7针对"句法结构、省略句、用词"三方面全面把握了《桃花源记》的语言特点。而课例13强调"古汉语语法特点"，还未落实到"这一篇"的语言特点。

二、研讨与分析

教学内容是阅读教学的核心要素，选择的依据是"这一篇"文本的体式特征、选文功能和学情特征。语文教师应根据课文独特的体式特征和选文功能教授切合学生实际需要的课程内容，并把教学内容转化为学生的经验，进而达成语文课程目标。下面备课专家将从体式特征和学情特征两个角度对13则课例选择的教学内容展开讨论。

（一）体式特征角度的讨论

王荣生指出，文言文具有"文言""文章""文学""文化"一体四面的特征，作为经典名篇的文言文，文章和文学是统一的，即其"所言志所载道"往往通过语言的锤炼和方法的考究来体现，换言之，文言文的章法考究处和炼字炼句处，往往就是作者言志载道的关键点、精髓处。文化则是立体地呈现在文本中的，具体包括文言本身的文化，文章的思维特征，典籍制度、天文地理、民俗风情等文化知识，以及古人所言之志、所载之道。朱自清指出："经典训练的价值不在实用，而在文化。"[①]因此，文言文阅读教学内容的选择首先应围绕着"一体四面"体式特征展开，着力于章法考究处和炼字炼句处，体会其蕴含的中华民族的精神，为形成一定的传统文化底蕴奠定基础。

《桃花源记》是一篇诗序，也是虚构的叙事文体，具有小说的特质。朱玉麒指出，"《桃花源记》作为虚构的寓言小说"，"围绕着真实感等小说审美特性而努力于叙事模式的新发明"，在小说史具有开风气之先的意义。他进一步指出，《桃花源记》的叙事特点主要体现在三个方面：有限视角、错位的时间和诗意的背景。审美特征体现在四个方面：真实性、惊奇、双重语境和移步换景。[②]范子烨指出，"桃花源具有浓郁的诗人自我的田园生活色彩，桃花源的境界代表着诗人的生活理想和社会理想"，其文学密码主要体现在三个方面：首先，"运用了'藏名于文'的语言技巧"，表达了"桃花源"是其"生活的家园""精神的家园"和"理想的家园"；其次，在晋宋的写作背景下，具有"历史关怀和现实寓意"；再次，独特的叙事艺术和思想表达的关系。[③]上述文学密码的破译，需要如下阅读方法的介入：(1)联系作者的生平经历读懂"藏名于文"的词句；(2)互文解读，领悟作者寄托的人生理想；(3)关键词句的品读，领会课文的叙事艺术。由此看来，新课改以来的13则课例教学内容的选择没有凸显《桃花源记》的体式特征，基本停留在课文内容大意的理解层面，尽管有92.3%的课

---

① 朱自清.经典常谈[M].北京:煤炭工业出版社,2017:序1.

②朱玉麒.小说前史时期的叙事因素——以《桃花源记》为中心[J].江苏社会科学,2000(4):119-124.

③范子烨.《桃花源记》的文学密码与艺术建构[J].文学评论,2011(4):21-29.

例选择了“探究写作主旨”这一内容，但是没有教给学生有效的阅读方法，而阅读方法是阅读教学内容的核心。在“文学语言的体验与鉴赏”层面选择的教学内容比例偏低，关键词句抓得不准，在文学语言的感受体验方面，缺少有效的活动设计；在文学语言的鉴赏方面没有教授鉴赏的方法；普遍缺少对小说叙事艺术的品读这一教学内容。其中课例8和课例13教学内容的选择差强人意，文言字词的教学采用了“放过”“突出”“深入”“分离”的方法并当堂检测，能抓住一些“章法考究”和“炼字炼句”的词句，如“晋太元中，武陵人捕鱼为业”“后遂无问津者”等，领悟“所言志所载道”。

（二）学情特征角度的讨论

前文已经提到，语文教学内容既有预设的，也有生成的，教什么首先考虑文本的特征，其次就是学情特征，即哪些是学生读不懂的、读不到的、不喜欢的。从选择的13则课例来看，大部分语文教师做得不够好。

（1）文言词语的教学内容的确定。课文中出现的难字难句，比如“俨然”“黄发垂髫”“诣”等词句，课文中都有注释，无须作为教学内容来教；课文中出现的古今异义词如“仿佛”“无论”“问津”，课本中有注释的适当点拨就可以了；但是那些课本中没有注释的古今异义词，学生容易理解错误的如“异”“缘”“悉”“延”“志”等词，应作为重点来教。（2）课文理解与阐释教学内容的确定。比如课文内容的复述、理清线索等，接近学生的语文经验，组织学生活动和交流就可以了。但是对于学生看不到的、读不懂的关键词句，教师要带着学生往这里看，并看出这些词句的表达意图。比如“忽逢桃花林，夹岸数百步，中无杂树，芳草鲜美，落英缤纷”不仅写出了桃花源景色的优美，还表现了渔人惊奇并沉醉其间的感受。“初极狭，才通人。复行数十步，豁然开朗。土地平旷，屋舍俨然，有良田、美池、桑竹之属”不仅叙述了渔人发现世外桃源的过程，而且表达出了渔人“疑而喜的心情”。这一方面课例12丁卫军老师做得比较好，对于这一类内涵丰富的语句，仅靠诵读体验是不够的，还需要老师带着学生分析或教给学生分析的方法，才能转化为学生的经验。(3)文学语言的体验与鉴赏教学内容的确定。根据学情，这一层面是语文教学内容的核心部分，学生只有抓住炼字炼句和言志载道的关键词句，借助知人论世、文本细读、互文解读等文学体验与欣赏的方法，通过师生、生生间的互动对话，“出‘身’于境，‘站在景象之内’，才能留下生命体验的‘血’与‘痕’”。[①]在此方面，13个案例中的大多数都有待提升。

三 《桃花源记》课例研讨[②]

长期以来，我国中小学语文教材中定篇的编排以及定篇类课文教学内容的处理，一直存在很大的问题。首先，语文教科书中虽然一直主张选“名家名篇”，但是对“名家名篇”的处置与“定篇”功能的发挥相去甚远；其次，在语文教学实践中，语文教师缺乏对“定篇”功能类型的理解，教学内容的选择也离定篇要求的教学内容有较大差距。本文以两则《桃花源记》课例为研究对象，来探讨“定篇”类选文如何解决“教什么”这一教学难题。

一、定篇类选文应该“教什么”

王荣生指出，“定篇”的功能是“彻底、清晰、明确地领会”经典作品[③]，

① 潘庆玉．试论文学作品教学召唤结构的三重“隐喻”[J]．课程．教材．教法，2017，37(8)：46-51.

② 王从华．把定篇当作定篇教——《桃花源记》教学内容选择分析[J]．江西教育，2018(14)：18-21.(收入本书时有改动)

③ 王荣生．语文课程与教学内容[M]．北京：教育科学出版社，2015：166.

这种领会“不俯就任何的学生”，即“每个学生都应该按同样的要求去学习它、掌握它”[①]。这里的要求指的是学生“按权威者的指示，对那些被阐释过的诗文加以内化（了解和欣赏）”[②]。作为“定篇”的选文，是课程内容的组成部分，通过“定篇”需要掌握的课程内容就是教学内容，这些教学内容，是文化、文学等专门研究者对该作品的权威解说。

“定篇”阅读教学内容，不能简单地等同于诗文本身的理解与阐释，而应该落实为学生作为“理想的读者”透彻地领会诗文本身，理解它们超越时代的思想、情感和高超的艺术表现力。王荣生引用了布鲁纳曾说过的一个例子，来解释“定篇”的功能，即定篇应当选择什么教学内容的问题。“布鲁纳当学生时，曾选修了理查德的课，其中的一次经历使他终身感怀。那一次，黑板上只有两行字（相当于‘定篇’）：‘理论是灰色的，生命的金色之树常春。’‘整整三个星期，我们学这两行诗，用古典的和浪漫的观点去想象，和探索过这两种生活方式的评论家一起探究；我们还被迫阅读了歌德的那本与此诗句有关的但写得很糟的剧本《托夸图·塔索》。在理查德独自一人讲的时候，师生常常处于一种相互问答的状态。为了这十多个字的诗句，我们学了三周。这是一种对照式的正确的阅读方法。结果我的收获是：彻底、清晰、明确地领会了这十多个字。’”[③]以此为参照，在我国中学语文教学领域，很少有语文教师会采用这种方式来教《桃花源记》。

二、两则《桃花源记》课例选择的教学内容分析

何赐仁老师的《抓主轴 拎主线 言义相与析——以〈桃花源记〉教学

① 王荣生.语文科课程论基础[M].上海:上海教育出版社,2003:322.

② 王荣生.新课标与“语文教学内容”[M].南宁:广西教育出版社,2004:30.

③ 王荣生.语文课程与教学内容[M].北京:教育科学出版社,2015:166.

为例》[1]，围绕文言文"文言、文章、文学、文化"四个方面的特征，抓住"问津"这一关键词，结合相关语句，理解具有真实感的虚构故事的内涵，教学目的是让学生"读透课文"。课例安排两个课时，选择的教学内容有：(1)理解文言词句，采用了放过、分离和突出的教学策略；(2)熟读课文；(3)抓住时间、地点、场景、人物描写的句子，采用引入背景材料、文本细读，理清故事情节，领会课文的主旨。其中，渔人"问津"和刘子骥"问津"的细读都是贴着学情走的，陶渊明"问津"是指导学生运用知人论世法深入领会文章的主旨，由于脱离了对关键词句的互文解读，教学内容没有落到实处。总体而言，此课例教学内容的选择还停留在一般理解层面，抓住"问津"这一关节点读懂主题的教学内容选择，很难让学生彻底、透彻、深入地领会课文。因此，教学内容没有体现定篇的功能，充其量只是例文的处理方式。教师虽然认识到文言文具有"文言、文章、文学、文化"一体四面的特征，但教学内容只涉及"文言、文章"两个方面，而"文学、文化"层面基本没有触及。

第二个课例是王中伟的专题教学课例《筑梦桃源觅津渡——陶渊明与〈桃花源记〉专题》[2]。本课例共设五个课段，共30个课时，阅读的文本除《桃花源记》之外，还选择了基础阅读、拓展阅读和挑战阅读的篇目26篇，其中陶渊明的诗文15篇，在形式上初步具备了定篇功能的教学特征。本课例选择的教学内容分布在五个课段。(1)课段一，走进陶渊明：①读懂陶渊明的《五柳先生传》，了解并概括陶渊明的读书方法、"隐"的生活状态和"性嗜酒"的性格特点；②读懂萧统的《陶渊明传》，掌握常用的文

① 何赐仁.抓主轴 拎主线 言义相与析——以《桃花源记》教学为例[J].江西教育，2018(14)：13-17.

② 王中伟.筑梦桃源觅津渡——陶渊明与《桃花源记》专题[M].北京：北京师范大学出版社，2017.

言字词，概括萧统眼中陶渊明“隐”的状态，进一步了解陶渊明的生平经历、代表作品和思想主张；③阅读钱念孙的《陶渊明弃官归田园》一文，了解陶渊明辞官归隐的社会原因和个人原因。(2)课段二，品味田园诗文：①第一次阅读《桃花源记》，掌握“既”“即”“家”三个常见的文言词语和“鲜美”“开朗”“交通”“妻子”“魏晋”“不足”六个古今异义词；②阅读描写桃花源的相关语句，想象画面，画成一幅画或连环画；③提供解决问题的流程图，指导自主探究和交流“桃花源中的人为何‘皆叹惋’”的问题；④找出《桃花源诗》和《桃花源记》相照应的语句；⑤提供《如何读懂田园诗》知识短文，背诵《归园田居(其一)》《归园田居(其三)》《饮酒(其五)》《止酒》《移居(其一)》《移居(其二)》等六首田园诗，展开想象，描写“暧暧远人村，依依墟里烟”的场景、“采菊东篱下，悠然见南山”的画面，续写《饮酒(其五)》，理解“闻多素心人，乐于数晨夕”中的“素心人”的含义，描述“奇文共赏析，疑义相与析”的场面；⑥阅读《在吟诵中感悟咏怀诗》知识短文，学会吟诵《读山海经(其一)》《读山海经(其十)》《杂诗(其一)》《杂诗(其二)》《杂诗(其五)》《咏荆轲》和《自祭文》，初步领会诗文的情感，积累优美的词句，理解诗文中包含的成语、典故或传说，能从炼字、修辞、用典、主题等角度写一段文学短评，表达感悟。(3)课段三，精析评论文章：①阅读蒋勋的《坦荡得一如春水时，就会看到最美的东西——我读〈桃花源记〉》，学习区别事实和观点；②找出史峰的《〈桃花源记〉主题另解》的观点并展开讨论；③概括提炼刘伟的《〈桃花源记〉寻美踪》，学习通过提取中心句概括作者主要观点的方法；④结合上述课文内容，通过微写作的形式讨论刘子骥为何没有找到桃花源。(4)课段四，探寻理想社会：①阅读《小国寡民》《大道之行也》，理解关键词句，展开想象，用自己的话描述“小国寡民”的画面，体会“小国寡民”社会中人们的生活状态，体会“大同社会”的特点，并与《桃花源记》中的理想社会做比较；②阅读张晓风的剧本《武陵人（节选）》，揣摩剧本中人物复杂矛盾的心理活动。（5）课段五，动笔展露才思：①阅读《〈桃花源记〉与民间传说》和《科幻：玩转科学之美》激活思维，开启科学幻想之门；②围绕陶渊明和《桃花源记》，指导传记、剧本和诗歌三类文体的写作。

王中伟老师的专题教学课例，相较于《桃花源记》单篇课文教学课例而言，在阅读篇目、教学内容选择、读写结合三个方面做了大胆的探索，特别是围绕《桃花源记》一文选择了异常丰富的教学内容，学生通过这一专题的学习，对陶渊明和《桃花源记》有了更为深刻的理解。但是，《筑梦桃源觅津渡——陶渊明与〈桃花源记〉专题》与王荣生所说的定篇功能的发挥，与布鲁纳讲述的“理论是灰色的，生命的金色之树常春”定篇课例还有较大差异。具体而言，体现在以下方面：（1）教学内容虽然异常丰富，但核心是指向《桃花源记》的课文内容和主题的理解，品味、欣赏文学语言和表达技巧的内容基本缺失。（2）教学内容比较分散，不同课段教学内容没有有效关联起来，并指向透彻地领会《桃花源记》，理解它们超越时代的思想、情感和高超的艺术表现力。（3）专题教学中，教师注重教给学生阅读的方法，但是缺少《桃花源记》这一经典文本阅读方法的指导。（4）正如王中伟在教学反思中提到的，专题教学重心是“合理想象”“男耕女织、安宁和谐的精神家园”，选择了田园诗文、咏怀诗文共13篇，品悟其意境和精神境界。由于没能把这些诗文关键词句与《桃花源记》中的关键词句关联起来，因此，最终结果没有指向对《桃花源记》描写的“理想社会”的理解、体验和赏析。（5）读写结合开展传记、剧本和诗歌三类文体的写作，以读促写，以写促读，设计的意图很好，但教学内容没有围绕透彻地领会《桃花源记》一文展开。（6）从定篇功能发挥的角度而言，专题教学课例中选择了互文解读这一教学内容,但有些选文是不太恰当的,如《杂诗(其二)》《杂诗(其五)》《咏荆轲》与《桃花源记》的内容基本没有关联,史峰、刘伟的两篇赏析性文章无论如何也谈不上是对《桃花源记》的权威解说。(7)没有紧扣《桃花源记》小说笔法的文体特点选择教学内容。综上所述,王中伟老师的专题教学只是在形式上具备了"定篇"功能教学内容选择的特点,但在实质上与"定篇"选文教学内容的选择还有很大差距。

三、定篇类选文教学内容选择的问题与对策

(一)语文教科书"定篇"编写问题分析

我国传统语文教材如"四书五经"事实上是作为定篇的,但教学内容往往局限在诵读、默写、训诂等方面。关于"定篇"选文功能类型问题,王荣生做了较为深入的研究,并参与编写了《新语文读本》中的《苏东坡在黄州》《无奈的屈原》《归隐的陶渊明》等单元,尝试发挥定篇类选文的功能,但在助读和练习方面尚未能充分体现出"定篇"的特色。部编版语文八年级下册《桃花源记》在练习部分设计了六道练习题:第1、4、5题指向文言知识的学习与积累;第2题"默读课文前两段,想象其中的画面,说说这些画面给你的感受",指向文学体验;第3题"依据课文内容"赏析"笔法简洁而内涵丰富"的语言,指向文学欣赏;第6题"结合《桃花源诗》中的诗句",理解"'世外桃源'有哪些吸引人的地方,作者借桃花源表达了怎样的社会理想",指向主旨的理解。六道练习题的设计意图是让学生全面透彻地领会课文,重点是文学体验和文学欣赏,把这篇课文的功能定位为定篇的编写意图是非常明显的,但是选择的阅读材料的数量和类型是有很大问题的。

（二）语文教师教学内容选择存在的问题

长期以来，中小学语文教师受教学参考书的影响和教学课时的限制，像《桃花源记》这一类单篇课文阅读教学往往只有两到三个课时，教学内容集中在诵读积累、文言词句的掌握、读懂课文内容和主题、品味有限的几个关键句上，很难达到让学生透彻深入地领会课文内容，涵养学生文学、文化素养的课程目标。

（三）作为“定篇”的《桃花源记》教学内容选择的对策

结合国外阅读教学案例和国内专题教学探索的案例，语文教师教学“定篇”可采用如下策略：(1)重构语文教科书内容。新课程改革赋予了教师重构教科书的权力和使命，语文教师可根据教学实际需要，对教科书内容进行增、删、调、换。比如以《桃花源记》为定篇，整合初中阶段的几篇选文如《大道之行也》《五柳先生传》《归园田居》等篇目，开展专题教学。(2)突破课时的限制。定篇阅读教学内容丰富，涉及的篇目比较多，教学课时一定要充分，一般来说一个学期可作为“定篇”的选文大约是4至6篇，根据教学的实际需要，每篇“定篇”类选文阅读教学的课时可安排6至12课时，相当于微型的专题教学。(3)紧扣文言文“一体四面”和小说笔法的体式特点，选择丰富而又有不同认知层次的知识。①在识记层面，读准文言字词，背诵课文；②在理解层面，掌握重要文言词语意思及汉字文化，理清文章的线索，了解历史背景和社会生活知识，展开合理想象，感受体验桃花源的生活特点，领悟作品的主题（历史关怀和现实寓意）；③在欣赏层面，领悟叙事相生的叙事艺术和锤炼语言的表达功力；④选择丰富的与课文相关的助读材料，教学生运用知人论世、互文解读、文本细读的方法透彻、深入地领会选文。

三 《鸿门宴》课例述评[①]

一、人教版教科书《鸿门宴》课文的编写意图

为了弄清楚教材编写者对《鸿门宴》一文的编写意图，我们首先从单元位置、单元组合、单元导语和课后研讨与练习四个方面来看教材的编写意图，如表2-1-4所示。

表2-1-4 人教版《鸿门宴》(节选)编排表

单元位置	单元组合	单元导语	研讨与练习
必修一第二单元	《烛之武退秦师》《荆轲刺秦王》《鸿门宴》	这个单元学习古代记叙散文。这些文章或记政治、外交的风云变幻，或记接触人物的嘉言懿行，都是千古流传的叙事名篇。学习这个单元，既可以从中领略古人的才华和品德，又可以欣赏和借鉴叙事的艺术。文言叙事特有一种简洁之美，学习时要注意反复朗读，悉心体会。还要学习提要钩玄的阅读方法，学会抓住关键词语，概述文章的叙事脉络，做到纲举目张，化繁为简，提高概括能力和表达能力。	1.熟读课文，讲述鸿门宴的经过，并给每个经过拟一个小标题。 2.试对刘邦、项羽的性格特点做简要分析，说说刘邦在“鸿门宴”中为什么能死里逃生。 3.把下列句子译成现代汉语，注意加点词的意义和用法。 (1)沛公军霸上。 (2)范增数目项王。 (3)沛公已去，间至军中。 (4)常以身翼蔽沛公。 (5)沛公今事有急，亡去不义。 (6)此亡秦之续耳。 (7)项伯杀人，臣活之。 (8)先破秦入咸阳者王之。

从表2-1-4可以看出，人教版教材把《鸿门宴》一文放在必修一第二单元，具体编排呈以下特点：(1)教材编排。第一单元是现代诗歌，第二

① 王超男，王从华.新课程改革以来高中文言文阅读教学的进展与问题——基于10则《鸿门宴》课例的分析[J].江西教育，2019(29)：12-19.(收入本书时有改动)

单元是古代记叙散文，第三单元是现代散文，第四单元是实用文。第二单元是唯一的文言文单元，教学难度相对较大，从能力训练方面看前后没有明显连续性，而是各单元自有侧重。作为必修一的文言文单元，担负着从初中到高中学习的过渡任务。(2)按不同的文体组合单元。本单元为记叙散文、史传文学，《烛之武退秦师》《荆轲刺秦王》《鸿门宴》分别选自《左传》《战国策》《史记》，三篇选文同样是写史，但叙事手法和艺术特点各不相同。(3)从单元导语可以看出单元编写意图，即：让学生通过反复朗读和悉心体会，掌握文言叙事的简洁（文章），欣赏和借鉴叙事的艺术（文学），领略古人的才华和品德（文化），学会钩玄的阅读方法，提高概括和表达能力。(4)课后研讨与练习。第一题，概括文章内容，侧重理解，整体把握文本；第二题，说说为什么，分析人物性格和故事情节；第三题，记忆文字。从中看出，练习设计有层次：识记，理解，分析，抓住了记叙散文的主要方面——讲述鸿门宴的经过，但没有突出本文特点——通过正面描写和侧面描写刻画烘托人物性格特点。

二、10则《鸿门宴》课例分析

本文收集了10则1999—2014年间公开发表的《鸿门宴》教学案例，按照由近到远的时间顺序安排课例编号。首先对10则课例的教学设计的内容进行梳理，然后从教学目标的预设、教学内容的选择、教学方法的运用三个主要方面分析比较，试图通过这样的探讨，为一线教师的教学实践提供参考。

将收集到的课例，按照教学目标、教学内容和教学方法三部分进行整理，使得大家对这10则课例整体把握，也方便接下来的比较讨论。

(一)《鸿门宴》教学目标分析

《鸿门宴》是高中语文教材中记叙散文选文的经典篇目,《普通高中语文课程标准(实验)》在必修部分“阅读与鉴赏”课程目标中指出:“发展独立阅读的能力。从整体上把握文本内容,理清思路,概括要点,理解文本所表达的思想、观点和感情。善于发现问题、提出问题,对文本能做出自己的分析判断,努力从不同的角度和层面进行阐发、评价和质疑。根据语境揣摩语句含义,运用所学的语文知识,帮助理解结构复杂、含义丰富的语句,体会精彩语句的表现力。”“学习鉴赏中外文学作品,具有积极的鉴赏态度,注重审美体验,陶冶性情,涵养心灵。能感受形象,品味语言,领悟作品的丰富内涵,体会其艺术表现力,有自己的情感体验和思考。努力探索作品中蕴含的民族心理和时代精神,了解人类丰富的社会生活和情感世界。”“阅读浅易文言文,能借助注释和工具书,理解词句含义,读懂文章内容。了解并梳理常见的文言实词、文言虚词、文言句式的意义或用法,注重在阅读实践中举一反三。”课程目标的达成需要落实到教学目标上,根据教育目标分类学将认知过程维度分为六类:记忆、理解、应用、分析、评价、创新(创造)[①],将10则《鸿门宴》课例的教学目标进行比较,如表2-1-5所示。

① 杨钦芬.追求卓越:中小学生学科能力评价研究[M].福州:福建教育出版社,2021:106.

表2-1-5 《鸿门宴》课例教学目标比较分析表

课例编号	教学目标层次					
	记忆	理解	应用	分析	评价	创新
1		1. 了解项羽、刘邦的性格； 2. 充分体会文学形象所蕴含的崇高美。	从网络中提取有效信息，并加以理性分析、整合。	1. 从用人、处事、性格等方面对项羽和刘邦进行对比； 2. 项羽感动司马迁的原因何在？		
2			1. 培养学生围绕一个问题进行反复思考的思维品质； 2. 培养学生合作意识和合作能力。	项羽失败的原因是什么？责任在谁？		如果你是项羽，你会抓住哪些机会，来弥补自己的过失？
3	1. 掌握文中的实词和虚词的用法； 2. 掌握文中的重要句式和相关的文化常识； 3. 学习古代历史。	1. 了解项羽、刘邦等人的个性特征； 2. 初步认识刘邦、项羽胜败的原因。		1. 人物形象分析：项羽、刘邦、张良、樊哙； 2. 分析课文刻画人物的方法。		
4		加深对某一人物形象的认识。	批注式阅读课文中主要人物形象。			写出对某一人物形象的独特见解。
5	读懂文字。	1. 了解背景，梳理情节； 2. 解读项羽； 3. 解读刘邦； 4. 项羽、刘邦比较。		根据细节，探究项羽内心世界。		根据课文及有关史料，设计一个300字左右的剧本片段。
6	掌握课文内容。	把握人物性格。				
7	1. 了解《史记》及作者； 2. 积累语言。	1. 了解相关背景； 2. 读懂内容。	赏析人物形象，学习本文在激烈的矛盾冲突中，通过人物语言、行动展示人物性格的写法。	分析人物性格特点。	选择给定题目，写一篇300字左右的小论文，主题是评价。	
8	1. 学习文言知识； 2. 宴会座次安排。	着重品味语言，品味细节描写。		分析人物性格，探讨项羽失败的原因。		
9	1. 了解司马迁和《史记》； 2. 文言基础知识。	梳理课文的情节、画出人物性格对比图。		关于“楚汉相争”决定胜负的原因。	关于项羽性格命运的争论。	
10	文言基础知识。	作者用什么手法来塑造项羽形象的 。	写一篇《鸿门宴》中项羽的性格刻画的文学评论。	分析项羽形象。	评论项羽的性格。	

通过对10则课例的比较分析,《鸿门宴》一文的教学目标大多定位在以下六个方面:(1)记忆类目标。了解司马迁和《史记》,学习文言知识、史记的写作手法、宴会上的座次排位等古文化知识。(2)理解类目标。了解人物性格,作者刻画人物性格的手法。(3)应用类目标。不同的课例有不同侧重,没有共性,体现了不同的教师对本文不同功能的运用。课例1,学会利用网络收集和分析整合信息;课例2,培养学生深入思考和合作的能力;课例4,通过本文学会运用批注式阅读;课例7,学习文中描写人物的手法;课例10,通过练习学会写文学评论。(4)分析类目标。分析人物性格、项羽失败的原因、文中多种描写手法。(5)评价类目标。主要是人物性格评价,但目标有所不同。课例7,选择给定题目写一篇300字左右的小论文;课例9,项羽性格命运的评价;课例10,通过写项羽性格的评价,学会写文学评论。(6)创新类目标。目标比较少,但要求高。课例2,如果你是项羽,你会抓住哪些机会,来弥补自己的过失?课例5,根据课文及有关史料,设计一个300字左右的剧本片段。

课程目标的实现需要落实到每节课堂的教学目标。《普通高中语文课程标准(实验)》指出,文言文教学要求"能感受形象,品味语言,领悟作品的丰富内涵,体会其艺术表现力,有自己的情感体验和思考"。那么上述教学目标的预设体现《鸿门宴》丰富的内涵了吗?学生感受到艺术表现力了吗?作为高中教材中的记叙散文单元的选文,上述10则课例预设的教学目标基本是围绕故事情节发展和分析项羽、刘备等人物的"形象特征""性格"展开的,这抓住了记叙散文的文体特点,也突出了《鸿门宴》独特的表现手法——侧面描写,通过侧面描写来表现人物性格;但大多数教师在设定目标时忽视了文本的另一个重要特征,即本文的描写中心是项羽,项羽是描写的主要人物,所有其他人物的描写都是为了从侧面来表现项羽的性格特点,这是主线。另外,《鸿门宴》文本的突出特点是为了达到写作的效果,作者对真实史料做了详略处理和不同角度的选取,但大多数教师在教学实施中只知其然而不知其所以然,没有带领学生抓住选取角度更深入地理解文章。

（二）《鸿门宴》教学内容选择分析

同一篇课文，不同的教师有不同的理解，预设了不同的教学目标，选择的教学内容必然是各有不同。《鸿门宴》课例涉及的教学内容主要有以下方面（见表2-1-6）：(1)了解《史记》及其作者（2个课例）；(2)文言文基础知识（7个课例）；(3)古文化知识（2个课例）；(4)故事情节梳理（2个课例）；(5)学习描写手法（6个课例）；(6)解读项羽性格（9个课例）；(7)解读刘邦性格（4个课例）；(8)人物性格对比（3个课例）；(9)分析项羽失败的原因（5个课例）；(10)分析项羽失败责任在谁（1个课例）；(11)项羽感动司马迁的原因（1个课例）；(12)项羽在哪些环节处理失当（1个课例）；(13)哪一个人物的影响最大（1个课例）；(14)项羽性格命运的争论（1个课例）；(15)批注式阅读方法（1个课例）。

表2-1-6 《鸿门宴》课例教学内容选择分析表

教学内容	课例编号									
	1	2	3	4	5	6	7	8	9	10
1.了解《史记》及其作者							√		√	
2.文言文基础知识			√		√	√	√	√	√	√
3.古文化知识			√					√		
4.故事情节梳理					√				√	
5.学习描写手法			√	√	√		√	√		√
6.解读项羽性格	√	√	√		√	√	√	√	√	√
7.解读刘邦性格	√		√		√	√				
8.人物性格对比	√				√	√				
9.分析项羽失败的原因		√	√				√	√	√	
10.分析项羽失败责任在谁		√								
11.项羽感动司马迁的原因	√									
12.项羽在哪些环节处理失当		√								
13.哪一个人物的影响最大				√						
14.项羽性格命运的争论									√	
15.批注式阅读方法				√						

“‘语文教学内容’的选择与确定，是有理据可依的”①，即“依据体式来确定教学内容”和“根据学情来选择教学内容”②。根据这个理论观点，我们进一步思考《鸿门宴》文本体式：人物传记。上述课例选择的教学内容集中于通过“学习描写手法”来“解读项羽性格”和“分析项羽失败的原因”，这些内容的选择符合传记的文本特点，但是只知道通过侧面描写来体现人物特点，而不知道怎样谋篇布局运用侧面来突出人物的性格特点。比如课例8中引用了《高祖本纪》：“夫运筹策帷帐之中，决胜于千里之外，吾不如子房；镇国家，抚百姓，给馈饷，不绝粮道，吾不如萧何；连百万之军，战必胜，攻必取，吾不如韩信。此三者，皆人杰也，吾能用之，此吾所以取天下也；项羽有一范增而不能用，此其所以为我擒也。”这本是讲述《史记》“互现法”很好的机会，即将一个人的事迹分散在不同地方，而以其本纪为主。而大多课例只引用而不讲解，学生即使学了《史记》，可对《史记》的理解只是停留在一些标语上，而不能真正学习到其精髓，这是很可惜的。当然这也对教师提出了更高的要求，不能仅仅满足于节选，还要面向《项羽本纪》整篇，甚至要面向《史记》。

就教学内容的选择而言，还有一个问题是不容忽视的，那就是本文的中心人物是谁?《鸿门宴》是《项羽本纪》的节选，很显然中心人物是项羽，大部分课例以项羽和刘邦为主要人物进行讲解或对比这是合理的，但课例3“以樊哙为例，说说作者是怎样刻画人物的”作为重要教学内容是需要讨论的。教师的这一教学处理，将文章运用侧面描写反衬项羽性格特点的写法放下不谈，显然偏离了司马迁的历史人物传记文学形式刻画人物的独特手法，这种问题的讨论很难让学生真正读懂文本。课例4“哪个人物的影响最大”的问题设计，明显已经偏离了文章的中心，好像

① 王荣生.语文课程与教学内容[M].北京：教育科学出版社，2015：244.

② 王荣生.系列讲座：教学内容的选择与教学环节的展开(第二讲)依据文本体式确定教学内容[J].语文学习，2009(10)：33-38.

各个人物都是平分秋色，而不能理解作者是运用侧面烘托的手法来塑造项羽这一人物形象。

教学内容的选择要依据学情，是指教师要教的内容与学生要的学内容高度一致，即教学内容“是学生不喜欢的地方，是学生读不懂的地方，是学生读不好的地方”①。就《鸿门宴》而言，学生读不懂、读不好的地方集中体现在以下两个方面：(1)学生缺少对当时天下形势的了解，“鸿门宴”是在秦朝覆灭，各路英雄豪杰起义，渴望成就霸业的背景下，刘邦和项羽的角逐中发生的故事；(2)作者为什么运用大量的侧面描写来突出项羽的性格特点，从而达到刻画人物性格的目的。因此，课例10通过分析项羽的性格，写人物评价，以写促读的教学内容是比较符合文本特点的。课例1运用网络资源学习是很好的方法；课例6从下象棋的角度切入非常新颖，尽管没有抓住本文的主要特点，但可以调动学生的生活经验，激发学生学习的兴趣。

三、《鸿门宴》教学方法运用分析

语文教学方法，指的是语文教学的具体方法，“教学方法”没有正确错误之分，但要与教学内容相匹配。在课堂教学中往往与“学的活动”充分结合，按照课堂教学的逻辑逐层展开。“但要这样全面地解释教学，还必须至少看到教学活动的两个维度，也就是活动顺序的两个维度。课堂活动可以指师生的课堂活动，也可以指活动的内容。因此教学活动顺序既可以从师生相互作用的形式(指他们在课堂上做什么)，也可以从活动的实质内容来描述。”②

上文分别梳理了教学流程和教学内容。在众多信息中，备课专家选取教学内容的逻辑关系，即隐含在教学活动表象下的暗线，这条线串起

① 王荣生.求索与创生：语文教育理论实践的汇流[M].济南：山东教育出版社，2013:257.

② 中央教育科学研究所比较教育研究室.简明国际教育百科全书：教学(下册)[M].北京：教育科学出版社，1990:295.

整个教学活动，就是推动教学活动进行的切入点。

10则课例选择的教学方法有朗读体验法、讨论法和启发法等（如表2-1-7所示），这些方法与新课程标准提倡的自主、合作、探究的学习方式是一致的。如“通过描写分析人物性格”这一内容运用朗读体验法和讨论法，对于大部分课例来说是比较适当的，这些讨论有的放矢，且有利于引领学生参与其中，很好地把握文本想表达的情感。课例1借助网络学习。课例5和课例7提供表格让学生填写，提供了很好的学习支架。课例6将下象棋的比喻贯穿整个教学非常新颖，调动了学生学习的积极性。课例8根据学情确定教学内容，利用课程特点和教学内容引发问题，促进学生思考和探究，让学生在已有阅读经验的基础上生成新的语文经验。课例4以“哪个人物影响最大”为切入点显然偏离了本文特点，这个问题的讨论很难让学生走进文本、理解文本。选择怎样的内容决定使用怎样的方法，因此，只有选择了恰当的教学内容才能选择恰当的教学方法，才能达成教学目标。

表2-1-7 《鸿门宴)》课例教学方法比较表

课例编号	教学内容主线	教学方法	闪光点
1	刘邦、项羽命运迥异的原因？项羽感动司马迁的原因何在？	使用网络资源、提问法、小组讨论法。	运用网络资源，学生在接触大量信息的基础上形成自己的想法，再加上教师及时正确的引导，可达成预设目标。
2	分析项羽失败的原因是什么？责任在谁？	情境导入、提问法、启发法。	
3	根据故事情节发生的先后顺序讲解文章，分析项羽失败的原因。	朗读法、提问法、讨论法。	
4	哪个人物影响最大？	激疑法、问答法、讨论法。	
5	解读项羽和刘邦，两人进行比较。	提供支架、讲解法。	教师提供表格让学生填写，借此梳理故事情节，还列出项羽和刘邦对比的几个方面，让学生自己寻找角度。

续表

课例编号	教学内容主线	教学方法	闪光点
6	在“布阵”和“对垒”两个环节的探讨中使学生对人物的性格特点有全面透彻的把握。	创设情境、讨论法。	形式非常新颖，有效调动学生参与整个学习过程。
7	重在培养学生阅读能力，通过感性阅读、理性阅读、个性阅读，循序渐进地提高学生能力。	学生展示预习效果、讲解法、提问法（提供支架）、讨论法。	提供支架，帮助学生梳理故事情节，内容设置层次很清晰。
8	按故事发展顺序展开教学。提出问题，根据学生的回答确定具体教学内容。	问答法。	依据学情确定教学内容，教学内容在学生的最近发展区。
9	画出人物性格对比图，探究“楚汉相争”决定胜负的因素。		
10	理清故事情节，分析项羽形象。	朗读法、默读法、问答法、讲评法。	

四、《鸿门宴》课例综述的思考与建议

文言文教学内容选择的依据有两个主要方面：一是文本的体式特点，二是学生的语文经验和生活经验。10则《鸿门宴》课例充分体现了一线教师的实践探索。从时间维度来看，随着新课程改革的推进，语文教师运用的教学手段越来越丰富多样，课堂越来越活泼有趣，但普遍存在教学点和教学内容选择的问题。那么，如何选择这一篇课文的教学内容呢？

1.教师心中要有课标

教学内容其实是用这一篇课文来教课程内容，因此，课程目标和内

容是教学内容选择的重要依据之一。一方面,课程目标是对学生学习结果的描述,与以往的“语文教学大纲”相比,最大的变化是不对教学内容(比如“语文知识”)作具体的规定。另一方面,课程目标又蕴含、指引着中小学生所需要学习和掌握的“语文知识”。[①] 因此,这就需要教师对语文课程的性质准确理解,正确选择选文的教学点,进而明确这一篇课文的教学目标,并在此基础上,选择合宜的教学内容。

2.教师要深入研读教材

“一般来说,就某套特定的教材,要确定‘教什么’的问题,可作如下的考虑:第一,看教材的编排体例或教材结构。”“第二,看教材的单元导语。单元导语往往体现着教材编制者的编辑意图以及该套教材在该单元的教学目标以及所建议的教学内容,把握了单元导语,‘教什么’的问题就有底了。第三,最为关键的,是教材的‘思考和练习’部分。因为‘在具体的教学中,一篇课文教什么乃至怎么教,很大程度上要受制于助读和练习的编排’。”[②]

3.准确把握这一篇课文的体式特征

阅读教学的核心目标是教给学生阅读能力。阅读能力,可以描述为掌握阅读方法。“那么‘阅读方法’是什么呢?阅读方法就是‘怎么读’,实际上可以分为两个方面:战略的——阅读取向:阅读姿态、阅读样式;战术的——阅读方法:在哪里,读什么。第一个层面是宏观的,具有战略意味,我们在上面用‘阅读取向’来指称。阅读取向由阅读目的(动机)、文本体式等决定,表现为一种特定的阅读样式,或称解读模式(惯例)。第二个层面是微观的,具有战术意味,也就是人们通常所说的‘阅读方法’,

① 王荣生,等.语文教学内容重构[M].上海:上海教育出版社,2007:130.
② 王荣生,等.语文教学内容重构[M].上海:上海教育出版社,2007:28-29.

实际上是在某一特定取向下阅读什么的问题。”[1]

4.分析学情特点选择教学内容和教学方法

“著名教育心理学家奥苏伯尔说过，教育心理学要研究的问题只有一个，那就是了解学生到底已经知道了什么，要探明这一点，并据此开展教学。”[2]以学生已有的知识经验和生活经验为基础进行教学，教学生不会的，不懂的。

① 王荣生，等.语文教学内容重构[M].上海：上海教育出版社，2007：311-312.

② 王荣生，等.语文教学内容重构[M].上海：上海教育出版社，2007：38.

第二节 诗歌课例研究

三 小学语文朗读教学的三大误区与对策——兼评《清明》《九月九日忆山东兄弟》两则课例①

朗读是小学阶段语文课堂教学常见的教学活动形式。朗读活动既是将文字符号转变为有声言语的读书方法,又是达成阅读目标的表现形式。小学语文教师往往关注前者的功能定位,通过朗读的方法指向特定的教学目标,却忽略后者,即没有把学生的朗读活动表现看作教学目标。另外,由于文体的独特表现形式,如古诗"声韵传情"的特点,仅用朗读的方法,或仅达成"正确、流利、有感情地朗读"的课程目标,是远远不够的。基于上述问题,本文对当前小学语文朗读教学活动设计中存在的问题进行梳理,并兼评岳乃红老师的《清明》②课例和廖秋玲老师的《九月九日忆山东兄弟》③课例,提出走出朗读教学活动误区的路径。

一、小学语文朗读教学的内涵探析

当前,我国语文教育界对朗读的理解主要有两种:(1)朗读是教学活动。《心理学大辞典》对朗读的解释是:"把诉诸视觉的文字语言转换为诉

① 王艳梅,王从华.小学语文朗读教学的三大误区与对策——兼评《清明》《九月九日忆山东兄弟》两则课例[J].江西教育,2019(20):8-11.

②岳乃红.《清明》教学实录[J].江西教育,2019(20):12-15.

③廖秋玲,徐翠萍.《九月九日忆山东兄弟》教学设计[J].江西教育,2019(20):16-19.

诸听觉的有声语言，并通过喉头、声带和嘴唇的发声动作读出词和句子的阅读活动。”[①](2)朗读是教学方法。《教育大辞典》的解释为，朗读是通过“读者眼看文字，大脑接受文字信息，指挥口发出声音，再接受有声言语信息，进行积极思维，达到理解和记忆”[②]。这一层面的朗读是“语音呈现”“信息加工”和“意义建构”三者内外交互进行的学习方法。(3)朗读是教学目标。其实，在语文课程教学层面，朗读还有第三种理解，指向读者阅读的行为结果，即语文课程与教学的表现性目标，侧重于课文理解和意义建构的“语音呈现行为”。如《义务教育语文课程标准(2011年版)》把“正确、流利、有感情地朗读课文”作为阅读教学课程目标与内容的重要一条。

当然，中小学语文课程与教学语境下的朗读不同于社会性朗读。“‘社会性朗读’的轨迹是从‘理解’指向‘再现理解、表演理解’”，而“‘朗读’的轨迹是从‘不理解’指向‘理解’”[③]，并表现为达成理解和意义建构的“朗读行为”。如小学语文名师王崧舟的课例《长相思》中的朗读活动则包含以上三层含义。这节课主要有三个环节，都安排了朗读活动。第一环节“借助注释，读懂词意”开展了八次朗读活动：(1)自由朗读《长相思》。(2)个别朗读。(3)读两遍。(4)再读，注意停顿。(5)齐读两遍。(读古代的诗词，不但要读正确，读得有节奏，还要尽可能读出它的味道来。)(6)自由读，个别读。(读出自己的味道和感觉来，说说脑中留下的印象。)(7)默读，讨论“身在何处，心在何方”。(8)自由读，齐读。(把作者身和心分离的那种感受、那种心情读出来。)第二环节“展开想象，读出词情”开展了三次朗读活动：(1)师配乐范读。(2)生齐读。(孩子们，请闭上眼睛，让我们一起，随着纳兰性德走进他的生活，走进他的世界。随着老师的

① 林崇德，杨治良，黄希庭.心理学大辞典[Z].上海：上海教育出版社，2003：715.

② 顾明远.教育大辞典(简编版)[Z].上海：上海教育出版社，1999：291.

③ 代顺丽.语文朗读法的本质及类型[J].课程.教材.教法，2016，36(6)：91-96.

朗读,你的眼前仿佛出现了怎么样的画面,怎么样的情景?)(3)学生画画并交流后,个别朗读,齐读。第三个环节"互文印证,读透词心"组织了四次朗读活动:(1)朗读"问君何事轻离别,一年能几团圆月?"(请你再想一想,除了纳兰性德在问自己外,还会有谁要问一问纳兰性德?)(2)生问读。(问……何事轻离别,一年能几团圆月?)(3)学生默读、齐读。(轻离别?你们居然说我轻离别?我,纳兰性德真的轻离别吗?真的对离别无所谓吗?)(4)师生合作朗读。由此可见,朗读活动贯穿整堂课,其中第一环节的活动(8)、第二环节的活动(3)、第三环节的活动(4)属于教学目标层面的朗读,是"意义建构"的外显行为目标,其他活动则属于指向"理解目标"的"学习方法"。

二、小学阶段朗读活动设计的误区

(一)有朗读活动,但缺少目标指向的方法指导

在小学语文课堂教学中,朗读是最常见的教学活动。对于新手教师而言,最常见的问题是朗读活动丰富多样,但缺少目标指向的方法指导。如某位老师的《伯牙绝弦》朗读活动安排:(1)学生自由朗读课文;(2)点名个别学生朗读课文;(3)全班齐读课文;(4)听教师示范朗读;(5)配乐齐读课文。在这节课上,语文老师组织的朗读活动比较充分,但存在的主要问题也是比较突出的,即朗读指向的目标不清晰,并缺少朗读方法的指导。

(二)不区分文体,一律指导"有感情地朗读"

选入中小学语文教材的语篇,从功能类型的角度也相应地分为两大类:(1)文学文体,如诗歌、散文、童话、寓言、小说等;(2)实用类文体,如导游词、科学小品等。语文教师在设计朗读活动的时候,不区分文体,一

律指导“有感情地朗读”。如《长城》这篇课文，属于说明介绍性的文类，其语言的主要特点是“平实”和“精确”，但教师花了很大力气指导学生朗读课文：(1)反复读自己有感受的、印象最深的句子。(2)听教师有感情地范读。(你看到什么，听到什么？)(3)配乐朗读。这些朗读活动的意图是指向“感情的理解与体验”，显然与实用文体的读法是不匹配的。

(三)跳过朗读，直接走向“美读”和“吟诵”

最近十年来，在中小学语文课堂教学中出现了“美读”和“吟诵”等教学互动。如陈琴老师的以“选文中心”的经典素读课程对小学语文古诗词教学产生了很大影响。古诗词具有声韵传情的特点，“诵”“吟”“歌”是我国古代特有的读诗方式。《周礼·大司乐》：“以乐语教国子：兴、道、讽、诵、言、语。”郑玄注：“倍文曰讽，以声节之曰诵。”《说文·言部》：“诵，讽也。”《墨子·公孟》称“诵诗三百，弦诗三百，歌诗三百，舞诗三百”。用读古诗词的方法读古诗词，就需要超越“有感情地朗读”，学习“诵”“吟”“歌”的读诗方式。但是，这种倡导复归传统的读诗方法，又陷入新的误区：吟诵教学活动的表演化和程式化，出现了所谓的“吟诵腔”。

三、小学语文朗读活动设计的对策

(一)朗读活动设计要指向特定的目标：理解和文本意义的建构

小学语文教学中的朗读，不仅仅是把文字转换为“语音呈现”的阅读活动，还是经过“内部信息加工”，促进并转化为“文本理解”和“意义建构”的活动。在阅读教学中，朗读活动的教学价值体现为三个方面：(1)通过学生的朗读活动，探查学生对课文的认读和理解情况；(2)通过教给学生朗读的知识，如读音、节奏、停连、语气、轻重音等，促进学生对课文的理解和意义的建构；(3)通过朗读行为达成表现性的教学目标，即外化对课文的理解和意义建构。如前文提到的《长相思》课例，则很好地体现了朗读的三个教学价值，成为朗读教学活动设计与组织的经典课例。

（二）区分文体：分别进行标准语音朗读指导和表情朗读指导

“语言作为一种符号体系，按其功能不同，可分为‘推论性符号体系’和‘表现性符号体系’。”[①]（1）文学文体属于“表现性符号体系”，这类文体是“将人类情感呈现出来供人观赏，把人类情感转变为可见或可听的形式的一种符号手段”[②]。（2）实用类课文属于“推论性符号体系”，其文体特点是“语意固定和明确，有明晰的逻辑结构”。前一类文体适合“有感情地朗读”，要求读者把内部情感的体验和外部语音呈现关联起来，深化对课文传递情感的理解、体验和呈现。诗歌和散文朗读的目标指向是体验和分享“作者独特的情感体验”。小说、童话、语言等文体的朗读目标指向是体验和分享“叙述人”的“情感节奏”和作品中“人物的情感体验”。而剧本这一类文体朗读的目标指向不应止于体验和分享作品中“人物的情感体验”，还应该指向“表演性的朗读”，读出“剧场感”。实用类课文（如科学小品、解说词、导游词等）承载的是思维构成物、逻辑意义，适用“标准朗读”，即运用“标准语音”呈现内部的“认知加工”。如薛法根《雾凇》[③]朗读教学活动颇值得学习，在环节二“理解雾凇形成的经过”开展了以下朗读教学活动：（1）第二段话每人读一句。（边读边思考：这八句话之间有什么联系？想一想，如果这八句话中只留下一句最重要、最核心的话，应该是哪一句？如果你读的那一句不是最重要、最核心的，那么请坐下。）（2）读通顺重要的句子。（这是一个长句子，要注意停顿，老师先示范读一遍，同学们读三遍并背下来。）（3）反复朗读、背诵。（你们读的句子都

---

① 代顺丽.语文朗读法的本质及类型[J].课程.教材.教法，2016，36(6)：91-96.

② 苏珊·朗格.情感与形式[M].刘大基，傅志强，周发祥，译.北京：中国社会科学出版社，1986：8.

③ 薛法根.《雾凇》教学实录[J].语文知识，2017(2)：4-7.

是写的雾气，有什么不同吗？作者的比喻，背后藏着感情，读一读，要把它缓慢变化的过程表达出来。）上述三个朗读活动循着学生对课文由浅入深的理解，分步指导，不仅完成了对这一段话的“认知加工”，而且通过朗读活动，呈现对课文的理解，达到了很好的教学效果。

（三）打通朗读与吟诵的通道，为鉴赏与表现性阅读奠基

前文已经提到，小学语文课本中的古诗词这一类选文，不应止于朗读，尽管通过朗读可以达到“理解与鉴赏”的学习目标，如王崧舟老师的《长相思》课例。但是，诵读、吟诵、吟唱是读诗词独特的展读方式，要用读古诗词的方式读古诗词，就必须打破“有感情地朗读”的局限，引入诵、吟、歌的读诗方法，并教会学生以诵、吟、歌的方式呈现对课文的理解和意义建构。在这一方面，岳乃红老师的《清明》课例和廖秋玲老师的《九月九日忆山东兄弟》课例做了有参考价值的探索。《清明》课例伊始，岳老师播放了《橘颂》和《二十四节气歌》吟诵视频，让学生直接体验古诗文是可以吟诵的。环节二“有感情地朗读，了解诗歌吟诵的传统”，首先指导学生读准字音、读准节奏、读好停顿，学习有感情地朗读后，再播放吟诵视频，引入诗歌吟诵的知识。环节三“讲解格律知识，根据平仄练习诵读”分为四个教学步骤：(1)讲解平、仄的读音知识；(2)用“.”“横线”和“竖线”画出“入声”“平声”和其他“仄声”字的读音；(3)教师根据平仄格律来示范诵读；(4)指导学生反复练习诵读。环节四“学习吟诵，体会诗歌情感”是整节课教学的重点，岳老师通过示范吟诵、反复练习吟诵、抓住关键字词如“清明”“雨纷纷”“欲断魂”的理解，有感情地吟诵，并通过吟诵活动外化对诗人独特情感的理解。廖秋玲老师的《九月九日忆山东兄弟》课例，与《清明》课例相同之处是，打破了古诗“有感情地朗读”的限制，引入吟诵的读法；不同之处是教学的落点是通过朗读、吟诵的方法理

解作者的感情，而没有达成“通过吟诵活动外化对诗人独特情感的理解”的目标。《义务教育语文课程标准（2011年版）》在二、三学段阅读课程目标与内容中分别指出，“诵读优秀诗文，注意在诵读过程中体验情感，展开想象，领悟诗文大意”，“诵读优秀诗文，注意通过语调、韵律、节奏等体味作品的内容和情感”。因此，小学古诗文教学必须要打破“有感情地朗读”的制约，在朗读体验的基础上，运用“诵读”的方式（通过语调、韵律、节奏等）“体验情感”，“体味作品的内容和情感”。

三 以“学的活动”为中心组织教学——《涉江采芙蓉》教学设计①

一、教学点（教学目标）

（1）理解并体验“芙蓉”等意象和精准动词、形容词传递出的羁旅、相思和死亡的哀痛。

（2）领悟虚实相生（抒情主体在游子、思妇间转换）产生的哀婉动人的抒情效果。

（3）评鉴“同心而离居，忧伤以终老”一句语言表达的作用和效果。

二、教学重点

领悟虚实相生（抒情主体在游子、思妇间转换）产生的哀婉动人的抒情效果。（突破重点的方法，为学生提供四则阅读材料，两则名家解读语段，两则诗文例文及解读，帮助学生理解体悟诗歌意脉的流动和虚实相生的表达作用。）

① 王从华.用多样化助读材料推进“学的活动”——《涉江采芙蓉》教学设计[J].江西教育，2019(2)：10-13.（收入本书时有改动）

三、教学难点

评鉴“同心而离居，忧伤以终老”一句矛盾表达的多重意蕴。（突破难点的方法，提供两则赏析片段，让学生在阅读后提炼关键信息，结合自己的阅读理解，评价关键词句表达的特点与锤炼语言的功力。）

四、教学流程

（一）导入

齐读下面这句话，说说自己的理解，导入课文的学习。

我几乎认为，假如没有诗歌——生活习惯的诗和可见于文字的诗——中国人就无法幸存至今。（林语堂《吾国吾民》）

设计意图：通过名人论述诗歌的功能和价值追求，激发学生学习诗歌的兴趣，导入新课。

（二）环节一：熟读成诵并默写全诗

1.讨论诗歌要学习的内容，明确：诵读积累、理解体验、欣赏评价。

2.学习活动：自由朗读诗歌，背诵全诗。

（1）背诵展示与交流。

（2）默写全诗。

设计意图：高中生具备了自学诗歌的能力，这一环节首先在学生已有阅读经验的基础上，梳理诗歌阅读的内容要点，然后放手让学生自由诵读识记课文，教师组织学生诵读和默写，达成感受、积累经典作品的学习目标。

（三）环节二：理解并体验诗中的情感，领悟虚实相生的哀婉之情

1.学习活动：默读这首诗，批注文中一两处特别有感触的词语或句子。

(1)批注示例。

“涉江”,渡过江水,可能是乘船渡过,也可能是蹚水过去,这里表现了主人公不畏急流、不畏艰险的勇敢和执着。

(2)学生默读并做批注。

(3)组织学生交流,并梳理“名词”“动词”“形容词”表达的情感。

2.有感情地诵读这些句子。

3.学习活动:阅读下面材料,在下面的(　　)处填上主语,并说明填写的理由。

(　　)涉江采芙蓉,兰泽多芳草。
采之欲遗谁?所思在远道。
(　　)还顾望旧乡,长路漫浩浩。
(　　)同心而离居,忧伤以终老。

【阅读材料一】

马茂元先生认为“这首诗是一位漂流异地失意的人,怀念他在家乡的妻子,写出了欲归不得的愁苦心情。”“涉江采芙蓉”的就是这位男子。而朱光潜先生认为“涉江采芙蓉”的是留在“旧乡”的女子,“还顾望旧乡”的是男子,整首诗的抒情主人公是女子。[①]

【阅读材料二】

月夜
[唐]杜甫
今夜鄜州月,闺中只独看。
遥怜小儿女,未解忆长安。

① 陈晓敏.佳人的美 游子的愁——《涉江采芙蓉》赏析[J].语文建设,2016(35):89-90.

香雾云鬟湿，清辉玉臂寒。

何时倚虚幌，双照泪痕干。

评析：作者身在长安，却想象妻子在鄜州孤独看月，形单影只，与作者此时的处境何其相似。颔联“遥怜小儿女，未解忆长安”从“小儿女”角度写自己对他们的思念之情，一个“小”字饱含怜惜之情。颈联“香雾云鬟湿，清辉玉臂寒”一句写出月光下妻子思念作者的孤独、寂寞的形象，“湿”“寒”两个动词既写了妻子由外“云鬟”“玉臂”到内的感受，也写出时间的流转，妻子寂寞之深、思念之浓。尾联“何时倚虚幌，双照泪痕干”进一步写出了对夫妻相聚的期盼。这些场景与心情的变化与“今夜”作者的形单影只又形成鲜明的对比，具有催人泪下的抒情效果。

【阅读材料三】

夜雨寄北

[唐]李商隐

君问归期未有期，巴山夜雨涨秋池。

何当共剪西窗烛，却话巴山夜雨时。

评析：第一、二句以“君问”起笔，写今夜回归无期的痛苦、惆怅与无奈，“夜雨”之“涨”烘托了作者情感的丰富、深刻与充盈。第三、四句，想象以后夫妻相聚，共话当时分别的欢愉场面，“剪烛”“共话”的细节与“今夜”形成对比，更添一层深意，具有感人至深的力量。

【阅读材料四】

首先，“远道”之上的理应是游子。因为从常理上讲，只有男子才出门远行，女子在这方面受很大限制的，而且这“远道”给人无限延伸、渐行渐远之感。画面上定格的应是远离故乡、踽踽独行游子的背影，而这背影正牵着思妇思念的视线，远走天涯。

其次，“芙蓉”也称“莲”，采莲是江南的旧俗，“莲”与“怜”谐音，“莲子”即“爱子”，青年男女在采莲的活动中互表爱慕之意。

“还顾望旧乡，长路漫浩浩”毫无疑问是游子。远方的游子似听到了恋人的呼唤，似看到了采莲的恋人，他知道，此时故乡当是“莲叶何田田”的时候了。他回首遥望故乡，却发现长路漫漫，自己离家越来越远，归期遥遥，自然生出欲归不得的哀叹。

“同心而离居，忧伤以终老”是游子、思妇共同的哀怨。身处异地，你思念着我，我思念着你，“同心”永结，却不得不“离居”，这相思之苦、这分离之痛什么时候才能终了，只怕是一直到老。那该是一种怎样的痛哦！

整首诗实际上与现代电影艺术普遍采用的“蒙太奇”手法是一致的。

镜头在分与合，虚与实，游子与思妇之间转换，时空对接，表达的是他们共同的思念和哀怨。如此来理解，似乎更合情理。

4.组织学生分角色诵读这首诗，体验并深入领会诗歌传递的情感。

设计意图：诗言志，抓住诗歌意象和精准的动词、形容词以及语言文字的留白艺术，理解、体验作者的思想情感，是诗歌阅读理解的核心内容。本环节组织学生用批注法自主理解、体验关键词句传递的思想情感，通过交流分享的活动，丰富对诗歌情感的体验和理解，补充相关资料作为支架，领悟诗歌抒情的多层意蕴和感人的艺术效果。

（四）环节三：品鉴诗歌朴质自然的语言传递的深厚意蕴

1.学习活动：阅读下列材料，找出你认为最值得品味的一个词或一句诗，把它推荐给全班同学欣赏，写一段话说明你推荐的理由。

【阅读材料五】

《涉江采芙蓉》赏析(节选)[①]

作为本篇的主题思想，诗人真正的感慨，则是“同心而离居，忧伤以终老”最后两句。……我们读了以后，在思想深处不是唤起一种流离失所，有家归不得的动乱时代的悲哀吗？

【阅读材料六】

生命的悲歌：羁旅、爱情和死亡(节选)[②]

全诗以一个漂泊的游子为抒情角色。游子漫游四方，浪迹天涯，游子的生活是流动多变、丰富多彩的，他的心灵永远徘徊在故乡、异乡和远方的空间转换以及过去、现在和未来的时间变幻中，所以他漂泊的旅途充满了希望和梦境，也充满了痛苦和悲伤。作者以这一抒情角色的设置为全诗营建了一个诗意的话语空间。诗的一、二句写游子渡过江河采芙蓉(荷花)，走过兰泽采芳草。江和兰泽、芙蓉和芳草，是可以互相召唤的对等词语，本来应该展开在纵向选择轴上，但在诗中，却出现在横向的组合轴上。通过这种对等词语的共时性展开，诗句把游子的历时性行踪定格成一幅诗意的美丽图画。所以，一、二句的所指是美丽而迷人的，“行行重行行”的漂泊羁旅尽管艰辛，却也有欣悦。如果说一、二句写的是实境，那么三、四句写的则是虚境，诗由游子的所见所为转向写游子的所思。

……

通观全诗，实境和虚境交互出现，情和景相互交融，在能指的流动

---

① 马茂元.古诗十九首探索[M].北京：作家出版社，1957：88.

②陈太胜.生命的悲歌：羁旅、爱情和死亡——读《古诗十九首·涉江采芙蓉》[J].文史知识，1999(2)：20-22.

中，所指不断地发生滑动，并得到不断地深化，羁旅的漂泊、欣悦和哀愁，爱情的祈求、美丽和忧伤，死亡的焦虑、惶恐和悲怆，三者在诗中达到了一种水乳交融的诗意境界，诗人借此写出了游子对爱情的深切祈求，对生命的强烈感受。如果将这首诗放在中国古代诗歌的历史长河中看，我们将发现，这种深挚的生命意识在人生的旅途中哀生命之仓促、悲爱情之无望，所突出抒发的是个体自我的深层情感，其深度确是前所未有的，在某种程度上是魏晋时的文的自觉中人的自觉的先声。这种人的自觉的特征即是立足于个体对生命的感性感受。

2.组织学生交流，教师反馈交流。

“同心而离居，忧伤以终老”评价示例

直接抒情，收束全诗，矛盾的语言表达引发联想，高度概括了千古爱情悲剧，将离别、相思和死亡的复杂情感交融在一起，写出了游子对爱情的深切祈求，对生命的强烈感受。

设计意图：高中文学作品的阅读教学应达到较高的认知水平，诗歌阅读的高认知水平体现在对含蓄有味的诗歌语言的评析与评价。本环节通过提供两则阅读材料作为支架，引导学生在对诗歌关键词句进行分析的基础上进行评鉴，提升诗歌审美能力，丰富审美体验。

（五）布置作业

课后阅读《行行重行行》和《迢迢牵牛星》，以下作业任选一题完成：（1）找出三首诗抒发的情感与语言表达的异同，写一篇不少于300字的评析性文字；（2）选择其中一首诗，结合自己的体验，改写成一首现代诗；（3）查阅资料，以三首诗或其中一首诗为底本，编写一幕短剧。

设计意图：通过同类题材的课外阅读达到两个目的，一是迁移课堂上学习的阅读方法；二是积累阅读经验，并把阅读经验转化为成果，搭起阅读和写作的桥梁。

五、本课例教学设计的整体思想

教师指导学生阅读诗歌，首先应明确诗歌阅读的内容要点；然后诵读积累，理解、体验诗歌表达的情感，最后要品鉴诗词语言表达的特点和功力。本课例在指导学生阅读的过程中，主要设计了四个学习活动，包括诵读活动、批注活动、填空活动、评析活动。为了确保“学的活动”展开，教师主要做三件事：一是依据学情推送阅读材料；二是组织讨论交流，促进“学的活动”充分展开；三是做好示范和引导，引导学生走进文本的深处，提升阅读理解与鉴赏能力。然而作为单篇教学，本节课的教学设计还有待解决的是“为什么读”的问题，即设计何种任务情境，把学生带入或卷入课文的学习。这也是阅读教学必须讨论予以解决的一个重要课题。

第三节 小说课例研究

一 《智取生辰纲》教学解读[①]

课文《智取生辰纲》选自《水浒传》第十六回《杨志押送金银担 吴用智取生辰纲》，是小说写得最为精彩的回目之一。作为教科书中的经典名篇，众多学者从不同的角度对其进行了解读。梳理近二十年的期刊论文，对《智取生辰纲》一文的解读主要集中在情节解读、人物解读、环境描写解读、故事内容解读、表现手法解读方面。

从传统小说的角度而言，以上解读无可厚非。但现代小说解读观认为："文本世界由表达方式、表达对象、表达意图三个方面构成。一个文本里，作者会通过语词、句式、语气、结构、修辞、视角、细节、手法等去讲这事，我们把这些统称为表达方式。作者所直接描写、刻画的内容：人物、故事情节、环境，统称为表达对象。作者通过表达方式和表达对象所要表达的意图或主题，统称为表现意图。"[②]

在这三个维度中，最重要的则是表达方式。西方文艺理论家也特别强调文学作品为："文学的可以定义并不在于它的虚构性或'想象性'，而

① 王从华，施旭晖．妙在一"舀"一"兜"之间——《智取生辰纲》关键细节解读［J］．语文建设，2017(16)：46-48．(收入本书时有改动)

② 王荣生．小说教学教什么［M］．上海：华东师范大学出版社，2015：93．

是因为它以特殊方式运用语言。”①因此，对《智取生辰纲》进行语言运用方面的深入解读，从而选择相应的教学内容是非常有意义的。

一、关注“兜”“舀”二字的运用

《水浒传》在语言运用方面有许多精到的地方值得品味。金圣叹在评注《水浒传》时也特别关注对这些语言的品味，如在第四十三回“假李逵剪径去单人 黑旋风沂岭杀四虎”中，出现三个“抖”字，他在第一个“抖”字旁批注道：“看宋江许多抖字，看李逵许多抖字，妙绝。”②

在《智取生辰纲》中，“兜”“舀”两个动词的使用也特别值得玩味，却很少有研究者关注，本文就这两个字的运用做进一步解读。

“兜”“舀”首次出现在节选课文第11段，也是这一部分故事情节发展的高潮部分，后文中也多次出现这两个字。

七个人立在桶边，开了桶盖，轮替换着舀那酒吃，把枣子过口。无一时，一桶酒都吃尽了。七个客人道：“正不曾问得你多少价钱？”那汉道：“我一了不说价，五贯足钱一桶，十贯一担。”七个客人道：“五贯便依你五贯，只饶我们一瓢吃。”那汉道：“饶不的，做定的价钱！”一个客人把钱还他，一个客人便去揭开桶盖，兜了一瓢，拿上便吃……只见这边一个客人从松林里走将出来，手里拿一个瓢，便来桶里舀了一瓢酒。那汉看见，抢来劈手夺住，望桶里一倾，便盖了桶盖，将瓢望地下一丢，口里说道：“你这客人好不君子相！戴头识脸的，也这般啰唣！”

金圣叹在这一部分作的眉批是：“此一段，读者眼中有七手八脚之劳，作者腕下有细针婉线之妙，真是不慌不忙，有庠有序之文。”然对“作

① 伊格尔顿．二十世纪西方文学理论［M］．伍晓明，译．西安：陕西师范大学出版社，1986：3.

② 金圣叹．贯华堂第五才子水浒传［M］．周锡山，编校．沈阳：万卷出版公司，2009：613.

者腕下有细针婉线之妙”的赏析只停留在句子层面，没有对“兜”“舀”两个字运用的妙处进行品读，实在有些遗憾。

联系整段文字和下文“众军汉买酒”“老都管竟说”“杨志寻思”等内容，这里的“兜”“舀”二字的运用大有深意，需要深入探讨。

二、辨析“兜”“舀”二字的细微差异

根据上下文语境，“兜”“舀”两个字是动词，表示人舀酒的动作。《现代汉语词典》中对“兜”的解释与语境义比较接近的是“做成兜形把东西拢住”，《汉字源流字典》中对应的解释是“把东西兜起来”，但与文中“兜”的意思都还有很大距离，不合语境；对“舀”的解释是“用瓢、勺等取东西（多指液体）”，基本符合文中的语境义。那么，作为舀酒动作的“兜”和“舀”到底有怎样的区别呢？

1.“舀”的动作应当是舒缓的、斯文的

文中第一处用“舀”字的句子是：“七个人立在桶边，开了桶盖，轮替换着舀那酒吃，把枣子过口。”首先，从当时特定的场景来看，时间并不紧迫，“舀”的动作应该是从容舒缓的；其次，从下文说出的舀酒者意图来看，“故意要他们看着”，明显是在吊对方的胃口。因此，这里“舀”的动作必定是缓慢的，力量也比较小，嘻嘻哈哈，喝得比较惬意、自然，使得“那对过众军汉见了，心内痒起来”。第二处用“舀”字的句子是：“只见这边一个客人从松林里走将出来，手里拿一个瓢，便来桶里舀了一瓢酒。”从舀酒的量来看，似乎用力大了一些，但从当时特定的情境来看，这个人是神不知鬼不觉地走出来的，力量必定不大。从动作的发出者来看，这个人是吴用。在《水浒传》中，吴用的形象是“似秀才打扮：戴一顶桶子样抹眉梁头巾，穿一领皂沿边麻布宽衫，腰系一条茶褐銮带，下面丝鞋净袜；

生得眉清目秀，面白须长”。[1]而在吴用舀酒后，卖酒的人也说道：“你这客人好不君子相！戴头识脸的，也这般啰唣！”另外，这次舀酒还有特别的用意，即把药“搅在酒里”。因此，此处舀酒的动作必然也是斯文的、缓慢的。

2.“兜”的动作应当是速度快、用力大的

选文第11段中用“兜”字的句子是：“一个客人便去揭开桶盖，兜了一瓢，拿上便吃。”结合语境，这个客人的动作有点出其不意，速度应该是非常快的；从舀酒的分量来看，“兜了一瓢”，用力是很大的；从“兜”的人来看，动作的发出者是“赤发鬼”刘唐，他武艺高强，经常舞刀弄枪，自然力气过人，因此他的动作自然速度很快，用力较猛。后文中提到，众军士买酒后，“先兜两瓢，叫老都管吃一瓢，杨提辖吃一瓢”，金圣叹批注是“匆匆中，写来有体”[2]。有何“体”呢？这个“体”体现在：众军士已经饥渴难耐了，还有巴结讨好老都管、杨提辖的意思。因此，这里先“兜”出的一瓢，自然用力大些、速度快些。

三、品读“兜”“舀”细节描写的妙处

小说中的细节，“是情节，是通过描写呈现出来的”，与小说艺术有内在的关系，主要作用有四方面：“是刻画人物性格的点睛之笔”；“是传神地描写环境和背景的点睛之笔”；“是夹在核心功能之间不断催化的点睛之笔”，即在推动关键情节发展过程中起到画龙点睛的作用；发挥“综合艺术作用”。[3]《智取生辰纲》中一“兜”一“舀”两个动作描写相映成趣，在艺术表现上则发挥了细节描写的第一、第三、第四方面的作用。

---

① 施耐庵.水浒传[M].2版.成都：四川人民出版社，2020：133.

②金圣叹.贯华堂第五才子水浒传[M].周锡山，编校.沈阳：万卷出版公司，2009：225.

③ 刘莉莉.小说艺术十二章[M].上海：上海教育出版社，2014：198-203.

一是表现不同人物个性特征的点睛之笔。从上文中的“兜”字,我们可以感觉到舀酒的人用力猛、动作幅度大,瓢里的酒装得满满的。在《水浒传》第十四回《赤发鬼醉卧灵官殿 晁天王认义东溪村》中,刘唐第一次出场,便有诗道:“勇悍刘唐命运乖,灵官殿里夜徘徊……”[①]可见,“勇悍”是刘唐这个人物最为鲜明的特征,而“兜”字准确地摹画出刘唐“勇悍”的特点。同样的动作,在老学究吴用身上则用一“舀”字,突出了吴用的性格特点。试想,若刘唐不是“兜”了一瓢,而是“舀”酒,会让人觉得多么做作,一点真实感也没有,也会引起杨志的警惕、怀疑;如果吴用不是“舀”酒,而是“兜”酒,与莽汉何异?且蒙汗药如何下到酒中?

二是推动故事情节发展的点睛之笔。“兜”“舀”两个字细化了吴用等七人假扮贩枣客商买酒喝酒的场景。当时,天气酷热,“水底鱼龙鳞角脱,直钻入泥土窑里”,而附近又无水可饮,恰巧有人卖酒,这便让饥渴难耐的在黄泥冈乘凉的客商们看到了希望,争相想买酒喝。一“兜”一“舀”,写出了众人陶陶然争饮之状,这在推动情节发展方面有四个作用:第一,向杨志及众军汉证明,这酒是没有下蒙汗药的,可以放心吃,消除疑心;第二,让人感觉到仅剩的一桶酒也很快就会没有了,使被杨志限制不能喝酒的众军汉更加坐立不安,越发想喝到那酒,越发想反抗杨志的束缚,于是再次向老都管说情,并再次引发老都管与杨志的冲突;第三,第一桶喝完后,“勇悍”的刘唐乘机“兜”一瓢喝下去,进一步告诉杨志一伙人,酒里是没有下药的;第四,“兜”酒成功,可以让同行的人去效仿,再舀点也是可以的,从而为吴用下蒙汗药埋下伏笔,使情节发展顺其自然,不易露出破绽。另外,“舀”的动作也是吴用有意为之的,唯有动作缓慢,时间延长,才容易被卖酒人发现,并“抢来劈手夺住,望桶里一倾”,就有

① 施耐庵.水浒传[M].2版.成都:四川人民出版社,2020:129.

力地推动了情节的发展。

三是发挥综合艺术作用，点明吴用之智。《智取生辰纲》从精明细致的杨志的视角来讲故事，但其主要意图是写吴用之智。有学者通过对故事内容的分析，得出吴用的“智”体现在：地点选择、利用天时、相互配合、利用矛盾等方面。其实，通过文本细读，可以发现吴用之“智”更妙在一“兜”一“舀”之间。

一“兜”一“舀”，智在用人。结合《水浒传》第十六回来看，并未写吴用提出计策之后，众人如何排练，只是写道：“晁盖听了大喜，攧着脚道：‘好妙计！不枉了称你做智多星！果然赛过诸葛亮！好计策！’吴用道：‘休得再提，常言道：“隔墙常有耳，窗外岂无人。”只可你知我知。’”[①]可见，演给杨志的那场戏是一蹴而就的。为了做到真实，不易被杨志发现，吴用善于用人。他知道刘唐的形象、性情做出“兜”一瓢的动作，才会真实；自己的形象做出“舀”酒的动作，才会毫无违和感。一“兜”一“舀”，智在配合。刘唐“兜”了一瓢，走回树林时，吴用便去“舀”酒，此时瓢中已有蒙汗药。只有他知道蒙汗药需下多少，要怎样做才能让白胜回头发现自己正在偷酒，从而把瓢里已下蒙汗药的酒倒入整桶酒中去，不被人发现。

一“兜”一“舀”，旨在解除杨志的疑虑。杨志因丢了一次花石纲被充军到大名府，这次被梁中书重用押送生辰纲，一路特别小心谨慎，而黄泥岗又是“强人出没的去处”，因而愈加小心谨慎，唯恐中了强盗的计策，担心“被蒙汗药麻翻了”。吴用等七人一“兜”一“舀”的精彩表演，让杨志暗暗寻思：“俺在远远处望，这厮们都买他的酒吃了；那桶里当面也见吃了半瓢，想是好的。”杨志的疑虑彻底解除，更反衬出吴用计策之妙，突出主题“智取生辰纲”之“智”。

---

① 施耐庵.水浒传[M].2版.成都：四川人民出版社，2020：148.

《义务教育语文课程标准(2011年版)》在总目标中提出“能初步鉴赏文学作品,丰富自己的精神世界”,在第四学段阅读教学“目标与内容”第三条、第七条分别指出,“体味和推敲重要词句在语言环境中的意义和作用”,“品味作品中富于表现力的语言”,强调针对文学作品,学生应具备初步鉴赏语言运用的能力。经典小说的阅读固然要理清情节、读懂人物形象、理解主题,但这些都属于理解层面的阅读,除了理解好故事内容外,更应当引导学生在理解的基础上,走进细节描写,进行文本细读,品味炼字炼句处,领略经典的魅力。品味一“兜”一“舀”细节描写的特点和作用应该作为这篇课文教学内容的重点之一,在教学过程中,可从“兜”“舀”的语境义探析入手,通过补充相关资料,从人物形象、故事情节和小说主题三方面品读其表达的功力。唯有如此,教师才能带领学生走进经典名著的文本深处,领略作品语言表达的魅力,进而提升文学作品的鉴赏能力。

第四节 散文课例研究

《老王》名课研习[①]

什么是散文?《辞海》里这样说:“散文,文学的一大样式。中国六朝以来,为区别于韵文和骈文,把凡不押韵、不重排偶的散体文章,包括经传史书在内,概称‘散文’。”1963年《全日制中学语文教学大纲(草案)》对散文的外延如是界定:“包括故事、寓言、特写、传记、游记、杂文、说明文、议论文、科学小品等。”[②]叶圣陶在《关于散文写作》中用排除法这样区分散文:“除去小说、诗歌、戏剧之外,都是散文。”[③]长期以来,语文教学界所指的“散文”,虽然不像《辞海》中定义的那么宽泛,但也基本上沿用了后两种界定,即是一种比“广义散文”窄,又比“狭义散文”宽的文学体裁。如此来看,中小学语文教材里的课文,绝大多数都属于散文。因此,研究散文教学具有重要意义。

散文教什么?许多教师认为,散文的“文章内容”就是散文的“教学内容”,散文里写了什么就教什么。这样选择教学内容的观点肯定是有问题的。我们知道,散文不尚虚构,强调写实,而且这种写实带有高度个人化、个性化的色彩。所以,散文教学除了要教文章里面呈现的内容,还

① 钟寒,王从华.由黄厚江《老王》课例看散文教学内容的选择[J].语文教学通讯,2017(8):38-40.(收入本书时有改动)

②李杏保,顾黄初.中国现代语文教育史[M].3版.成都:四川教育出版社,2004:312.

③叶圣陶.给初学写作者[M]朱正,叶小沫,编.长沙:湖南教育出版社,2008:56.

要引导学生去触摸作者的灵魂，去体悟作者的思想情感，去品味作者个性化语言表达。用王荣生教授的话说，我们阅读散文，是在感受作者的所见所闻，分享作者的所感所思，品味精准的语言表达。[①]作者的所见所闻是直接呈现在文章内容里的，作者的所感所思更多时候则要靠品味作者的语言才能体察出来。

下面，备课专家就以特级教师黄厚江老师执教的《老王》[②]为例，谈谈名师是如何确定散文教学内容的。

一、由读"老王"到读"杨绛"

王荣生、郑桂华两位教授都提出过要依据文章体式确定教学内容。《老王》是一篇回忆性散文。回忆性散文里有两个"我"，一个是事件发生当时的"我"，另一个是写这篇文章时的"我"。这二者虽然都是作者本人，但是不同时期的作者本人在情感、心态、价值观等方面是有所不同的。《老王》所写故事发生时的"我"，有爱心，有同情心，同时又有知识分子特有的清高，对不幸者老王的态度与情感，更多地表现为物质上的公平交易和有限的同情，而无精神情感上的对等交流。写作《老王》时，所写人物和事件已经过去多年，从"文化大革命"的苦难中走过来的年近古稀的"我"，是带着严肃的自省精神在审视当年的自己，深深忏悔自己当年在精神上对老王的冷漠。明白这一点，教师才能带领学生更好地体会作者写《老王》时的心情和目的。教学《老王》时，黄厚江老师在处理回忆性散文中的两个"我"时，设计的问题很高明："大家想想，如果说当年的杨绛是以一种居高临下的眼光看老王，是保持着一种距离和老王交往，

① 王荣生.阅读教学设计的要诀：王荣生给语文教师的建议[M].北京：中国轻工业出版社，2014：174-176.

② 黄厚江.《老王》教学实录及反思[J].语文教学通讯，2012(25)：20-26.

那么当她写这篇文章的时候，当她愧怍于老王的时候，她是用什么样的眼光来看老王的呢?”

《老王》还是一篇写人记事的叙事性散文。叙事性散文很容易被当作小说来教学。因为很多教师常常会把教学内容聚焦在人物、事件上，对文章的主题或中心思想进行归纳。也有教师教《老王》时，总是先把教学重心放在分析老王这个人物形象上，然后再从“我”对老王的情感态度中获得启示，得出“要关心、同情弱者”的主题，最后再进行拓展，列举出生活中还有像老王一样的弱者需要关心。这样的教学设计显然忽视了散文的特点，把散文当作小说教了。这样教学显然也与作者要表达的真正写作意图大相径庭。散文的言说对象是高度个性化的，作者之所以写散文，是想通过所写的人、事、物、景，与他人分享一己之感、一己之思。所以，教学《老王》这篇叙事性的散文，最终的落脚点应该是透过老王的形象，以及老王与作者交往的经历，去触摸、体味作者悲天悯人、反观社会、反省自我的情怀和精神。

教学《老王》，黄厚江老师在准确定位《老王》的文章体式——写人记事的回忆性叙事散文后，选择了与文本体式特征密切相关的教学内容。首先，开课伊始，黄老师就将《老王》的体裁和读散文的方法清楚明白地告诉学生:“今天，我们一起学习《老王》。这是一篇现代散文，也是一篇写人的散文。大家注意，读现代散文，读写人的散文，不仅仅要关注文章所写的那个人，还要或者说更要关注文章中的‘我’，也就是作者。”没有什么花哨的导入，只用简单质朴的语言就直入散文教学的内核——既关注文章写了什么，又关注文章中的那个我”，更关注作者的知、情、意。正如王荣生教授在《散文教学教什么》中所说:“散文阅读，不仅仅是为了知道作者所写的人、事、景、物，而是要通过这些人、事、景、物，触摸写散文的那个人，触摸作者的心眼、心肠、心境、心灵、心怀，触摸作者的情思，体认作者对社会、对人生的思量和感悟。”[①]

正是基于这种对散文体式特征的正确认识，接下来的教学环节黄老师才较为轻松地引导学生抓住文章中概括性的词语读，抓住作者写的主要事件读，抓住他人对老王的态度读，抓住老王的内心需求读，实现了对老王形象的全面解读。解读老王的目的，是为了读出老王善良、不幸中隐藏的渴望与需求。读出这一点，则是为了读懂杨绛，因为老王渴求的正是杨绛能给他却没有给他的亲人般的温暖。在接下来的解读杨绛环节中，黄老师引导学生抓住老王和“我”之间的关系去读，抓住“我”和老王之间的距离去读，结合“文化大革命”的背景去读，在多层次、有梯度的解读中，将杨绛善良与清高、愧怍与反省的形象清晰地展现在学生面前。整节课对人物的解读，其实都是在围绕杨绛进行的。正如黄老师自己所说，将这篇文章的教学重心放在了对“我”的解读上，把对老王的解读当作是解读作者的一个陪衬。

二、品味散文精准的语言表达

散文虽然不尚虚构，有着外在可以指认的言说对象，但言说对象总是带着强烈的个性色彩。郁达夫说过：“现代的散文之最大特征，是每一个作家的每一篇散文里所表现的个性，比从前的任何散文都来得强。”[②]对于散文个性化的语言，教学中教师一定要引导学生细细地去品味。同时，作家写散文时要展现的是他自己眼中的人、事、物、景，要传达的是他自己个性化的理解、思考和情感。所以，读散文一定要透过个性化的语言，去体察作者的情感。教学《老王》时，黄厚江老师就是紧紧扣住语言

---

① 王荣生.散文教学教什么[M].上海：华东师范大学出版社，2014：28-29.

② 郁达夫.《散文二集》导言[M]//刘云峰.1917—1927中国新文学大系导言集.天津：天津人民出版社，2009：132.

文字对课文进行解读和赏析的。

分析人物形象时，黄老师采用提取关键语言信息的方法，引导学生从抓关键词句入手进行概括："现在我们先来看看老王是个什么样的人。请大家阅读全文，找出文中概括老王特点的词。"学生找出"老实""不幸""脑袋慢""失群落伍"等词，从中感受到了老王的善良与不幸。为了进一步引导学生感受老王的不幸与内心深处的渴求，黄老师还引导学生体会了"有人说，这老光棍大约年轻时候不老实"中的"不老实"一词，理解老王不被同一阶层的人理解同情，反而遭嘲笑奚落的可悲事实。此外，黄老师还引导学生从"后来我坐着老王的车和他闲聊的时候，问起那里是不是他的家"与老王答非所问的回答"住那儿多年了"，读出了老王内心对家、对温暖、对亲情的渴望。体验作者独特的情感时，黄老师也是从品味文章精准的语言入手的。对于身处不幸却极其善良的把杨绛一家当作亲人看待的老王，杨绛是持一种怎样的情感态度呢？课堂上，黄老师引导学生抓住课文第8段寻找蛛丝马迹，并扣住关键句"老王，你好些了吗"品读这句话背后耐人寻味的东西，品出了杨绛语言背后的客套，以及与老王精神上的隔膜。此外，黄老师还引导学生从第11段中的"强笑"一词中，品出了杨绛接受老王鸡蛋、香油时的意外、尴尬、为难；并由"我知道，我知道——不过你既然来了，就免得托人捎了"，体察出杨绛对老王的不理解——丝毫未体察出老王是来进行临终前的告别，而且还将他仅有的一点珍贵的东西送给自己，而不是来换钱，可自己竟然以为很了解老王，硬是要给他钱。

"使卵石臻于完美的，并非锤的打击，而是水的且歌且舞。"[①]黄老师教学《老王》的这堂课，就像水在轻歌曼舞，紧扣关键字、词、句，在对精美

---

① 泰戈尔.飞鸟集[M]//李新纯.泰戈尔诗选.延吉：延边人民出版社，2009：43.

语言的涵泳中，让作者个性化的情思一点点地露出水面，从而让学生了解了在“文革”那样一个特殊年代里有一颗善良之心的老王，更让学生了解了作者杨绛经历的一段特别的心路历程，感受到了一个知识分子的良知与高贵的自省精神。

三、搭建支架，体会散文语言丰富的意蕴

散文描绘的景、物，记叙的人、事，往往渗透着作者对社会、人生的思考和感悟，有作者独特的人生经验在里面。然而，学生的人生经验与作者的人生经验是不对等的，文章里涉及的人、事、时代背景也和学生的现实生活隔着一大段距离。这种差距的存在，光靠教师的讲授就想将作者人生经验提纯为标签式的精神灌输给学生，学生是无法接受和消化的。这时，教师就需要搭建教学支架，让学生体会散文所传达的丰富而细腻的人生经验。

黄老师教学《老王》搭建的教学支架之一是传授方法。课堂上，黄老师引领学生解读文本、走进作者时，不管是对学习散文提纲挈领的指导——“读现代散文，读写人的散文，不仅仅要关注文章所写的那个人，还要或者说更要关注文章中的‘我’，也就是作者”，还是分析人物、体察作者的情感，或是教学生寻找关键词句进行析读，以及从具体的事件、他人的态度、作者与老王的关系等角度入手分析人物，都体现了教方法的教学主导思想。

黄老师教学《老王》搭建的教学支架之二是在学生思维受阻时及时引导、点播。课堂上，黄老师问学生老王的不幸有哪些时，学生因为人生经验不足认为还包括“年迈”时，黄老师没有马上否定，而是换了个角度反问道：“年迈？年迈也是不幸吗？黄老师也快年迈了，就不幸了吗？”学

生在这样轻松幽默的引导中，很快就意识到自己的错误。接着，黄老师又变换一个角度启发学生往正确的方向思考“老王心中最渴求的是什么”，并提醒学生注意老王答非所问的那句话——“住那儿好多年了”，引导学生最终悟出了老王最大的不幸是没有亲人和家。

黄老师教学《老王》搭建的教学支架之三是教给“知人论世”的读法。课堂上，为了让学生深入理解文章的中心句“那是一个幸运的人对不幸者的愧怍”，黄老师设计了这样一个问题：“作者是不是真的是幸运的人？”学生结合自己的人生经验只能回答出“作者和老王相比是幸运一些”。这时，黄老师又引入“文化大革命”的时代背景，帮助学生理解了杨绛“幸运的人”一句中包含的对自己严格的自省与自律的精神。

黄老师教学《老王》搭建的教学支架之四是创设角色互换的情境。老王最后一次送来鸡蛋和香油，显然只是为了给他最依赖、最亲近的人来送他最后一点珍贵的东西，可杨绛却硬给了他钱。课堂上，为了帮助学生更好地理解老王收下钱后内心的感受，黄老师让学生设身处地地当了一回老王，并用语言描述了老王此时此刻的心情。此外，为了让学生与杨绛写作《老王》时的情感产生更好的共鸣，黄老师还设计了很多换位思考的引导性问题。比如：“在作者心中，老王是个怎样的人？”“从老王的角度看作者，作者又是一个什么样的人？”“她愧怍于老王的时候，她又是用什么样的眼光来看老王的？”“在同学们眼中，作者是不是真的是幸运的人？”这种多角度的换位思考，让阅历有限的学生也能较快地进入作者的心灵世界。

总之，散文教学一定要紧扣文本体式，用教散文的方法教散文。即：既要关注文章所写的人、事、物、景，更要关注作者独特的情感体验；既要咬文嚼字，品味文章精准的语言，更要搭建支架帮助学生建立已有经验与作者经验之间的链接，最终理解作者个性化的情思与感悟。这才是教学散文正确选择教学内容的思路，而根据教学内容搭设教学支架，则是落实教学内容实现教学目标的有效手段。当然，关于教学内容的选择，还有进一步探讨的必要，因为课文按其功能可分为“定篇”“例文”“样本”“用件”“引子”，功能不同，教学内容的选择也应有所不同。

三 建构以“学的活动”为基点的阅读教学——兼评两则《小狗包弟》课例[①]

王荣生教授认为，讨论阅读教学，必须明了两个前提：(1)课文中存在高于学生的现有语文经验(思想、情感、知识)，学生凭借自己的生活经验和已有的阅读能力，自行阅读有困难或容易出问题的部分。这些困难或问题，往往就是文本的关键点。文本关键点与学生疑难处的重合，即教学点，也就是教学目标的所在。(2)阅读教学的任务，就是使原本难以到达教学点的学生，通过学习而达到。而学习，必须有学习内容(教学内容)，即语文知识——帮助学生解决教学点问题的语文知识，或称知识点。帮助、指导学生学习和运用相应的语文知识解决教学点问题，这就是阅读教学。[②]

这两个前提，其实就是对阅读教学“为什么教”“教什么”“怎么教”三个问题的概括回答。阅读教学得以存在的前提条件是明确课文的教学价值，“为什么教”即是对阅读教学价值的追问。回答“为什么教”要考虑两个要素：一是文本，即课文高于学生的现有语文经验；二是学生，即学

---

① 王从华，金新林．建构以“学的活动”为基点的阅读教学——兼评两则《小狗包弟》课例[J]．江西教育，2018(35)：8-12.(收入本书时有改动)

② 王荣生．帮助、指导学生打开审美的窗户——曹勇军老师《最后的常春藤叶》课例研习[J]．语文教学通讯，2018(4)：35-41.

生凭借自己的生活经验和已有的阅读能力，自行阅读有困难或容易出问题。因此，阅读教学目标所在处是文本关键点与学生疑难处的重合。阅读教学“教什么”，指的是教学内容问题，即语文知识；怎么教，指的是教学方法问题，即帮助、指导学生学习和运用相应的语文知识解决教学点问题的方法、策略和路径。在教学目标和教学内容相对确定的情况下，“怎么教”要解决的核心问题是“学的活动”的设计与组织。语文教师的主要任务就是选择、组织和充分展开“学的活动”，以期达成教学目标。因此，我认为，以“学的活动”为基点的阅读教学，应当具备以下几方面特征：(1)教学目标锁定在文本的关键词句和学生理解、鉴赏的困难点、疑难处；(2)教学内容的选择依据文本的体式特点和学情（学生的学习状态和具体的学习困难）；(3)学习活动嵌入促进学生阅读、体验、欣赏的语文知识；(4)学习活动的设计和组织符合学生的认知特点和学习兴趣；(5)学习活动时间充分完整，学生的学习经验有充分的表达和交流；(6)每个学生形成共同的学习经验，并最终达成学习目标。

在阅读教学中，学习阅读的主体是学生。教师的教是为了促进学生的阅读，最终目的是丰富学生的生活经验和语文经验，核心是掌握阅读的方法。散文阅读主要包括两个方面：一是分享作者独特的情感体验；二是品鉴个性化的语言表达。这两个方面都要落实到学生的阅读行为当中，即学生能找到这些句子，并能从这些句子中读出作者独特的情感体现和个性化的表达，而不是或不仅仅是老师找到这些句子并读出独特的意思和意味。因此，阅读教学中主要设计和开展的不是“教的活动”，而是“学的活动”，教师的教指向学生的学，并通过“学的活动”呈现出来。比较樟树中学汪文国（以下简称“汪文”）和华池一中雒宁峰（以下简称

“雒文”)两位老师《小狗包弟》的教学实录①②,我们看到了构建以“学的活动”为基点的阅读教学的必要性和迫切性。两个课例确定的教学目标和选择的教学内容相差不大,但在学习活动的设计和组织方面有较大差异,值得关注。

教学目标的选择基本相似。两个课例教学目标的共同之处是“抓住感情变化的词句”,梳理、理解和感悟作者的情感,但对情感的表述略有差异。“汪文”的表述是“忏悔和良知”,“雒文”的表述是“发自内心的愧疚、无奈、自责和忏悔之情”。其中,“良知”的表述稍显抽象,不如“内心的愧疚、无奈、自责”具体明确,但内涵基本相同。不同之处,“雒文”是从语言、思维和价值三个层面表述教学目标的,而“汪文”则通过行为动词整合知识、能力和情意来表述教学目标,但内涵也基本相同。两则课例选择的教学内容也大致相同。从教学的步骤来看,两则课例都安排了三个教学环节:(1)提取关键词,概括作者情感的变化过程;(2)了解“包弟”的不幸命运,深刻领会作者的情感变化;(3)知人论世,领悟作者自我反思的批判精神。其中,蕴含的核心语文知识是散文阅读的方法,即让学生向“表达情感变化的句子”上看,并能够看出作者“情感的变化”和“反思批判精神”或“忏悔和良知”。因此,两则课例选择的教学内容基本相同。

两则课例存在的巨大差异体现在“学的活动” 的设计。“汪文”的教学活动比较单一,基本上是“教师问、学生答”的活动形式,整堂课提了26个问题,说了两大段说明性话语和三段抒情性话语。上课伊始,汪老师直

① 汪文国.品读文字背后的忏悔和良知——《小狗包弟》第一课时教学实录[J].江西教育,2018(35):17-20.

② 雒宁峰.对话余生光阴中的忏悔与救赎——《小狗包弟》课堂实录[J].江西教育,2018(35):13-16.

奔主题，亮出本节课的学习篇目，然后用一个正反问——“文中的小狗和我们同学家养过的小狗是否一样呢?”引出阅读任务，板书“小狗包弟是一只_____的狗”，接着，就在一问一答中梳理包弟的不幸。在教学的第二个环节，首先提出问题，然后经过数次提问和几次对学生回答的反馈，引导学生梳理作者情感变化的过程。在教学的第三个环节，汪老师在提问之外，加入了两大段介绍“‘文革’时代特点”的话语，在课堂教学结束之前，说了两大段抒情性话语，学生在齐读“巴金先生的颁奖词”以后，又说了一段抒情性话语，结束本课。从学生的角度来看，除了少数学生不断地回答教师的提问之外，大多数学生只是被动听取了几个学生的发言和老师说的两段背景介绍、三段与作者情感有关的抒情性话语。从教师“教的活动”来看，似乎是很有条理，但从学生“学的活动”来看，比较零散，形式较单一，整班学生并没有形成共同的学习经验。与“汪文”比较，“雒文”中“学的活动”设计比较有特色。雒老师在课堂上组织了四个教学活动：(1)说与“狗”有关的成语，从感情色彩的角度切入课文的学习。这一活动激活了学生的思维，并与课文内容关联起来，为下一步学习活动的展开做了很好的铺垫。(2)讨论“巴金先生为什么要对小狗包弟表达这样的情感”。这一学习活动提示支架运用得很好，直奔散文表达的重心和核心语段，可惜活动没有充分展开。(3)小组合作探究：“巴金先生为什么要对小狗包弟表达这样的情感?”“巴金是否该对小狗包弟的悲剧命运该负责任，为什么?”两个问题密切相关，层层递进。活动形式由个体讨论到小组合作讨论，体现了学习活动设计的变化，为高难度的问题解决提供了支架。在这里，雒老师还嵌入了两个体验活动：一是联系生活经历，分享交流甩掉包袱的感觉；二是“写出与自己有关的五个人的名字”，体验划去四人的感受，深化了学生对语言的理解和体验。(4)讨论

“从对小狗包弟的回忆中，我们能够看出这是一个怎样的巴金”，如果这个讨论活动换成写作活动，如“给巴金先生写一段颁奖词”，可能会有更好的学习效果。这四个活动设计相对比较丰富，既有个体活动、小组活动，也有讨论活动和体验活动。更难能可贵的是，雒老师在组织讨论前，总会为学生的学习搭设支架，例如，提供讨论提示、背景资料等。讨论结束后，还会对学生的回答进行梳理、整合和提升，促进学生阅读经验的改善。

然而，从活动理论研究的最新进展考察“学的活动”，就会发现阅读教学中“学的活动”设计和组织还有许多需要改进。恩格斯托姆对第三代“活动理论”进行归纳，总结出以下特征：(1)以集体性的、作品中介的、对象导向的活动系统为分析单位，同时与其他活动系统加以关联；(2)注重活动系统中的多重声音；(3)注重活动系统的历史性，即要从活动自身的历史中探寻活动的问题和潜能；(4)活动系统中的矛盾是变革和发展的源泉；(5)活动系统在发展中可以进行拓展性的变革，成员在矛盾出现时能进行反思和寻求变革，从而推进整个系统的质的转换。[①]

参照上述理论特征，我们发现，阅读教学中“学的活动”应具有合作性、对话性、过程性和生成性等特征。课堂教学是集体性的，合作学习是对集体学习和个体学习的超越。根据建构主义心理学的观点，在学习活动展开的过程中，每个学生都是带着已有的经验进入新的学习场域的，学习的过程是在已有经验的基础上与他人的对话中生成的。根据活动理论，课堂教学中的学习活动应该是一个系统。阅读教学中的学习活动是一个复杂的系统，除了包括教与学主体、客体、工具、主体所在的群体

① ENGESTRÖMY, MIETTINENR, PUNAMÄKIRL. Perspectives on activity theory[M]. Cambridge:Cambridge University Press,1999.

以及该群体的组织规则和任务分工等要素外，还包括特定学习情境中形成的学习需求和学习目标，以及活动结束时形成的学习成果。建构以"学的活动"为基点的阅读教学，也要依照活动理论，设计、组织、开展丰富多样的学习活动，并围绕阅读教学任务和学生的认知规律形成"学的活动"的链条。在纵向上，让学生的阅读在认知层级上有阶梯的递升或方面的扩展；在横向上，让全班同学建立相互的关联并形成相同的经验。

具体而言，建构"学的活动"为基点的阅读教学应做好以下三件事：(1)任务情境的创设。学习任务包括目标、任务和活动，依据这一篇或一组选文（专题学习）的体式特点和学情特征设定。如汪胡英老师的《风筝》课例[①]，设计了两个学习任务：一是自由朗读课文，把握课文大意；二是用点画评注的方式把握作者的情感。这里的活动目标分别是把握课文大意、把握作者的情感，活动是自由朗读和点画评注，任务明确又开放，既符合散文文体的特点（散文的重心是表达作者独特的情感体验），也兼顾到学情特点。(2)学习支架的设计使用。学习支架的基本作用是激发学习兴趣、提供学习帮助，阅读教学中学习支架往往嵌入语文知识和百科知识，常见的形式有阅读材料（文字、图片、视频、音频）、思维导图、问题、活动（头脑风暴活动、小组讨论活动、交流展示活动）等。如雒老师在《小狗包弟》课例中提出的问题、思考提示、补充的阅读材料、交流对话活动（如说"狗"的成语、说"甩掉包袱的感觉"、划掉亲人的名字）等都是学习支架。学习支架的设计要紧紧围绕学习任务，并处于学生的最近发展区内；支架的量要充分，呈现要及时。如《风筝》课例，在呈现两条批注示例（"北京的冬季，地上还有积雪，灰黑色的秃树枝丫叉于晴朗的

① 王荣生.系列讲座：教学内容的选择与教学环节的展开（第五讲）教学流程就是"学的活动"的充分展开[J].语文学习，2010(3)：23-27.

天空中”“它只是很重很重地坠着，坠着”）后，再要求学生自主批注，就为学生的学习活动提供了适时的帮助。(3)学习活动链条的组织和推进。比如曹勇军老师的《最后的常春藤叶》①设计的两个学习任务：“依据课文，展开想象，写一段文字，描写贝尔曼那天夜里画常春藤叶的场景。”“假如欧·亨利把我们想象的这个片段写到小说里面去了，你们觉得好不好？为什么？”可谓环环相扣，形成了活动链条，把小说的阅读推向了文本深处。

当前，高中语文阅读教学，亟需由“教的活动”转向以“学的活动”为基点的课堂教学。语文教师必须明白：阅读教学是教会学生阅读和鉴赏，教学目标的确定和教学内容的选择都要基于学情，而教学活动的设计和组织是促进学生阅读经验丰富、扩展和细化，并提升阅读能力，丰富情感体验的核心要素。在高中阶段，阅读教学的重心已由“理解”转向“欣赏和评价”，阅读教学应设计、组织更多的“欣赏评价”活动，历练学生高水平的语文能力。因此，《小狗包弟》阅读教学目标不应止于梳理、理解和感悟作者的情感，终点目标应当落到评鉴作者朴质平淡的语言蕴含的丰富的情感和深刻的思想上。一般来说，散文评鉴的内容主要有：(1)感知文字、声音唤起的形象和情感；(2)品味精准的语言表达，分享作者的人生经验；(3)品读留白语言，评鉴语篇结构和表现手法，充分体验和分享作品传递的语文经验和审美情趣。基于此，语文教师可设计互文解读（巴金的《随想录》、冯骥才的《一百个人的十年》）、比较阅读（杨绛的《老王》）、改写（替换关键词或改写为一首诗）等学习活动，组织学生充分展开对这一篇课文语言运用艺术的体验、欣赏和评价。

---

① 王荣生.帮助、指导学生打开审美的窗户——曹勇军老师《最后的常春藤叶》课例研习[J].语文教学通讯，2018(4):35-41.

第五节 戏剧课例研究

一、《雷雨（节选）》课例述评[1]

戏剧作为文学作品的主要体裁之一，是文学教育的重要内容，一直在高中语文教学中占有重要位置。2003年以来，在已出版的新课标高中语文教材中，除北师大版外，其他版本的高中语文教材都节选了《雷雨》的第二幕。这部分选文情节相对简单，人物关系线索单一，但其内容有较高的艺术性，人物之间的对话具有丰富的潜台词，微妙地传达出了人物的心理活动及个性特征，既暗示了故事情节发展的脉络，又为后文的矛盾爆发埋下了伏笔，有利于学生获得“演员感”“观众感”和“剧场感”。应该说节选这一部分进入高中教材是比较合适的。如表2-5-1所示，人教版教材把《雷雨（节选）》放在必修四第一单元，具体编排呈以下特点：(1)选文兼顾到古今中外的戏剧文本，意图是让学生学会从矛盾冲突、人物语言等方面掌握欣赏戏曲或话剧的方法。(2)练习设计抓住了戏剧文本的主要特点：戏剧冲突和戏剧人物的语言。

① 王从华，施旭辉.新课程改革以来高中戏剧类课文教学的进展与问题——基于11则《雷雨（节选）》课例的分析[J].现代基础教育研究，2016，21(1)：122-128.

表2-5-1 人教版《雷雨(节选)》内容编排表

单元	单元组合	单元导语	课文练习
必修四第一单元	《窦娥冤》《雷雨(节选)》《长亭送别》《哈姆莱特》	这个单元学习中国古代戏曲和中外话剧……欣赏话剧剧本,应当注意把握剧中的主要矛盾冲突,品味富于个性化的人物语言。进一步,也可以试着从舞台演出的角度,去推想戏剧的艺术效果。	1.仔细阅读课文,把握周朴园、鲁侍萍的性格,回答下列问题(略)。 2.戏剧人物的语言往往有潜台词。揣摩下列语句(略),回答括号中的问题,体会人物语言的内涵的丰富性。 3.有条件地阅读《雷雨》全剧,在班上就有关问题开一个读书讨论会;也可以从剧中找出一些精彩片段表演出来。

一、《雷雨(节选)》教学目标述评

关于戏剧教学,《普通高中语文课程标准(实验)》在必修部分"阅读与鉴赏"课程目标中指出:"在阅读鉴赏中,了解诗歌、散文、小说、戏剧等文学体裁的基本特征及主要表现手法。了解作品所涉及的有关背景材料,用于分析和理解作品。"本文收集了2003至2013年公开发表的11则课例,通过随机编码的形式进行比较[1]。如表2-5-2所示,《雷雨(节选)》一文的教学目标大多定位在三个方面:(1)认知类目标。这11则课例中,设定了"认读能力"目标的有5个,占45.5%;设定了"理解能力"目标的有4个,占36.4%,设定了"分析能力"目标的有9个,占81.8%,设定了"评价能力"目标的只有1个,占9.1%。(2)动作技能类目标。这11则课例都没设置此类目标。(3)情意类目标。这11则课例中,设定了"培养人文情怀,增强对社会、人生的理性认识"等情感类目标的有3个,占27.3%。但从这三类目标的表述来看，戏剧类教学目标基本集中在认知类目标的认读、理解和分析等较低层次，而情意类目标表述又比较空泛。

表 2-5-2 《雷雨（节选）》课例教学目标预设比较表

课例编号	认知类目标	动作技能类目标	情意类目标
1	1. 了解《雷雨》全剧内容和作者的生平资料，并初步理解主题。（认读能力） 2. 分析周朴园的形象。（分析能力）		
2	品味戏剧语言，把握人物心理与个性。（理解能力）		
3	1. 分析鲁侍萍和周朴园的性格特征。（分析能力） 2. 品评《雷雨（节选）》课本剧表演。（评价能力）		
4	揣摩人物语言，分析周朴园的性格。（分析能力）		
5	1. 了解一些戏剧知识、曹禺的生平及《雷雨》的接受史，以及有关悲剧的相关知识。（认读能力） 2. 分析人物形象的个性及思想内涵，从而去感悟、思考本剧作为文学文本的文学性及其思想深度。（分析能力）		
6	1. 培养学生在阅读中质疑——探究意识，提高学生多元解读作品的能力。（理解能力） 2. 从品味个性化语言入手，深入挖掘人物内心世界，把握人物性格。（分析能力）		从人性化层面解读文本，培养人文情怀。
7	1. 了解戏剧语言的独特魅力。（认读能力） 2. 了解人物性格的复杂多变。（认读能力） 3. 学习鉴赏解读戏剧语言，通过戏剧语言分析人物性格。（分析能力）		关注人性矛盾与人性悲剧，审视自身的人性弱点。

续表

课例编号	认知类目标	动作技能类目标	情意类目标
8	1.了解戏剧常识;了解故事情节及人物之间的矛盾纠葛。(认读能力) 2.品味台词,揣摩人物的行为特点,深入认识戏剧冲突,把握剧中人物形象。(分析能力)		辨析悲剧的性质及成因,增强对社会、人生的理性认识。
9	1.了解剧本及其鉴赏的方法。(认读能力) 2.从剧本语言入手,分析周朴园的人格构成。(分析能力)		
10	理解剧中周朴园、鲁侍萍性格特点和感情走向。(理解能力)		
11	1.品味话剧语言,体会潜台词的丰富内涵。(理解能力) 2.分析周朴园复杂的内心世界。(分析能力)		

根据课程标准的要求,戏剧教学要抓住戏剧文体的"基本特征及主要表现手法"进行阅读鉴赏,那么上述教学目标的预设体现了《雷雨》独特的文体特征和表现手法了吗?"戏剧是借助文学、音乐、舞蹈、美术等艺术手段塑造艺术形象的一种综合性舞台艺术",即"戏剧是用来让演员表演的,是演员演出来给观众看的艺术样式"①,表演性是戏剧文学的首要特征。作为人教版普通高中语文必修教材中唯一的戏剧单元的精读选文,《雷雨(节选)》的教学目标不仅要体现戏剧文学这种文体特征,也要突出《雷雨》独特的表现手法,上述11则课例预设的教学目标基本是围绕抓住矛盾冲突,品味戏剧语言,分析周朴园和鲁侍萍等人物的形象特征、性格或内心世界展开的。从这些目标的设定来看,还是抓住了戏剧文本的一些重要特征的,即戏剧只能通过人物自身的语言和行动来表现自身

① 孙慧玲.把戏剧当成戏剧来教——以《雷雨》教学为例[J].当代教育科学,2007(14):47-49.

形象；但大多数教师在设定目标时普遍忽视了戏剧文学的另一个重要特征，即剧本的表演性特征，“戏剧文学阅读教学的关键，是教给学生将剧本还原为‘剧场’的‘表演’的知识与能力”，戏剧文学教学的精要是“基于戏剧模式的阅读模式的获取”，“包括演员感、舞台感、观众感、剧场感等的获得”①。另外，《雷雨》文本的突出特点是通过转换话题和故意打破合作对话原则来刻画人物性格、推动情节发展的，而大部分课例仅仅通过抓住矛盾冲突、品味戏剧语言来分析周朴园、鲁侍萍等人物的形象特征、性格或内心世界，但在教学实施中更多的则是贴标签，没有带领学生抓住关键字词品析剧中人物的情感和矛盾冲突的性格特征。相比较而言，课例8和课例11教学目标的设计比较贴近《雷雨》文本的个性特征。理想的教学目标应当与课程目标相一致，而上述教学目标（课例3和课例11除外）在一定程度上体现了了解戏剧等文学体裁的基本特征及主要表现手法的课程目标。

二、《雷雨（节选）》教学内容选择述评

《雷雨（节选）》课例涉及的教学内容主要有九个方面（见表2-5-3）：（1）了解作者、作品相关知识，8个课例，占72.7%；（2）分角色朗读课文，6个课例，占54.5%；（3）观看影视作品，3个课例，占27.3%；（4）把握戏剧冲突、戏剧情节和戏剧语言，5个课例，占45.5%；（5）抓住语言或动作等细节描写，感悟人物心灵的冲突与碰撞，7个课例，占63.6%；（6）通过品味语言分析人物性格，9个课例，占81. 8%；（7）探讨造成人物悲剧命运的原因或主题，5个课例，占45.5%；（8）赏析《雷雨》戏剧语言的特色或丰富的潜台词，2个课例，占18.2%；（9）课本剧表演与评析，4个课例，占36.4%。

① 李海林.文学作品阅读教学思路[J].语文学习，2010(6)：21-24.

表2-5-3 《雷雨》课例教学内容一览表

教学内容	课例编号										
	1	2	3	4	5	6	7	8	9	10	11
1.了解作者、作品相关知识	√			√	√	√	√	√	√	√	
2.分角色朗读课文	√	√			√		√		√	√	
3.观看影视作品	√				√					√	
4.把握戏剧冲突、戏剧情节和戏剧语言			√	√		√	√		√		
5.抓住语言或动作等细节描写，感悟人物心灵的冲突与碰撞	√	√	√	√	√		√				√
6.通过品味语言分析人物性格	√	√	√			√	√	√	√	√	√
7.探讨造成人物悲剧命运的原因或主题			√	√			√	√	√		
8.赏析《雷雨》戏剧语言的特色或丰富的潜台词			√		√						
9.课本剧表演与评析			√	√				√			√

“依据体式来确定教学内容”和“根据学情来选择教学内容”[①]这种观点，我们需要进一步思考《雷雨》独特的文本体式的特点，把戏剧当作戏剧来教。上述课例选择的教学内容主要是围绕抓住矛盾冲突、品味戏剧语言，来分析周朴园、鲁侍萍等人物的形象特征、性格或内心世界这一核心教学目标而选择的，这无疑是正确的，但做得还不够。换言之，还需要深究戏剧表演性的特点和人物对话中丰富的潜台词所产生的艺术效果。上述11则课例都能抓住人物语言分析人物性格，但是，只有少部分课例把戏剧的表演性（3个课例，占27.2%）和潜台词所产生的艺术效果的赏析（2个课例，占18.2%）选为教学内容。其次，教学内容的选择要依据学情是指教师要教的内容与学生要学的内容是一致的，“是学生不喜欢的

① 王荣生.系列讲座：教学内容的选择与教学环节的展开（第二讲）依据文本体式确定教学内容[J].语文学习，2009(10):33-38.

地方，是学生读不懂的地方，是学生读不好的地方”[①]。就《雷雨（节选）》而言，学生不喜欢、读不懂、读不好的地方集中体现在以下两个方面：（1）从演员视角阅读以获得舞台感、演员感，从观众视角阅读以获得观众感、剧场感；（2）如何运用对话和话题转换来产生丰富的潜台词，从而达到推动矛盾冲突、刻画人物性格的目的。因此，课例2通过选择“洋火”“你们”“汗涔涔”等对话细节，进行朗读、讨论、感受和体验的教学内容，是比较符合戏剧的文本体式的，课例11选择的“朗读体验舞台感”“品味丰富的潜台词走近戏剧人物”和课例3、4、8、11选择的课本剧表演也是较为合宜的教学内容。

三、《雷雨（节选）》教学方法述评

就一堂课而言，教学方法一般指的是技术层面或操作层面具体的方法。判断方法合适与否的主要依据是教学内容。本文中的11则课例选择的重点教学内容主要集中在两个方面：（1）抓住语言或动作等细节描写，感悟人物心灵的冲突与碰撞；（2）通过品味语言分析人物性格。如表2-5-4所示，就上述两方面的教学内容，教师们选择的教学方法有朗读体验法、讨论法和点拨法，这些方法与新课程标准提倡的自主、合作、探究的学习方式是一致的。但如果进一步追问“讨论什么”“怎样进行讨论”等问题，许多课例运用的教学方法就值得商榷了。如就“抓住语言或动作等细节描写，感悟人物心灵的冲突与碰撞”这一内容运用朗读体验法和讨论法，对于大部分课例来说是比较适当的，这些讨论有的放矢，且有利于引领学生参与其中，感受戏剧语言的表演性特点。而课例4围绕“一张支票的目的”展开讨论，显然偏离了对戏剧这种文学形式刻画人物的

① 王荣生.求索与创生：语文教育理论实践的汇流[M].济南：山东教育出版社，2013：257.

独特手法的感受和体验，这种问题的讨论很难让学生走进文本、理解文本。与此类似，针对“通过品味语言分析人物性格”这一教学内容，课例1、6、9、11设计的问题“周朴园对鲁侍萍还有感情吗”，则容易脱离对人物语言的具体分析而流于形式；课例3、5、7抓住“绸衬衣”“连你都不认识了”“做梦”“儿子”“五千元支票”等细节问题进行讨论，设问具体但容易导致对人物理解的碎片化。相比较而言，课例10能紧扣戏剧文学的特点，抓住经典对话展开分析，不仅有利于把握戏剧文学通过对话塑造人物形象的手法，而且有利于学生获得演员感、舞台感、观众感和剧场感。

表2-5-4 《雷雨(节选)》课例两方面教学内容选择的教学方法比较

课例编号	抓住语言或动作等细节描写，感悟人物心灵的冲突与碰撞	通过品味语言分析人物性格
1		小组讨论，再全班交流。
2	朗读、讨论和点拨。	
3	提示、点拨。	讨论人物的性格。
4	讨论分析人物心理。	朗读、讨论。
5	抓关键词句进行想象和描绘、讨论。	抓住细节讨论。
6		讨论分析。
7		朗读、讨论，分析周朴园的性格。
8	示范欣赏，合作讨论，教师点拨。	
9		讨论分析。
10	讨论。	通过抓住具体的语言和补充相关情节来讨论、分析周朴园的性格特点。
11	分角色朗读体验。	讨论分析周朴园的性格特点。

四、戏剧类课文教学的进展

戏剧是文学作品的重要的文体样式，是中学语文教学中不可或缺的教学内容。《普通高中语文课程标准（实验）》在必修部分强调了戏剧教学的重要性，选修部分则单列“小说与戏剧”系列，从六个方面阐释了“小说与戏剧”的课程内容和学习目标。然而在实际教学中，由于戏剧与高考在形式上联系不够紧密，受“高考考什么就教什么”惯性思维的影响，大部分戏剧类文本在教学中没有受到重视。本文选择的11则课例，充分体现了新课程改革以来一线优秀教师在戏剧阅读教学方面的努力和探索，也展现了戏剧类课文教学的最新成果，主要体现在以下方面：(1)教师们越来越重视高中阶段的戏剧类课文的教学，在教学取向上，开始关注戏剧类课文的体式体征，尝试用阅读戏剧的方法教学生阅读和鉴赏戏剧作品。(2)教学目标的设定和教学内容的选择趋向合理，突出分析能力的培养。近年来的一些课例正由了解戏剧知识、分析戏剧人物和戏剧主题等较低认知水平的目标转向更高认知水平的目标：品味话剧语言，体会潜台词的丰富内涵，分析人物复杂的内心世界。部分课例开始把体验戏剧的观众感、演员感作为教学目标，并选择了恰当的内容，这是特别值得肯定的。但认知类目标设定的层次普遍较低，缺少评价类目标和创造类目标及相关教学内容的选择。(3)教学方法呈现多样趋势，力求与教学内容相匹配，特别是分角色朗读指导和围绕表演的讨论与分析等教学方法的运用，对学生走进戏剧文学的天地有很好的导向作用。这些进展也给戏剧类课文的教学指明了方向：教师在引导学生通过对戏剧文本的阅读获得观众感的同时，也要指导学生获取戏剧演员的演员感、舞台感和剧场感。这也是戏剧课文类教学的难点之所在。

五、戏剧类课文教学的问题与思考

目前，高中戏剧类课文教学仍然存在一些值得探究的问题，我们必须从课程、教师与评价层面进行思考和讨论。

1.语文课程教材层面的讨论

一堂好课的理想标准是课程目标的有效达成，具体而言，就是教学内容与语文课程目标相一致，教学内容切合学生的实际需要。但语文课程标准中关于戏剧部分的课程目标不够具体明晰，比如针对“了解……戏剧等文学体裁的基本特征及主要表现手法”这一目标，对戏剧文学题材的基本特征是什么，主要表现手法是什么等方面都留下空白，而对于戏剧教学内容课程标准几乎没有规定。从语文教材编写情况来看，也不容乐观，通过前文人教版《雷雨（节选）》的编排来看，虽然练习题能紧扣戏剧课文的文体特征设问，但对教师教什么、怎么教而言，还是存在太多的不确定性。另外，戏剧类课文数量偏少，课文内容缺少有效的统整。

2.语文教师层面的讨论

在新课程改革背景下，语文教师的教学理念发生了一定程度的积极变化，但随着课改的深入，语文课堂教学问题集中体现在三个方面：（1）教师对语文课程的性质理解得不准确，导致课堂教学目标的错位；（2）教师对语文课程新理念理解的偏差，导致教学内容与方法选择不当；（3）教师受应试教育惯性的影响，导致课堂教学固守传统，没有发生本质的变化。通过上述目标预设情况的分析可以看出，大部分语文教师选择的教学内容主要集中在介绍戏剧知识、理清情节发展、分析人物性格和探究作品主题等方面。与此同时，由于忽视对学情的有效分析，教学内容与学生的实际需求有较大差距。教学的形式主要表现为单篇课文的阅读教学，缺少专题教学形式的设计。因此，语文教师教学水平的提升不仅需要发展“实践性知识”，也需要提升自己的学科知识和学科教学知识。“把戏剧当作戏剧来教”[①]，依据学情选择合宜的教学内容，并能突破单篇课文的教学模式，开展专题教学，通过丰富的教学内容和灵活的教学方式激发学生学习戏剧的兴趣，促使其形成较为全面的语文素养。

3.考试评价层面的讨论

戏剧教学在中学语文教学中不受重视的另一重要原因是中高考几乎没有与戏剧直接相关的考题，尽管各地历年高考语文考试大纲会在“文学类文本阅读”中提到“戏剧”。因此，大部分语文教师对高考做出的判断是“考查戏剧文体的可能性极小”。考试评价脱节必然导致戏剧教学地位低下。从国外语文考试情况来看，大部分欧美国家都选择了戏剧文体作为重要考试内容并做了详细的说明。例如，英国《牛津、剑桥和皇家人文学会联合考试委员会普通中等教育证书、英语课程考试大纲》[②]在单元四“传统文学与想象性写作”部分规定了对“阅读英国文学传统作品——莎士比亚剧本”的考核要求，单元五“口语与听力”部分规定了“参加戏剧表演活动”的考核要求。在“传统文学”评分标准中，把对“莎士比亚剧本”的阅读分为八个等级，最高等级是1级，要求考生在评价中能显示三个方面的“分析与阐释技能”：第一，“剧本的寓意，哲学意义和社会反响”；第二，“莎士比亚剧本的表演技巧和观众的反响”；第三，“句型与词汇、人物形象的细节描写”。这些评价内容可以说是紧扣戏剧文本的体式的，既注重人文精神的熏陶，又注重对戏剧“表演性”和“对话性”的

① 孙慧玲．把戏剧当成戏剧来教——以《雷雨》教学为例[J]．当代教育科学，2007(14)：47-49.

② 洪宗礼，柳士镇，倪文锦．母语教材研究：卷六 外国语文课程标准译介[M]．南京：江苏教育出版社，2007：19-48.

考查。因此，中高考关于戏剧文本的考查要借鉴国外的先进经验，进行合理设计并落到实处，这对促进戏剧教学具有重要的导向作用。而在教学层面，要加强对戏剧教学内容选择和方法运用的研究，紧扣戏剧的文本特征，把戏剧当作戏剧来教。

【注释】

[1]选择的课例有：

(1)谭轶斌，王云峰.换个角度学《雷雨》——《雷雨》教学实录及评点[J].语文建设，2003(12)：14-17.

(2)童志斌.由语言走进文本，由语言深入内心——《雷雨》教学实录[J].中学语文教学，2005(3)：15-18.

(3)孟丽华.换一种方法教《雷雨》[J].语文建设，2007(10)：34-35.

(4)元泽.《雷雨》课堂教学实录[J].语文教学与研究，2008(4)：46-47.

(5)张海容.《雷雨》教学设计及反思[J].语文教学与研究，2008(19)：56-57.

(6)黄孟轲.《雷雨(节选)》备教策略[J].语文教学通讯，2008(Z1)：57-60.

(7)卢军良，张玉新.《雷雨(节选)》教学简案及评点[J].语文教学通讯，2010(7)：15-16.

(8)王志敬.《雷雨》教案[J].中学语文，2010(9)：41-43.

(9)张红梅.《雷雨(片段)》一课时教学设计[J].现代语文(教学研究版)，2010(6)：81-82.

(10)章浙中.让鱼儿回归大海——《雷雨》课堂实录及反思[J].语文教学通讯，2011(31)：21-24.

(11)郭尚民，万福成.《雷雨》课例赏鉴[J].语文教学通讯，2013(Z1)：60-64.

第六节 实用文课例研究

一 《呼风唤雨的世纪》课例评析[①]

在特定的语文课堂教学时空里，教学活动既有教师“教的活动”，也有学生“学的活动”，而“学的活动”又分为学生个体的学习活动和群体的学习活动。“活动理论”中“学习共同体”理论，“引进了规则、共同体和分工等三个社会要素，从而把个体与共同体的互动凸显出来，并且强调存在于活动系统中的矛盾对于变化与发展具有的推动作用”[②]，为语文课堂教学活动设计与组织打开了新的天地。课堂教学无疑也是一个复杂的活动系统，语文教师、学生和共同体围绕“教什么”“学什么”“怎么教”“怎么学”等问题展开的互动，也是复杂的、丰富的、多样的。可以说，在教学目标明确、教学内容合宜的前提下，教学活动设计和组织是否合理有效，决定着课堂教学的成败。令人遗憾的是，阅读教学活动设计与组织，并没有引起广大语文教师的重视。本文以小学四年级的实用文《呼风唤雨的世纪》为例，分析实用文阅读教学活动设计与组织方面存在的问题，并提出应对的策略。

① 王从华，徐静，夏文强.实用文阅读教学中常见的问题与对策——《呼风唤雨的世纪》教学课例评析[J].江西教育，2018(29)：8-13.

② 钟启泉.教学活动理论的考察[J].教育研究，2005(5)：36-42+49.

一、导入新课，激发思考

师：同学们，当你按动遥控器吹空调的时候，当你躺在按摩椅上享受的时候，当你和远方的朋友视频的时候，当你打开网页查阅资料的时候，你感觉到什么？

生：科技越来越发达。

生：要什么就有什么，想去哪里就能去哪里，生活真方便。

师：今天我们就来学习一篇介绍现代科技成就的文章——《呼风唤雨的世纪》。（板书课题）

师：这篇课文是一篇科学小品。

PPT：科学小品又叫文艺性说明文，它用准确生动的语言介绍科学知识，经常运用举例子、列数字、下定义、打比方、作比较等说明方法。

师：我们以前学过这一类文章，大家还记得吗？科学小品应该怎么读呢？

生：读三年级时，学过一篇课文《太阳》。老师告诉我们，可以根据课题来猜课文写了什么，《太阳》这一课就写了太阳的有关知识。

师：嗯，根据课题来猜科学小品的内容，是一个不错的方法。看到这个课题，你有什么疑问吗？

生：老师你刚才说，这是一篇介绍科学成就的课文，那为什么标题用"呼风唤雨"这个词？

生：谁在呼风唤雨？

生：用什么来呼风唤雨？

师：大家真会思考！让我们带着疑问，到课文中去寻找答案吧！

评析一

本环节的主要教学活动是师生问答活动，活动的主体是教师。教师在这一环节提了三个问题：(1)列举学生熟悉的四个生活画面后，提问“你感觉到什么”。就问题本身而言，这个问题的提示语很不清晰，所幸的是，第一个学生的回答与教师想要的答案比较接近。然而，这时导入课文，时机还不成熟，原因是“科技越来越发达”“生活真方便”与课题的关系没有梳理清楚，因而，教师迫切地引出课题，在某种程度上忽略了学生的感受，影响了下一个环节的开展。(2)教师先介绍“科学小品”的概念，再提问“科学小品应该怎么读”的做法似乎不妥当。四年级的孩子很难理解“科学小品”这个抽象的概念，对“科学小品应该怎么读”更是不知如何回答。从学生回答的情况可以看出，大多数学生不知“科学小品”为何物，当然也就不知道如何阅读了。(3)“看到这个课题，你有什么疑问吗”这个问题提得比较恰当，让学生从标题入手，培养他们的“探究”意识，为下面的阅读活动做了很好的铺垫。令人遗憾的是，教师“提问”没有促进学生“学的活动”充分展开。

江苏小学语文名师薛法根老师的课例《真理诞生于一百个问号之后》[①]，也是从“标题”开始读起的，在教学活动的设计和组织方面非常值得借鉴。薛老师在这个教学环节主要组织了两个教学活动：一是指导学生注意停顿，读准标题；二是指导学生针对标题提问。第二个活动设计尤为精彩，当学生没有问题的时候，教师提示：“你们现在一个问题都没有，就认为这句话是真理了？”“敢于怀疑别人的观点，勇于提出自己的疑问，是诞生真理的先决条件，这叫科学精神。”“这句话本身就是真理，你信吗?”这三句话层层递进，先提出假设，然后教给提问的依据，最后提示提问的角度，很好地激活了学生思维。在教师的引导下，学生先后从自己的经验出发，连续提出了五个问题，达到了教会学生提问的目的。

① 王荣生.实用文教学教什么[M].上海：华东师范大学出版社，2014：188-190.

二、初读课文，感知“呼风唤雨”

PPT：自由朗读课文，读准字音，读通句子。

评析二

这里为什么用朗读呢？科学小品的阅读是以理解为目的的，阅读的姿态属于解读型的。[1]《义务教育语文课程标准(2011年版)》在第二学段阅读教学目标中指出：“初步学会默读，做到不出声，不指读。学习略读，粗知文章大意。”因此，这篇课文正确的阅读方式应该是默读，默读的目的是双重的，一是学习默读，二是为筛选、概括课文主要信息做准备。

师：谁来说说课文讲了一件什么事？

生：课文主要讲了科学技术给生活带来的变化。

师：很会概括，能用课文中的一句话来说吗？

生：20世纪是一个呼风唤雨的世纪。

师：对，这是课文的第一自然段，也是课文的中心句，一起来读一读。

生齐读。

师：告诉大家一个常识：一个世纪是100年，20世纪指的是1901至2000年。谁知道我们现在处在哪个世纪吗？

生：21世纪。

师：对。现在大家说说，20世纪，到底是谁在呼风唤雨？

生：人类！

师：靠什么呼风唤雨？

生：靠的是现代科学技术。

师：在这一问一答中，你发现这个句子有什么特点了吗？

---

① 王荣生.实用文教学教什么[M].上海：华东师范大学出版社，2014:53.

生:这是一个设问句。

师:知道什么是设问句吗?

生:自己提出疑问,自己回答的句子叫作设问句。

师:你说得对。设问句能够启发读者思考。现在我们来解决刚才同学们提出的第一个问题:这是一篇介绍科学成就的课文,为什么标题用“呼风唤雨”这个词?

生:因为人类取得了很多的科技成就,要什么就有什么,就像神仙可以呼风唤雨一样。

师:对啊,你是真正理解“呼风唤雨”这个词的意思,也明白了课文的标题的意思。谁能用课文中的话来回答?

生:我找到这两句话:在20世纪100年的时间里,人类利用现代科学技术获得了那么多奇迹般的、出乎意料的发现和发明。正是这些发现和发明,使人类的生活大大改观,其改变的程度超过了人类历史上百万年的总和。

师:好,大家齐读这两句话,想一想,“发现”“发明”这两个词含义有什么不同。

生齐读。

生:“发现”是本来就有的东西,被人类看到了,“发明”是本来没有的东西,被人类创造出来了。

师:真聪明!你区分得很清楚,“创造”这个词用得特别准确。你能用这两个词分别说一句话吗?

生:探险家发现了一座古墓。爱迪生发明了电灯。

师:这两个词能不能换呢?

生:不能,换了就说不通了。

师:确实是这样,科学小品用词准确,这篇课文有很多这方面的例子,大家读书的时候要留心这一点。

评析三

本环节主要教学活动是朗读和讨论。教师想要教的内容有两个方面:(1)抓住课文的中心句,概括课文主要内容;(2)理解“发现”“发明”两个动词的意思和表达作用。教学过程中,学生是在教师“问题”的“牵引”下,被动地阅读。一问一答的教学活动,表面上非常顺畅,实际上学生并没有学会教师想教的内容。从问题设计的角度而言,作为学习任务情境的问题设计不恰当。下面以概括课文内容的问题为例,展开分析。在这里,教师连续提出了九个问题是颇值得商榷的:(1)“课文讲了一件什么事?”(2)“能用课文中的一句话来说吗?”(3)“谁知道我们现在处在哪个世纪吗?”(4)“到底是谁在呼风唤雨?”(5)“靠什么呼风唤雨?”(6)“你发现这个句子有什么特点了吗?”(7)“知道什么是设问句吗?”(8)“为什么标题用‘呼风唤雨’这个词?”(9)“谁能用课文中的话来回答?”首先,第(1)问的问法就有问题,这篇课文是科学小品,不是叙事文;其次,(2)到(9)连续八个问题非常琐碎,答案是相对确定的,缺少“可知的、可理解的”多种方法、途径的选择,缺失通过群体互动来求解的过程;最后,对中心句的理解有问题,教师在这里混淆了“中心句”和“中心段”。从教学活动设计与组织的角度来看,存在的问题是“学的活动”受到限制。学习过程是一个通过试误求解的过程,这一环节学生要准确概括课文内容需要以下步骤:(1)任务定向。即学生要明确学习任务,提取重要信息,概括课文内容。(2)信息筛选。学生需要正确理解“中心句”,并根据理解找出文中的中心句。这个阶段学生是最容易出错的,需要教师的引导、同学的帮助才能完成。(3)信息加工。学生用自己的话转述课文的主要内容,在转述过程中,语言表达会有错误,需要教师、同学的参与发现并纠正。(4)总结完成任务的方法和注意事项。通过四个步骤,学生不仅能概括出课文的主要内容,而且还能学会概括课文主要内容的方法。

三、深入研读,理解“呼风唤雨”

1.研读第三自然段

师:大家浏览一下第三自然段,说说这段主要讲了什么?

生:以前是农耕社会,科技不发达,什么都没有,现在什么都有了。

师:嗯,差不多是这个意思,科学小品要求语言准确,我们一起来看看,农耕社会是怎样的。

生:农耕社会没有电灯,没有电视,没有收音机,也没有汽车。

PPT出示农耕社会的图片。

师:农耕社会确实不发达,我们也来列举一下。

PPT:那时没有……没有……没有……也没有……

生:那时没有电风扇,没有电饭煲,没有电冰箱,也没有空调。

生:那时没有汽车,没有火车,没有轮船,也没有飞机。

师:确实,农耕社会没有的东西太多了,说也说不尽,所以课文就列举了今天看来很平常的几种东西,这就是举例子的说明方法。我们再来看看,这一段是怎么说明20世纪的成就的?

生(读):20世纪的成就,真可以用“忽如一夜春风来,千树万树梨花开”来形容。

师:嗯,这里有两句诗——

生:忽如一夜春风来,千树万树梨花开。

师:这两句诗写得很美,谁能说说它的意思?

生:应该是,就像春风吹了一夜,吹开了千万树梨花。

师:你真聪明,就是这个意思。读着诗句,你感受到了什么?

生:20世纪的科学成就很多。

师:你从哪看出来的?

生：我从“千树万树梨花开”看出来的。

生：我从“忽如一夜春风来”这句诗感觉到社会发展很快。

师：你真会学习。作者引用古诗，形象地介绍了20世纪科学成就之多、社会变化之快，这也是一种说明方法，叫作引用法（板书）。

师：老师想考考大家，这篇课文是说明20世纪的科技成就的，这一段却先写了农耕社会。为什么要这样写？能不能把写农耕社会的部分去掉？

生：不能去掉，这是在比较。先说农耕社会怎么样，再说20世纪怎么样，我读了就知道20世纪的成就真的很多。

生：这样一比较，我觉得现在科学真发达，太方便了。

生：我记得《太阳》那一课，把太阳和地球做比较，说是太阳有好多个地球那么大，我就觉得，太阳竟然这么大啊。

师：是啊，做比较是一种常用的说明方法，能够突出事物的特点，给我们留下深刻的印象。

2.研读第四自然段

……

3.研读第五自然段

……

评析四

本环节是关键环节，教学的主要任务应该是“把‘课文内容’和‘作者的表达’结合起来，让学生完整而恰当地理解文章所表达的观点”[①]。从

① 王荣生.实用文教学教什么[M].上海：华东师范大学出版社，2014:53.

教师的提问可以看出,实际在教的内容是:(1)提取、概括信息;(2)辨识举例子、引用和做比较的说明方法。主要教学活动仍然是问答活动,教师依据课文的顺序,依次通过提问的方式引导学生讨论:每一段写了什么内容,用了什么说明方法。如第三自然段的研读,先后提出四个问题:(1)"说说这段主要讲了什么?"(2)这一段是怎么说明20世纪的成就的?"(3)"读着诗句,你感受到了什么?"(4)"你从哪看出来的?"(5)"为什么要这样写?能不能把写农耕社会的部分去掉?"五个问题之间的关系是什么?最终有没有让学生完整而恰当地理解这一段话的观点?答案恐怕是否定的。这段话的中心句是最后一句话"20世纪的成就,真可以用'忽如一夜春风来,千树万树梨花开'来形容",其中"忽如一夜春风来,千树万树梨花开"重在理解,用来形容"20世纪的成就"之大。这段话前四句分为两层:第一层是一到三句,第二、三句是对第一句的具体说明;第二层是第四句。这两层按时间顺序,通过正反对比,得出"中心句"这一结论。因此,厘清句子之间的关系,理解作者在这一段话表达的观点以及如何表达这一观点的,是这一环节的核心教学内容。

薛法根老师《雾凇》课例[①],在教学内容的选择与教学活动设计方面提供了很好的示范。他在"板块二:理解雾凇的形成过程"设计的教学活动有:(1)前排同学每人朗读一句,如果你读到的不是最重要、最核心的一句话请坐下,熟读并背诵这句话;(2)朗读其余七句话,讨论你读的这一句写的是水汽、雾气,还是霜花、雾凇,朗读并背诵写雾凇的句子;(3)讨论"雾凇的形成是不是一个漫长的过程"。薛老师没有满堂问,而是采用层层递进的学习活动(确定关键句—理解每句话的内容—理解语言表达的特点)呈现科学小品的教学内容,无论是任务情境创设,还是学习提

---

① 薛法根.《雾凇》教学实录[J].语文知识,2017(2):4-7.

示、支架的搭建都指向学生“学的活动”，教学目标顺利达成。

四、总结阅读方法，迁移学习经验

师：学了这篇课文，我们不但学到了科学知识，还学习了科学小品的读法。大家回忆一下刚才我们的学习经过，说一说，科学小品应该怎么读？

生：可以先读课题，猜一猜文章会说明什么事情。

生：浏览课文，找出重要的句子，了解课文说明了什么，再看看是用什么方法说明的。

生：还可以联系自己的生活来读。

师：大家说得很有道理。科学小品能丰富我们的知识，开阔我们的视野。同学们应该多读点科学小品，通过阅读，你会发现一个神奇的科学世界。

评析五

应该说，教师带着学生总结本节课阅读方法的意图是很好的，但总结的内容不够全面，忽略了对这篇课文劝说的立场、语言表达的特点和作者科学、严谨的态度的总结。在这里，老师带着学生梳理课文阅读的方法后，可以联系课文最后一段“在新的世纪里，现代科学技术必将继续创造一个个奇迹，不断改善我们的生活”的推断是否合理，训练学生科学、严谨的态度和语言表达能力。同时，也可以引导学生去阅读科幻童话或小说，看看人们是如何思考“现代科学技术将会怎样改变我们的生活”问题的。

五、课例改善的策略

(一)阅读教学活动的设计与组织应指向教学目标并承载合宜的教学内容

阅读教学目标也叫教学点，指这一篇课文中学生应该理解、体验和欣赏的关键词语。教学内容是帮助学生理解、体验和欣赏的关键词语的知识、材料，主要以师生活动的形式在课堂中呈现。因此，有效的教学活动应承载合宜的教学内容并指向教学目标。徐静、夏文强两位老师的课例确定的教学点是：(1)20世纪是一个呼风唤雨的世纪(蕴含的知识：中心段，点明题旨)；(2)20世纪的成就，真可以用“忽如一夜春风来，千树万树梨花开”来形容(蕴含的知识：中心句，引用说明，比较说明)；(3)科学在改变着人类的精神文化生活，也在改变着人类的物质生活(蕴含的知识：中心句，举例说明，比较说明)；(4)标题“呼风唤雨的世纪”(蕴含的知识：概括第一段，拟人的修辞)。两位教师选择的教学点还是比较准的，抓住这些句子，正确理解这些句子，就能够“理解文章所表达的观点”。因而，这篇课文阅读教学内容就是让学生正确理解这些句子(包括这些句子本身的理解、语篇结构中的作用、表达的特点)所需要的知识和材料，在教学内容的选择上，该课例是有缺陷的，前文已做评析，这里不再赘述。

(二)阅读教学活动的设计与组织应促进“学的活动”充分展开

1.教学活动要丰富

教学活动构成语文课程教学过程的基本形态，活动的主体、活动的形式是丰富多样的。课堂教学活动的主体有教师、学生个体和学生群体，教学活动有听、说、读、写、演等各种形式。这方面，《呼风唤雨的世纪》课例和《雾凇》课例形成了鲜明的对比。前者的教学活动基本上是一问一答的形式，而后者则有听写活动、朗读活动、讨论活动、写作活动等，而且后者教师“教的活动”都指向了学生“学的活动”。

2. 教学活动要有层次

教学活动要根据教学点的排列，按照一定的层次排列，即教学活动的安排要在纵向上促使学生的学习经验有阶梯的递升或方面的扩展，在横向有助于学生形成共同的学习经验。《呼风唤雨的世纪》课例教学活动排列的层次是有待商榷的，在纵向上，如课题的理解活动应安排在理解课文表达的观点之后，可能比较适宜；在横向上，一问一答的形式也很难让学生形成共同的学习经验。

3. 教学活动要在互动中指向“学的活动”

教学活动的互动，指的是活动主体之间的交流和对话，教师的活动如提问、讲授、朗读、提示和课堂评价，都应指向学生“学的活动”。师生互动、生生互动是学习的核心，教师的提问、讲授、朗读和学生之间的质疑、讨论都是帮助学生在纵向上展开深入的学习的，并促进“学的活动”的充分展开。《呼风唤雨的世纪》课例中，教师的活动如提问、解释只让少数人明确了问题的答案，但学生对课文的理解在横向和纵向上都没能充分展开。薛法根老师的《雾凇》课例“第二板块”的提问、朗读、讲解、反馈活动，则有效促进了学生对“雾凇形成过程及其表达特点”的理解，学生新的阅读的经验得以生成。

三 文艺随笔阅读教学内容的选择策略——《咬文嚼字》课例评析[①]

文艺随笔也称文艺小品，是一种比较特别的文体，既具有实用文的

---

① 王从华. 文艺随笔阅读教学内容的确定——以《咬文嚼字》教学为例[J]. 江西教育，2019(8)：8-11.

特征（向文学作品的阅读者和创作者传递文学阅读与写作的知识），又具有散文的特点（形式自由灵活、语言富有文采）。文艺小品常态的阅读应兼顾这两个特征，不仅要理解文章内容、获取文章传递的知识，而且要对作者个性化的语言表达（包括语言和章法）具有一定的鉴赏能力和批判阅读能力。由于高中生这类读者的特殊性，在阅读教学中，为了达到常态的阅读层次，需要补充相关知识和经验，给予阅读的方法，帮助其积累阅读的经验和策略。当然，还有一个经常被忽视的前提性问题——为什么读，也是需要讨论的。下文以文艺随笔《咬文嚼字》的教学为例，来探讨文艺随笔为什么读、读什么和怎么读三个基本问题。

一、为什么读：回归真实的阅读情境

所谓真实的阅读情境，是指社会读者在自然中，需要完成的真实阅读任务，其核心问题是阅读活动是为何发生并持续展开的。就文艺随笔而言，读者是特定的，包括有文学读写基础的文艺爱好者、作家和文艺评论研究者；目的也是特定的（消遣性阅读除外），即“以理解文章的内容、获得文章介绍的知识为主”[①]。《普通高中语文课程标准（2017年版2020年修订）》共有31次提到“情境”，其中，在“教学建议”部分第五条“探索信息化背景下教与学方式的转变”中指出：“要创设运用语言文字的真实情境，形成有意义的互动学习环境，帮助学生有效投入语文实践；要借助信息技术优化整合课堂教学，引导学生经历多样化的学习过程，促进学生在更广阔的语言环境中主动学习，实现知识的迁移与运用。”高中生学习文艺随笔，首先要与真实的“社会阅读情境”对接，完成“自然阅读任务”的同时，还要学习阅读方法，核心是积累阅读这一类文章的经验，掌握和

① 郑桂华．试论文艺随笔阅读教学内容的确定——以《说“木叶”》为例[J]．语文学习，2013(10)：40-44.

丰富阅读策略。阅读教学要完成这两个阅读任务，就需要创设具体的语文学习情境和活动任务，驱动学生的阅读，进而让学生在个人体验、社会生活和学科认知等特定情境中完成不同的学习任务，以呈现学生语文素养的多样化表现。查阅网络上发表的《咬文嚼字》课例可以看出，一些教师已有创设任务情境的意识，其中比较有代表性的课例是浙江宁波市鄞州中学的卢杏琴老师的[1]，她在两次试教中创设的四个活动任务很值得称道。

(1)通读课文，完成下列表格。

段落	实例	分观点	总观点
1—2段			
3—4段			
5—6段			

(2)请你用自己的话来说说本文作者表达的一些基本观点。

(3)你能用本文所学的相关知识来鉴赏这首《江南》吗？

江南

江南可采莲，
莲叶何田田。
鱼戏莲叶间。
鱼戏莲叶东，
鱼戏莲叶西，
鱼戏莲叶南，
鱼戏莲叶北。

① 卢杏琴.基于学生“理解”状况的阅读教学改进——以《咬文嚼字》教学为例[J].语文学习，2015(5):39-44.

问题1：将“戏”改为“游”，好吗？

问题2：“鱼戏莲叶东，鱼戏莲叶西，鱼戏莲叶南，鱼戏莲叶北”其实就是“鱼戏莲叶间”。那将它删去或者压缩为“鱼戏莲叶东西南北”，可否？

问题3：诗歌的意象“鱼”“莲”，又让你产生哪些联想？

(4)在你阅读、写作、生活中，又有哪些“套板反应”或“炼字”的例子呢？请举例。

活动任务(1)(2)指向知识的获取，活动任务(3)(4)指向知识的运用，设计意图清晰，也是符合实用文传递知识的文体特点的。北京师范大学庆阳附属学校葛龙龙老师的课例[①]也设计了运用知识的活动任务：、快速浏览推送的学习资源(培根《谈读书》和朱光潜《谈作文》)，课后提炼和概述自己所理解的好作文的标准并表明自己的观点，按照小组的形式进行汇总并准备课堂展示，结合老师提供的作文规范标准和好作文的要求，师生共同确定作文的规范和标准。但这个任务已跑到另外的文章阅读上了，恰好提供了一个反例，这是需要引以为戒的。

前文已经指出，《咬文嚼字》不仅仅具有实用文的特点，而且还具有散文的特点，阅读教学不仅要指导学生进行“自然阅读”，还要进行“学习阅读”。卢老师设计的活动任务解决了“自然阅读”获取知识的问题，但这还不够，还需要解决“学习阅读”帮助学生积累阅读这一类文本的经验和策略的问题。其次，本文个性化的语言表达(如用词章法的考究、例子的选择和使用)还需要进一步去品读。基于此，可设计这样的活动任务引导学生深入解读，培养其批判阅读能力：作者在文章中指出“无论阅读或写作，我们都必须有一字不肯放松的谨严”，在结尾处写到，“以上只是随便举实例说明咬文嚼字的道理，例子举不尽道理也说不完。我希望读

①葛龙龙.文本互读，促进文本的深入解读——《咬文嚼字》教学设计与反思[J].江西教育，2019(8)：12-17.

者从这粗枝大叶的讨论中,可以领略运用文字所应有的谨严精神”。联系文中的实例,在阅读杨书松老师的文章《咬文嚼字话“推敲”》的基础上,写一段话评述作者的表述是否矛盾。这一任务设计的目的是,分析文章“内部逻辑的自洽性”和“借助外部知识审视作者的依据、判断或结论”,完成这一任务,学生才真正掌握了这一类文本的阅读方法,完成阅读的双重任务。

二、读什么与怎么读:阅读教学内容的一体两面

《普通高中语文课程标准(2017年版2020年修订)》指出:“语文学科核心素养是学生在积极的语言实践活动中积累与构建起来,并在真实的语言运用情境中表现出来的语言能力及其品质;是学生在语文学习中获得的语言知识与语言能力,思维方法与思维品质,情感、态度与价值观的综合体现。”与“自然阅读”或“社会阅读”相比,高中生的阅读处于较低的水平,集中体现在阅读经验与生活经验的不足,导致对教材中的选文阅读兴趣不高,是浅读或误读。因此,高中的阅读教学担负着培养学生“语文学科核心素养”的任务,即在真实的阅读任务情境中学习阅读,积累与建构高水平的阅读经验,在学习阅读的过程中提升“语文学科核心素养”。就一篇文章的阅读教学而言,高中生“语文学科核心素养”的发展集中体现在“阅读方法”的掌握上,知识的获得、情意的发展均围绕着掌握阅读方法这一核心任务展开。

前文已经指出,《咬文嚼字》兼具实用文和散文的特点,但其实用性是第一位的。阅读方法既包括战略层面的阅读取向,即用阅读特定文本的方法阅读这一篇文章,又包括具体层面的阅读方法与策略,即看文章的什么地方,看出什么内容,先看什么,再看什么,等等。在阅读取向上,毫无疑问应当把《咬文嚼字》当作实用文来读是第一位的,当作散文来读

是第二位的。而阅读教学内容则体现在具体层面的阅读方法上，即如何看到文章的关键处，如何从这里读出东西来，分别回答这一篇文章读什么和怎么读两个问题。就文艺随笔这类文体而言，“读什么”的“什么”主要指向“文章中的关键词句”，教学内容指的是学生应该找到“文章中的关键词句”而缺失的知识、经验和策略；“读出什么东西来”的“什么”主要指对“文章中的关键词句”的准确理解和用“对话的、反思的、批判的态度”去看而得出的结论，在这里，教学内容主要指准确理解和“对话的、反思的、批判的态度”去看“文章中的关键词句”所需要的知识、经验和策略。

由于《咬文嚼字》文体的特殊性，使得这一篇课文阅读教学内容的选择容易陷入两个误区：一是带着学生活动一番（如概括文中的事例和观点句、概括本文学到的知识等）而缺少知识（如何概括的知识）的介入；二是有知识进入，但是却抛开对“文章中的关键词句”理解、辨析、加工的知识，陷入对文章中具体事例理解的知识，偏离了核心阅读知识。因此，从读什么与怎么读两个维度，审视阅读教学内容的选择，这类问题就会迎刃而解。从读什么这个角度而言，《咬文嚼字》一文中的“什么”应该指的是能表达作者独特观点的“关键词句”，教学内容是找到并对这些关键词句进行加工、转换的知识、方法和策略；而读出“什么东西”的“什么”应该指的是对表达作者独特观点的“关键词句”的准确理解、反思、批判，教学内容是准确理解、反思、批判表达作者独特观点的“关键词句”的知识、方法和策略。如卢杏琴老师在《咬文嚼字》课例中教给学生概括课文1—2、5—6段作者观点的方法（辨别、分析、筛选出最具有概括力度的语句）是合宜的教学内容。葛龙龙老师在《咬文嚼字》课例中的文本互读环节，尝试运用《说“木叶”》一文中学到的案例性知识，帮助学生读懂朱光潜在《咬文嚼字》中的知识，也是有益的尝试。但存在的不足是没有把两者有机地关联起来，指导学生生成这篇文章阅读的知识。

三、教学方法与教学内容的匹配

现代信息技术的飞速发展，拓展了阅读教学的时空，产生了新的教学方法。《普通高中语文课程标准(2017年版2020年修订)》强调："要积极探索基于网络的教学改革，利用具有交互功能的网络学习空间，创设线上线下一体化的'混合式'学习生态，为课堂教学和课外学习服务。在信息化环境下，需要进一步探索教学流程、资源支持、教学支持、学习评估等影响学生学习的各种要素所发生的新变化，积极探索信息化环境下的语文教学模式。"但这里需要明确的是，教学内容是第一位的，是促进学生语文核心素养生成的主体内容，教学方法、教学媒体的运用要与教学内容匹配。否则，课堂教学中的人机、师生、生生之间的交互，或"线上线下"的混合式学习就成了无源之水、无本之木。葛龙龙老师《咬文嚼字》课例，运用"雨课堂"工具，通过充分的师生互动，理解朱光潜先生阐释的"咬文嚼字"的道理，与传统的师生问答相比，信息传递的数量、速度和交互性发生了很大的变化，也是非常有效的，值得肯定。但就这一篇课例确定的教学内容而言，还有很大改进的空间。在高中新课程持续改进的背景下，融入了信息化的教学方式变革无疑是值得提倡的，但无论是单篇课文的阅读教学，还是专题学习、项目学习的教学，与教学方法相比，教学内容的确定是第一位的。只有阅读教学内容合宜，教学方式、教学方法与教学内容匹配，教学目标才能有效达成。

五 《只有一个地球》名课研习①

《只有一个地球》选编在人教版语文六年级上册第13课，是一篇科学

① 龚萍，王从华.实用文阅读方式的跨界与常态回归——支玉恒《只有一个地球》话题PCK评析[J].江西教育，2018(32):17-21.

小品，全文融科学性、艺术性、情感性和思想性于一体。用词严谨、表达生动是其语言的主要特点。搜索发现，2003—2018年，研究支玉恒《只有一个地球》教学课例的文章共13篇，其中至少10篇提到"以读悟情"的教学环节，从他们的表述中看出，多数人认为支玉恒执教《只有一个地球》时，主要的教学目标是"品味语言中的情感"，如2003年刘自学、吴凤兰的《以读代讲 以读悟情——支玉恒教学〈只有一个地球〉赏析》，2015年史洁冰在《浅议新课标理念下的说明文阅读教学——从支玉恒老师〈只有一个地球〉的教学说起》中的标题"一、朗读感悟，体味丰富情感"，等等，都可证明。其实，不仅这些作者会这样想，看过课堂实录的人几乎都会有"这是在教散文"的感觉。那支玉恒真的把《只有一个地球》当作散文教吗？岂不是偏离了实用文获取信息取向的阅读常态？在用阅读文学作品的方法阅读实用文？阅读取向有跨界之嫌？似乎属于"变态"的阅读取向？因此，有必要对支老师的课例做进一步的研究，从话题PCK转化的角度，探究语文名师课例的价值。

一、实用文阅读取向辨析

在真实的阅读情境中，主要存在两种样态的阅读取向，即常态的阅读和异态的阅读。常态的阅读，是正常情况下读者通常的阅读取向，比如把诗歌当诗歌读，把散文当散文读，这种取向的阅读是需要学习才能获得的阅读能力。异态的阅读，指的是基于合理的目的、任务，而采用的与通常阅读不一样的阅读取向，比如小说这种文体，编辑校稿和语言学家为统计作者使用的句法往往采用不一样的读法。除此之外，还有一种"变态"阅读，缘于阅读观念的错误和知识的缺失，读者在阅读中有意或习惯性地曲解文本，比如用提取信息的方式读诗歌，用情感体验的方式读实用文，等等，也可称之为阅读取向的跨界。

文学阅读往往是“品其言才能会其意”,而文章阅读是“得其意可以忘其言”。王荣生认为把文学作品和实用文两种不同体式的作品混在一起教学,或用文学作品“品味语言”的方式去教实用文,而用“获取信息”的方式去教文学作品是错误的。实用文阅读和文学阅读有不同的阅读方式和阅读指向,前者着眼于获取文章的信息,阅读方式是理解型的;后者是鉴赏型的,侧重对其文学特质加以鉴赏和评价,重点放在对言语的品味和感悟上,阅读的最终目的是获得文学素养和熏陶。[①]由此,我们大致可以判断出这两种不同体式的文章在阅读取向和方式上的明显区别:文学阅读重点是通过“品味语言”来获得文学素养和熏陶,而实用文阅读则是通过“获取信息”实现理解文章的目的。

《只有一个地球》是一篇实用文。从已有研究者的观点来看,著名特级教师支玉恒在执教这篇实用文时,将教学的主要目标设定为“品味语言中的情感”。这岂不是阅读取向的跨界?

二、《只有一个地球》阅读取向分析

(一)关于“品味语言”的讨论

《义务教育语文课程标准(2011年版)》指出,“对作品中感人的情境和形象,能说出自己的体验;品味作品中富于表现力的语言”是“欣赏文学作品”的核心内容,那么能用“品味作品中富于表现力的语言”去读实用文吗?一般来说是不可以的。但这里需要讨论的是:什么是“品味语言”?

“品味是积极心理学中的一个重要概念,它主要指个体延长和增强

① 王荣生.实用文教学教什么[M].上海:华东师范大学出版社,2014:50.

积极体验的过程”。[①]Bryant，Chadwick 和 Kluwe 提出了理解“品味”所必需的三个概念：(1)品味体验，包括刺激、结果、事件、感觉、情绪和反应等；(2)品味过程，它是一系列的生理和心理操作，包括整个品味过程的持续，具体来说主要有感激、享受、赞叹、沉醉等；(3)品味反应或品味策略，也就是品味过程的操作层面，是人们面对积极事件时产生的思维和采取的行为，比如与他人分享、记忆建构和行为表达等。按照这样的理解，支玉恒让学生读出语句中的“味道”便是品味体验，学生用“酸甜苦辣”来形容自己读课文的感觉和情绪，是一种通感，从学生的朗读表现可看出品味过程的享受、沉醉，将“酸甜苦辣”的感受用几句散文语言表达出来，与大家分享，这是品味反应或策略。从心理学角度看，支玉恒老师这堂课实现了积极心理学中的“品味”。

在语文教师的课堂教学中，教师使用的教学语言“品味”，不仅仅有“去品尝其味”的含义。品味语言活动，“是教师引导语言品味主体——学生，学习语文教材中文本语言的表达技巧，理解语言背后的深层次含义，即对文本语言的内容与形式进行品味，以及促使学生将教材中文本语言形式与内容的精妙之处转变为自己的语言运用行为的教学过程”[②]。由此，“品味”在语言教学中就有了“理解”“鉴赏”等含义，不是仅仅停留在感觉体验的层面上，而是要借助文艺理论、语言学等知识对选入语文教材中的文本语言的内容与形式进行体验、理解和鉴赏。支玉恒老师让学生读出科学小品《只有一个地球》文本语言中的“酸甜苦辣”等味，主要是感觉、体验的活动，并没有涉及对语言的鉴赏，尽管“朗读感知”“以情导读、激趣、促思”在课堂上花去了大部分时间，但终究不能等同于“用文

①郭丁荣，任俊，张振新，等.品味：主动用心地感受积极体验[J].心理科学进展，2013，21(7)：1262-1271.

② 刘青.文学文本语言品味教学研究[D].成都：四川师范大学，2015：18.

学作品‘品味语言’的方式去教实用文”。

(二)阅读方式辨析

王荣生指出,实用文阅读方式主要有检视性、理解性、批判性、操作性、研究性和科普文章阅读教学几种。[①]这种观点来源于《如何阅读一本书》,作者艾德勒和范多伦认为,阅读有四种层次,基础阅读、检视阅读、分析阅读和主题阅读。检视阅读,就是以最快的速度去获取书的表象所教给你的一切。就像拿到一本书,你先看目录,这就是检视阅读。[②]这种阅读方式对文本的处理停留在提取主要信息和粗浅了解的层面。很显然,支老师的阅读方式不是让学生快速浏览找出关键信息,也不是让学生大致了解就行。而是“理解性阅读”,目的是通过对重要语句的把握理解文章的关键,读懂文章说了什么[③]。在学生朗读语句有了初步的情感体验之后,支老师总是引导学生抓住语句中信息的关键处,将学生的感受落实为对文本的理解。例如,一位学生在读出“科学家已经证明,至少在以地球为中心的40万亿千米的范围内,没有适合人类居住的第二个星球”的苦味后,支老师提问:“多少范围内没有第二个适合人类生存的星球?”学生回答:“40万亿千米。”支老师又问:“40万亿千米是个什么概念啊?”考虑到学生可能会感到抽象,支老师适机结合学生已有知识,用太阳到地球的距离为1.5亿千米,人类要走3500年,飞机要飞二十几年的概念,举例对比出40万亿千米是1.5亿千米的近30万倍的概念,让学生充分理解文本的关键信息。

除此之外,在阅读活动中,“体验”始终伴随着读者,是走进文本,理

① 王荣生.实用文教学教什么[M].上海:华东师范大学出版社,2014:28-42.

② 艾德勒,范多伦.如何阅读一本书[M].郝明义,朱衣,译.北京:商务印书馆,2004:18-21.

③ 王荣生.实用文教学教什么[M].上海:华东师范大学出版社,2014:17.

解文本的重要方式。读者对文本的体验可分为客观体验和主观体验两种形式。所谓“客观体验”，指的是“控制外在的观念与感受，与它们保持适当距离并客观对待，以此审视这些观念并将它们与其他观念、感受、事件和行为相关联”；而“主观体验”主要指，“当我们反思自己，追求意义和理解时，通过与自身相关的新体验和观念来获得更佳的内审体验和认知”[①]。在阅读过程中，客观体验和主观体验是同时并存的，有些优秀的一线教师已经认识到“主观体验”是文学作品理解的重要方式，提出了“指向体验的阅读教学”观[②]。支玉恒在教学《只有一个地球》这篇科学小品时，同样意识到了“主观体验”的重要作用，以主问题“读了这篇课文，你心里是什么滋味?”串联起学生的朗读体验和感受，学生朗读入情入境，真情涌动[③]。

可见，支玉恒课例《只有一个地球》不是“品味语言”式的阅读，“品味语言中的情感”是教学的切入点、起点，不是终点，教学的最终目的是通过抓住关键信息理解关键句子，进而理解课文所要传递的丰富信息，其阅读方式是理解性的，情感体验式的，因此，课例在阅读方式上存在一定程度的跨界。

（三）阅读取向讨论

支老师这堂课的取向明显不同于文学阅读的鉴赏取向。前文已经说到，学生的朗读感知停留在对文本语言的感觉、体验层面，在支老师的引导下，也只是达到理解的层面，并未上升到鉴赏的层面，因此，不论从阅读方式看还是取向看，都不能等同于语言教学意义上的“品味语言”。

① 朗格.文学想象：文学理解与教学[M].樊亚琪，译.上海：上海教育出版社，2015:8.

② 蒋军晶.从“课堂”走向“课程”——我的语文之路[M].长春：长春出版社，2013:43-47.

③ 孙永刚.充满情和趣的优秀案例——支玉恒老师执教《只有一个地球》赏析[J].语文教学通讯，2004(34):49.

而且，课例实质的教学目的是通过抓住关键信息理解关键句子，进而理解课文所要传递的丰富信息。支老师以“用一个抒情句概括每段段意”的写作表达活动，将课文的语言转化为散文语言，将学生的朗读感受表达成一小篇“抒情散文”，正是“得其意忘其言”，用较好的语言代替较坏的语言。由此得出结论，课例《只有一个地球》符合通过“获取信息”理解文章的实用文阅读取向，不存在文学阅读取向上的跨界。

但课例给人一种跨界的感觉，其中最主要的原因是课例在阅读方式上存在跨界。此外，还有人们认知局限的原因，课例的教学活动形式在一定程度上遮蔽了实质的教学取向，有些观者不加仔细分辨就凭感觉下结论。其实，很多一线教师在借鉴名师经验时，有时就只关注教学方法，而忽视实质的阅读教学取向和方式，最终导致学不得法，甚至在某种程度上造成“变态”阅读取向在中小学语文教学中流行起来。因此，语文阅读教学首先需要研究者和一线教师们在认知上做到正本清源，如此，阅读教学才能真正回归到常态中去开展。

三、教师话题PCK评析

王荣生教授一直强调文本体式问题。实用文需要进一步分类，而且靠分大类是不能解决问题的。[①]不同的文章，其体式、特征不一样，教学内容和阅读方式也就不一样。《只有一个地球》是一篇科学小品，不是普通的说明文，更不是一般意义上的实用文，用支老师的原话讲是“饱含情感的说明文”。王荣生教授也认为“这篇文章的重点，主要不是描述我们大家都知道的事实，而是唤起我们的情感”[②]。因此，将朗读感受和情感

① 王荣生.实用文教学教什么[M].上海：华东师范大学出版社，2014:23.

② 王荣生.阅读教学设计的要诀：王荣生给语文教师的建议[M].北京：中国轻工业出版社，2014:137.

体验作为阅读方式是合理的、应该的、不错的。支老师从丰富而成熟的语感经验出发，以一个正常“读者”的身份，按正常的阅读方式、阅读方法去阅读、教阅读，是值得我们所有语文老师反思和学习的。这节课带给我们的思考是，并非所有实用文都是纯客观、冷冰冰地传递信息，没有任何的情感倾向。支玉恒老师的《只有一个地球》就饱含着深情来传递“只有一个地球”的相关信息，通过“情感体验”反而能更准确地获取课文的丰富信息，这体现了支玉恒老师高水平的话题PCK，是值得广大中小学语文教师借鉴的。

实用文文本语言中流露出的较明显的情感，同样是文章要传递的重要信息，这时，采用情感体验的阅读方式引导学生感受文本，体验情感，是理解文本不可或缺的方式。如果说，这种阅读方式是跨界的话，那么这种跨界是必须的，反而是阅读方式的常态回归。这种阅读方式的跨界与回归，也对语文教师话题PCK提出了较高的要求。因为，合宜的阅读方式总是与文本的体式特征紧密关联在一起的，语文教师需要依据文本的体式特点选择合宜的阅读方式和取向，这才是根本和关键。同时，这也是教师和研究者们需要从思维认知上做到的常态回归，也才有利于语文教师话题PCK的改善与提升。

第七节 整本书阅读课例研究

《一片叶子落下来》课例兼评[①]

整本书阅读本应该是语文教学的重要内容之一。20世纪20年代初期，胡适、叶圣陶等人就已经呼吁在语文教学中要渗透整本书阅读，并把此类主张编入课程纲要，并指出“精读与略读，每项暂定八种名著为最低之数”，并用附录对应读的名著列出了两组共28种，其中第一组要求精读6种，略读5种，在第二组中，要求精读2种，略读3种。[②]新中国成立以后，有关整本书阅读的内容更多是放在了课外，在1956年的《高级中学文学教学大纲(草案)》后附录了课外阅读参考书目，分为必读与选读两个部分，要求“学生每学期课外阅读的书不宜少于四本”，目的是“配合课堂教学完成高级中学文学教学的任务”[③]。“文革”结束以后，段力佩、顾黄初、王孝坤等人开始大力提倡整本书阅读，提出了一些具体的教学建议。新课程改革以后，特别近10年来，随着国外基础教育阶段整本书阅读课程与教学理论和实践的引介，我国整本书阅读教学逐渐引起中小学语文教师的重视，许多一线优秀教师投入到整本书阅读教学实践和研究中

① 王从华.整本书阅读教学模型建构与实践探索[J].江西教育，2019(26)：8-12.(收入本书时有改动)

② 课程教材研究所.20世纪中国中小学课程标准·教学大纲汇编：语文卷[M].北京：人民教育出版社，2001：277-278.

③ 课程教材研究所.20世纪中国中小学课程标准·教学大纲汇编：语文卷[M].北京：人民教育出版社，2001：393.

来，涌现了许多成果，成为语文教学改革中一道亮丽的风景线。

一、整本书阅读的校本化课程开发与实施

《义务教育语文课程标准(2011年版)》在“课程设计思路”中指出，“语文课程应注重引导学生多读书、多积累，重视语言文字运用的实践，在实践中领悟文化内涵和语文应用规律。”这里的“读书”当然应该包括整本书在内。然而，“在课程目标与内容部分”除去第四学段提到“广泛阅读各种类型的读物……每学年阅读两三部名著”之外，并没有提到“整本书阅读”这一概念。因此，整本书阅读在中小学阶段首先面临着校本课程开发和实施的问题。

当前，我国中小学整本书阅读的课程开发，我们称之为“过程一目标模式。这种模式的课程开发经历两个阶段。第一个阶段基本符合课程开发的“过程模式”。第一步，提出整本书教育的目的、有价值的知识等问题；第二步，提出社会对整本书课程的要求；第三步，针对学习、教学和学生的发展，提出整本书课程设计的问题；第四步，按照一定的顺序和步骤组织和实施课程。第二阶段，当整本书阅读课程初步开发出来以后，再进一步围绕以下问题展开讨论并进一步修订完善课程：(1)整本书阅读应力求达到何种教学目标？(2)要为学生提供怎样的整本书阅读经验，才能达到这些目标？(3)如何有效地组织好这些文本和阅读经验？(4)我们如何才能确定这些教学目标正得以实现？[①]如江苏吴江实验小学的“儿童绘本的读写绘”课程、深圳宝安区的“初中整本书的阅读”课程等，基本上都是按照这种模式开发的。整本书阅读课程开发的过程也是课程实施的过程，也可以这样表述，整本书阅读教学的过程也是课程开发的过程。

---

① 泰勒.课程与教学的基本原理[M].罗康，张阅，译.北京：中国轻工业出版社，2014:1.

故事类整本书《一片叶子落下来》教学课例，既是江西省赣州市南康区第一小学整本书阅读的经典案例，也是整本书阅读课程开发的一个片段。小学中段的孩子对“死亡”问题充满了疑问，但在他们的现实生活中，很少有人主动而真诚地去和一个孩子讨论关于死亡的问题，以至于大多数孩子对死亡或怀着深深的恐惧，或漠然以对。美国作家巴斯卡利亚的作品《一片叶子落下来》讲述的是一片叫作弗雷迪的叶子的故事。他和他的伙伴们经历了四季的变化，逐渐懂得了生命的意义在于经历美好的事物和给别人带来快乐，明白了死亡并不代表一切毁灭而是另一种形式的新生。表现四季变化的照片和绘画，更营造出温暖的意境。这个发人深省的童话寓言温馨简洁，充满智慧，1982年出版以来，帮助了千千万万人好好对待生死问题，一直让大人和孩子深受感动。

为了让学生获得行之有效的阅读方法和策略，读懂故事的主题，课程实施者从学生年龄特点、读物特点、阅读能力元素出发，通过“导读课”“推进课”“交流课”“延展课”四种课型进行整本书阅读指导，层层推进，让学生从会读一本书到会读一类书，最后真正爱上阅读，并增进对死亡问题的了解，培养积极面对死亡的人生态度。

二、整本书阅读教学模型的建构：读、思、议、拓的“1+N”模型

南康一小自2016年10月起正式启动主题阅读活动。其中，在班级主题阅读课上，学校尝试以阅读整本书为途径，围绕“读、思、议、拓”四个方面来引导和推动学生的阅读活动，并让学生从中获得行之有效的阅读方法和策略。

其中，“读”是导读，“思”是在读的过程中思考、品味、揣摩，把自己阅读过程中生发的问题梳理出来；“议”是通过讨论，消除疑难，分享思想成果；“拓”就是深化拓展，指导阅读一类主题书目的阅读。为固化这些要

素，课程实施者确定了“导读课”“推进课”“交流课”“延展课”四个课型，这四个课型分别完成“读”“思”“议”“拓”的任务。这样，在每一个时间节点上，通过相应的课型把整本书的阅读推深、推透，并辐射到多本书，让阅读走向更加明媚、自由、诗意的远方。《一片叶子落下来》就是严格按照四类课型分步实施教学的。

主要教学过程按表2-7-1设计进行。

表2-7-1　《一片叶子落下来》四类课型比较表

教学流程	时间安排	阅读内容	学习任务	教学资源	设计意图
导读课例	40分钟	1.了解作者，感受绘本的语言风格。 2.通过猜想、赏读产生阅读整本书的兴趣。 3.初步了解本书的主要内容，对人物形象有初步的认识。	1.认识整本书的结构。 2.学会通过“拆—猜—合”的方法了解一本书的内容。	PPT 书册	通过对绘本的封面、封底、勒口、前言、后记等内容的了解，教给学生阅读整本书的方法；通过“拆—猜—合”的方法串联绘本内容。
推进课例	40分钟	欣赏图片，品读文字，梳理《一片叶子落下来》的故事情节。	1.赏图片，感知四季的变化。 2.品语言，梳理绘本的故事情节。 3.谈感受，初探生命的意义。	PPT 书册	通过赏图片、品语言、谈感受的阅读方法，引导学生感悟生命的美好，初步探讨生命的意义和价值，并在学习的过程中培养敢于表达、善于表达的能力。

续表

教学流程	时间安排	阅读内容	学习任务	教学资源	设计意图
交流课例	40分钟	1.用理解人物品质、感悟对话内涵的方式体会生命的含义。 2.做“好书推荐”活动。	了解人物特点，感悟生命的内涵。	PPT 书册	通过填写阅读单的方式让孩子了解人物特点，通过课堂交流讨论让孩子感悟生命的意义，并在学习的过程中培养表达能力。
延展课例	40分钟	类文阅读《獾的礼物》，了解故事的主要内容。	1.会借用《一片叶子落下来》中看图、对比、猜测的方法，类文阅读《獾的礼物》，了解故事的主要内容。 2.对比两本绘本，了解它们之间的异同。 3.交流讨论生命的意义。	PPT 书册	通过交流讨论生命的意义是给予、是爱，正确处理面对死亡或亲近的人去世的情绪。

三、读、思、议、拓的“1+N”整本书阅读教学模型的讨论

整本书作为阅读对象，承载的内容多，语言量大，更有利于学生形成良好的语感，掌握祖国语言文字运用的基本规律。其次，由于整本书的内容相对来说比较连贯，思维比较流畅，表达方式相对来说比较多样，在阅读过程中，隐含着多种思维方法的运用，有利于学生思维品质的提升。整本书阅读教学的目的是：(1)培养学生阅读的兴趣；(2)丰富学生的阅读经验，促使其掌握更多的阅读方法，提升阅读能力；(3)丰富学生的生活经验和情感经验，促使其掌握更多的百科知识。要达成这三个教学目

的，整本书教学模型的建构要考虑以下四个方面的因素：(1)学生个性化的生活经验和阅读经验；(2)阅读对象的体式特点，或者说书籍的类型，如实用型的书籍，故事类、诗歌类、剧本类的文学书籍，科普类的书籍，研究类的书籍，等等；(3)整本书阅读的层次：基础阅读、检视阅读、分析阅读和主题阅读[①]；(4)阅读过程与阅读教学过程的整合。参照上述要素，反观本教学模式在以下方面做得比较有特色。

(一)四类课型依次开展，促使学生在阅读过程中学习阅读方法，丰富阅读体验

对于中年级的小学生而言，绘本阅读和语言表达的训练，这之间是一个有机整合的过程。在导读课上，授课教师指导学生用“拆”“猜”“合”的方法共读一本绘本，在读完绘本之后，分别从封面、封底、勒口、前言、后记等方面展开小组讨论。推进课着眼于美的语言，美的意境，美的精神，美的思想，用一根“美”的情索，引导学生品读关键词句和语段。交流课充分调动学生的学习兴趣，利用课前阅读单，让孩子采用“读一读、圈一圈、写一写”的方式品读语言，放手让孩子走进书本，真正地与文本对话。延伸课选择了《獾的礼物》作为拓展和比较的文本。本节课首先运用导读课学过的“拆书”的方法来读这本书，然后让学生看插图猜一猜故事内容，讨论“离别”“死亡”等生命话题。最后，再对两本书的异同进行比较，孩子们在对比阅读中加深了对生命的意义的理解，从而碰撞出自己思维的火花。从导读课到延伸课，学生在老师的带领下，在阅读过程中掌握了阅读方法，丰富了生命的体验。

---

① 艾德勒，范多伦.如何阅读一本书[M].郝明义，朱衣，译.北京：商务印书馆，2004：18-21.

(二)依据书籍的体式特点,选择合宜的教学内容

《一片叶子落下来》是一本故事书,除了掌握书籍基础阅读和检视阅读的方法外,重点是掌握阅读故事类书籍的方法。在本教学模型中,语文教师在导读课上指导学生使用"猜读法"读故事,激发了学生的阅读兴趣,深化了学生对故事书的理解。在推进课上,教师选择的教学内容是抓住关键词句进行品读,走进故事中人物的内心世界,领悟故事的主旨。在交流课上,教师把课堂学习的机会充分交给学生,通过组织三个教学活动,让学生分享自己独特的阅读体验。在延伸课上,教师教学的主要内容有两个:(1)巩固故事类书籍阅读方法的学习,迁移知识,训练学生的阅读能力;(2)联系核心文本《一片叶子落下来》,深化对"死亡"经历的认知和理解。正是由于上述教学内容的选择,并在课堂教学中转化为学生的经验,学习目标才能够顺利达成。

(三)在整个教学过程中,学生成为整本书阅读的主体

阅读的目标是"为获得资讯而读,以及为求得理解而读"①。《义务教育语文课程标准(2011年版)》在课程总目标中指出:"具有独立阅读的能力,学会运用多种阅读方法。有较为丰富的积累和良好的语感,注重情感体验,发展感受和理解的能力。能阅读日常的书报杂志,能初步鉴赏文学作品,丰富自己的精神世界。"读、思、议、拓的"1+N"整本书阅读教学模型,充分发挥学生的主体地位,让学生在探究和掌握阅读方法的过程中获得相关信息,丰富自己的精神世界。

当然,这种教学模型在实施的过程中也还存在一些问题,在导读课上,教师引入得不够自然,在学生阅读兴趣和问题意识还没有充分形成

① 艾德勒,范多伦.如何阅读一本书[M].郝明义,朱衣,译.北京:商务印书馆,2004:10.

之前，教师就急切地引入文本，教给阅读的方法，明显有“牵”的痕迹，这种“牵”的形式也多次出现在后面三类课型上。另外，这类教学模型还需要进一步解决的问题是不同课型任务情境的创设和学习支架的搭设。因此，此类整本书阅读教学模型要想发挥更大的作用，还需要在实践中不断探索并总结经验和教训，如此才能够得以完善，并发挥更有效的作用。

《乡土中国》整本书专题教学设计与研讨[①]

王荣生教授反复强调：“我国语文课程与教学内容的问题，表现在课堂教学，是集团性地、长时期地、大面积地出现教学内容的不正确、不合适。”[②]近年来，特别是在《义务教育语文课程标准(2011年版)》和《普通高中语文课程标准(2017年版)》颁布实施以来，整本书阅读教学受到语文教育界普遍的关注。一些语文教育工作者在整本书阅读教学方面做了一些有益的探索，但是关于整本书阅读教学内容的研究成果尚不多。那么，在语文课程与教学改革持续深入开展的背景下，整本书阅读教学内容是否存在教学内容不正确、不恰当的问题呢？这是当前特别需要关注并予以回应的重要问题。

《普通高中语文课程标准(2017年版2020年修订)》必修部分规定，“整本书阅读与研讨”是一个相对独立的任务群，“应完成一部长篇小说和一部学术著作的阅读，重在引导学生建构整本书的阅读经验与方法”。在部编版高中语文教科书中，入选的整本书分别是《乡土中国》与《红楼梦》。在高中生以往的学习生涯中，已经接触了比较多的文学作品，初步掌握了一些文学作品的阅读方法与技巧，形成了一定的文学阅读经验。

① 王从华，林庆顺．论《乡土中国》整本书专题学习教学内容的选择[J].新课程评论，2020(2)：14-24.

② 王荣生．听王荣生教授评课[M].上海：华东师范大学出版社，2007：序2.

然而阅读一本学术著作，对于高一学生来说，具有很大的难度。那么，《乡土中国》这本学术著作应该教什么呢？

一、《乡土中国》整本书阅读教学内容选择的学理依据

教学内容选择总是具体的、情境化的。语文教学内容确定应有三个参考依据：(1)课程目标与内容；(2)用什么去教课程内容，即教材内容；(3)具体教学情境，主要指向学情特征。基于此，我们从以下三个方面讨论《乡土中国》整本书教学内容的选择问题。

（一）语文课程目标与内容依据

在《普通高中语文课程标准(2017年版2020年修订)》中，“整本书阅读与研讨”任务群贯穿必修、选择性必修和选修三个阶段。在“教学提示”中，课程标准强调必修阶段整本书的阅读“重在引导学生建构整本书的阅读经验与方法”。因此，从用教材教学生掌握课程内容以有效地达成既定课程目标的角度而言，《乡土中国》的核心教学内容是“建构整本书的阅读经验与方法”。结合课程标准“学习目标与内容”部分，《乡土中国》教学内容具体可分为三个层面：(1)文本内容层面，“读懂文本，把握文本丰富的内涵和精髓”；“把握书中的重要观点和作品的价值取向”。(2)文本语言层面，“通过反复阅读和思考，探究本书的语言特点和论述逻辑”。(3)阅读方法层面，“学习前人的阅读经验，根据不同的阅读目的，综合运用精读、略读与浏览的方法阅读整本书”；“通读全书，勾画圈点，争取读懂；梳理全书大纲小目及其关联，做出全书内容提要”；“利用书中的目录、序跋、注释等，学习检索作者信息、作品背景、相关评价等资料，深入研读作家作品”；“用自己的语言撰写全书梗概或提要、读书笔记与作品评介，通过口头、书面形式或其他媒介与他人分享”。其中，阅读方法层面是核心课程内容。

(二)语文教材内容依据

《乡土中国》是费孝通先生根据在西南联大和云南大学讲授“乡村社会学”这门课程时的讲义整理出来的一本学术著作,是由14篇独立却又相互联系的小论文组成的社会学论著,是认识中国、了解中国的必读学术著作之一。作者通过大量的田野调查和观察,通过大量的对比说明,描述了中国传统农村社会的状况,并提炼出了犹如“差序格局”等影响深远的学术名词与概念。

但这么一本理论著作,其可读性却是非常强的,对此,孙郁曾评价说:“《乡土中国》许多章节,实可以和沈从文的《边城》《丈夫》《萧萧》等对照来读。费孝通在深沉的学术随想中,竟将一种诗意的美,融合在理性的思考里。”[①]这足以体现《乡土中国》不同于一般的晦涩高深的学术著作,虽然学术性比较重,却是比较通俗易懂的,不会让学生充满畏难情绪。

对于这本书的特点,费孝通先生自己曾经说过:“它不是一个具体社会的描写,而是从具体社会里提炼出的一些概念……搞清楚我所谓乡土社会这个概念,就可以帮助我们去理解具体的中国社会。概念在这个意义上,是我们认识事物的工具。”[②]因此,作者把观点都融入了新创的概念中,理解书中的概念就显得极为重要了。

“熟人社会”是整本书结论成立的前提和基础,而其中最为著名的即是“差序格局”的提出。在阐述概念时,作者运用了大量的比喻论证和举例论证,在对比“团体格局”和“差序格局”时,作者把中国的人伦关系比喻为水波,把西方的人与人之间的关系比喻为一捆一捆的柴,运用联想和想象就能很好地理解其中的差异;在“系维着私人的道德”阐述时,分

---

① 孙郁.百年苦梦:20世纪中国文人心态扫描[M].北京:群言出版社,1997:197.

② 费孝通.乡土中国[M].上海:生活·读书·新知三联书店,1985:序2-3.

别举了《论语》《孟子》中的例句来佐证人与人之间的人伦差序。费孝通先生还做了大量的比较，如在阐述“差序格局”这一概念时，作者拿西方的“团体格局”来进行比较区分；在阐述“教化权力”这一概念时，作者先解释了“横暴权力”和“同意权力”。

因此，《乡土中国》一书中提出的学术概念、学术观点的词语和句子，以及体现本书的语言特点和论述逻辑的词语和句子，都是学生需要找到并理解的关键词句，读懂这些关键词句以及所需要的阅读方法就是这本书阅读教学的核心教学内容。部编版普通高中语文必修上册在第五单元的单元提示中指出：“阅读《乡土中国》，要注意理解书中的关键概念，把握全书的逻辑思路，了解本书的学术价值；学会根据阅读目的选择阅读方法，积累阅读学术著作的经验。”

（三）学情特征依据

学术著作，相对来说，不如小说文本那样，具有跌宕起伏的故事情节。因此，大部分高一学生对这一类文本不太感兴趣，极少有整本学术著作的阅读经验。因此，在选择需要阅读哪些学术著作时，需要注意这一学术著作的可读性，太过晦涩高深的内容会在很大程度上增加学生阅读时的困难，让学生从此对学术著作失去兴趣，产生畏难情绪。如何解决呢？《普通高中语文课程标准（2017年版2020年修订）》在“教学建议”中指出，“应关注学生学习方式的转变，做好学生语文学习活动的设计、引导和组织，注重学习的效果。根据学生的发展需求，围绕学习任务群创设能够引导学生广泛、深度参与的学习情境”，“通过主题阅读、比较阅读、专题学习、项目学习等方式，实现知识与能力，过程与方法，情感、态度与价值观的整合，整体提升学生的语文素养”。基于此，课程标准研制者认为，“主题阅读、比较阅读、专题学习、项目学习”有可能解决这一问题。

专题学习是“针对学生生命成长和学业表现中遇到的、能通过阅读和写作予以解决的真实问题，选择文学经典中那些适合高中生阅读水平与认知能力的作品进行有目的、有组织、有设计、有思考、有表达的专门研读和探究，得出符合常识、情理和逻辑的探究结论。最后，学生再把探究过程、探究方法和探究结论写成具有一定规范性、专业性、学术性、综合性的探究小论文或文学作品”[①]。专题学习是通过“学习任务群”的整合、融通，以学生身心特点、认知策略、思维品质中待解决的“根问题”为内核，整合学习资料，进而促进学生语文核心素养发展的课程实施形态。因此，《乡土中国》的整本书阅读的专题学习，可以“整本书阅读与研讨”作为“榫卯”，合必修部分“跨媒介阅读与交流”“当代文化参与”“实用性阅读与交流”“思辨性阅读与表达”等任务群，组建专题，专题定向是“做一名阅读者”，核心教学内容是学习学术著作的阅读方法。在设计专题教学之前，备课专家对执教班级进行了问卷调查。学情特点如下。

1.学生对作者和著作比较陌生

调查显示，61.8%的学生认为费孝通是个著名的小说家，8.8%的学生认为他是著名金融家，只有29.4%的学生知道费孝通是著名社会学家，可见学生对于费孝通的了解是不足的。对于《乡土中国》文体的了解，有38.2%的学生认为这是一本散文集，17.7%的学生认为这是一本史学著作，14.7%的学生认为这是一部长篇小说。由此可知，学生对于作者和这本书的内容基本不了解。

2.学生有一定的阅读期待，但不知如何阅读这类著作

从阅读期待方面看，有70.6%的学生希望了解中国的乡村历史和文

① 张秋玲.移动互联网生态环境中的语文专题学习[J].中小学数字化教学，2017(2):4-7.

化，17.7%的学生希望寻找周边社会现象的学理解答。这些阅读期待与文本内容具有较高的相关性。从阅读方法方面来看，在阅读结束后会经常进行列提纲或画思维导图的学生只占14.7%，每次都梳理的学生只有2.9%。由此可见，学生在阅读这类书籍时，阅读方法的掌握和使用情况还不太乐观，需要进行指导和规范。

3. 学生缺少阅读整本学术著作的经验

高中学生在阅读整本书的过程中，基本没有遇到字词障碍。学生已经读过一些实用文章，并掌握了一些阅读方法。然而，这是他们首次接触社会学和人类学的学术著作。调查发现，学生在读完整本书后，梳理全书框架、了解主要观点的情况还不够理想，对这本书的持续阅读兴趣也难以保持。另外，学生在语文经验上对上古汉语的表达还存在理解障碍，书中所列举的《论语》《孟子》中的例子是直接用原文呈现的，学生理解起来有一定难度。同时，对于“阿波罗式”和“浮士德式”两种文化模式，由于接触较少，学生也感到陌生。

4. 学生缺少乡村社会生活经验

而在生活经验中，由于长期生活在小家庭的居住环境中，学生对小家族和大家族这一社群结构的性质，无法做出很好的区分。此外，男女性别平等的观念早已深入人心，对于书中描述的性别鸿沟，学生可能无法很好地理解；对于书中所谓的礼治秩序，受长期法治宣传的影响，也可能产生不同的理解。由于生活经验的缺失以及语言经验的相对陌生，这些因素会直接影响学生对书中概念的理解程度。如果理解产生偏差，那么对整本书的研讨就无从谈起。

基于以上学情，《乡土中国》整本书阅读的专题学习核心教学内容主要有三个方面：(1)学习阅读社会科学著作的方法并形成阅读经验；(2)理解全书内容，特别是学术概念和作者核心学术观点；(3)把握全书的语言特点及论证逻辑。

二、《乡土中国》整本书阅读教学内容选择的课例分析

《普通高中语文课程标准(2017年版)》颁布以后，先后出现一些公开发表的文章，主要从阅读过程和策略方面对《乡土中国》整本书阅读问题进行了研讨。其中，难能可贵的是有两篇教学设计在教学内容的选择上做了积极的探索。下面对这两则案例选择的教学内容略做分析，以资借鉴，如表2-7-2所示。

表2-7-2 《乡土中国》整本书阅读教学内容选择分析表

教学课例	教(学)活动	教学内容	教学目标
课例1：《对比概念明异同 溯古视今悟文化——〈乡土中国〉整本书阅读设计》①	1.研读"概述"部分，明确阅读"预期"：(1)阅读"重刊序言""后记""附录"后，填写"如何分析一本书"思维导图；(2)结合事例体会"人们对土地的态度"。	分析一本书的路径。	通过梳理、对比、归纳、延伸四类学习任务，在阅读中积累学术类著作的阅读经验。
	2."语言文字"板块：(1)学习如何反驳别人的观点；(2)关注调查材料，理清文章脉络；(3)依托经典，援疑质理。	驳论的方法，用思维导图梳理文本内容的阅读方法，分析材料和观点之间的关系，以及作者论证的逻辑思路。	

① 南银妮.对比概念明异同 溯古视今悟文化——《乡土中国》整本书阅读设计[J].中学语文教学参考，2019(19)：8-11.

续表

教学课例	教(学)活动	教学内容	教学目标
课例1:《对比概念明异同 溯古视今悟文化——〈乡土中国〉整本书阅读设计》	3.“人际关系、道德”板块:(1)对比、归纳“差序格局”和“团体格局”的不同;(2)解读文化;(3)联系现实,思考并讨论。	结合语境理解学术概念,宗族和丧服文化知识。	
	4.“经济”板块:(1)对比概念明异同,勾连传统析著作;(2)围绕传统,各抒己见;(3)扎根文本,发散思维。	辨析乡土社会“阿波罗式”和现代社会“浮士德式”。	
	5.“政治、法治”板块:(1)对比概念明异同,溯古视今悟文化;(2)观看电影《秋菊打官司》;(3)重温鲁迅小说《祝福》;(4)动动笔,我手写我思。	理解“礼治秩序”“长老统治”。	
	6.“社会发展”板块:(1)阅读第12章,谈谈你对这些现象的理解。(2)读12—14章,谈谈与乡土社会相比,现代社会发生的变化;(3)梳理与归纳。	理解主要概念,整体把握全书的内容。	
课例2:《〈乡土中国〉前三章教学设计》①	1.导入:讲述阅读学术类文本,有两条基本路径。	“读进去”“读出来”。	1.梳理前三章的内在关联,总结文章梳理的基本方法。 2.对比阅读,深入理解“文字下乡难”多层次原因,建立独立思考的意识。
	2.“读进去”——梳理文本:(1)学生呈现梳理成果;(2)梳理各章内容要点;(3)梳理各章内在关联。	梳理各章内容要点,明确三章内容整体上构成总分关系。	
	3.“读出来”——对话碰撞:(1)概括陈心想文章观点;(2)概括郑也夫文章观点;(3)讨论辩驳,形成判断;(4)小结。	概括陈心想、郑也夫的观点,讨论辩驳,训练学生的思辨能力。	

通过表2-7-2可以清楚地看出,课例1预设的教学目标是“通过梳

① 屈伟忠.《〈乡土中国〉前三章》教学设计[J].中学语文教学,2019(8):61-63.

理、对比、归纳、延伸四类学习任务，在阅读中积累学术类著作的阅读经验”，与教材单元提示基本一致。围绕这一核心教学目标，选择的教学内容有两个方面：(1)阅读方法的知识，如“分析一本书的路径”“用思维导图梳理文本内容”“结合语境理解学术概念”；(2)对文本内容的理解和辨析，如“了解宗族和丧服文化”“乡土社会‘阿波罗式’和现代社会‘浮士德式’”“理解‘礼治秩序’‘长老统治’”“分析材料和观点之间的关系和作者论证的逻辑思路”等。课例2预设的教学目标比较明确，教学内容是“梳理各章内容要点，明确三章内容整体上构成总分关系”“讨论辩驳，训练学生的思辨能力”，主要体现在对文本内容的理解和辨析上。以上两则课例，在教学内容选择方面似乎没有非常自觉的意识。为什么这么说呢？第一，教学内容集中在对文本内容的理解、辨析层面。联系课程标准中“学习目标与内容”来看，关于“文本语言层面”和“阅读方法层面”两个方面的知识，课例1稍有涉及，课例2基本没有提到。第二，教学内容被“语文活动”遮蔽。两则课例都设计了具体的语文活动，但是在语文活动中根据文本特点和学情，应该教给学生哪些确定的、具体的“语文知识”和“读写知识”，两则课例在设计说明部分，都没有予以具体说明。通过上述分析，我们可以做出以下推论：(1)《乡土中国》阅读教学内容仍然集中在“文本内容”层面，而关于文本“怎么写”“如何读”的知识则比较缺乏；(2)教学内容往往被“语文活动”遮蔽；(3)教学内容还没有以专题学习的方式呈现。

三、《乡土中国》整本书专题学习教学内容的选择

（一）《乡土中国》专题学习目标的定位

专题学习，首先要进行定向，即完成专题学习后，依据学生“阅读行

为从浅表阅读到深层阅读的深化”,可以分为“阅读者”“思考者”和“思想者”三个定向层次[①]。依据《普通高中语文课程标准(2017年版2020年修订)》必修部分的“学习目标与内容”和教科书编写建议,我们把《乡土中国》整本书专题学习定位为“成为一个阅读者”,即通过本专题的学习,学生能根据学术著作的阅读目的和文本类型,自动、灵活、快速、有效地使用不同阅读策略,熟练地完成预设的学习任务。具体学习目标确定如下。

1.语言目标

(1)熟读《乡土中国》,了解学术语言的特点,抓住核心学术概念,通过联系语境、查阅工具书等方式,理解作者书中的重要概念与学术观点。

(2)理解调查研究的一般结构,通过调查、访谈,正确运用学术语言为《一个千年古村的最后十三个人》撰写纪录片解说词。

2.思维目标

(1)根据特定的任务情境制订阅读计划,自主设计阅读记录单,综合运用精读、略读浏览、圈点批注等阅读方法阅读完整本书。

(2)运用思维导图梳理《乡土中国》的逻辑结构,运用比较、分析、综合、归纳等思维方法,建构阅读学术类著作的经验。

3.价值目标

(1)从《乡土中国》中了解中国基层社会的特点与变迁,激发关注底层生活的兴趣,学会从学术的视角观照当下的乡村生活。

(2)从《乡土中国》一书中感悟作者科学严谨的治学态度和科学精神,并通过调查研究,在撰写解说词的过程中领悟这种态度和精神。

① 张秋玲,等.新版课程标准解析与教学指导:高中语文[M].北京:北京师范大学出版社,2019:262.

(二)《乡土中国》专题学习教学内容的选择

本专题以学术著作《乡土中国》“整本书阅读与研讨”为核心，聚合“当代文化参与”“跨媒介阅读与交流”“思辨性阅读与表达”“实用性阅读与交流”等学习任务群，拟定了“对话社科论著经典《乡土中国》”主题，授课时间为四个课段共24课时。

课段一：走近中国的基层社会（4课时）

学习任务：自主阅读一组反映中国基层社会中乡村生活的文章（吴宏博的散文《怀念泥土》、胡鸿的网络文章《父母在，故乡在》、王磊光的网络文章《一个博士生的返乡笔记》和新闻报道《中国陪读家长在美国耶鲁校园内种菜》），观看视频《中国美丽乡村——安吉》，结合你自己的生活经验，选择上述材料共同关注的话题，写一篇500字左右的读后感，与同伴交流阅读体验和感受。

教学内容选择：阅读不同文体的文本，抽取相关信息，运用归纳法确定核心议题，发表自己的观点和感受。

课段二：走近《乡土中国》的理性思考（12课时）

学习任务一（2课时）：浏览“写在前面”“重刊序言”“目录”和“后记”，圈画出本书的学术地位、主要内容、成书背景、写作目的等信息，制订自主阅读计划，设计阅读记录单。

教学内容选择：(1)运用浏览、圈画等阅读方法搜索信息，了解作者、写作背景、研究的目的、研究的问题、基本观点等信息；(2)依据阅读目的制订阅读计划，设计阅读记录单（见表2-7-3）。

表2-7-3 《乡土中国》整本书阅读记录单示例

时间安排	章节名称	不理解的学术概念	主要观点摘录

学习任务二(4课时):浏览全书,填写学习任务单。

教学内容选择:运用浏览的方法(留意开头、结尾,注意阐述观点和定义概念的句子,其他地方扫读)读整本书,提取相关信息。

学习任务三(3课时):细读前四章《乡土本色》《文字下乡》《再论文字下乡》《差序格局》,联系上下文并查阅《辞海》《中国大百科全书》等工具书,用自己的话阐释学习任务单中前五章的概念。在此基础上,向全班同学推荐一个最为核心的概念,在解释的基础上说明推荐的理由。

教学内容选择:(1)理解学术概念的方法:联系语境法、查阅工具书法、比较辨析法。(2)抓核心概念。在运用比较、辨析的方法厘清相关概念关系的基础上,抓住"差序格局"这一核心概念,用心推敲,领会其内涵及在全书中的地位。

学习任务四(3课时):在细读第五章《系维着私人的道德》,学习画思维导图的基础上,用思维导图的形式向没有读过本书的读者介绍本书的主要内容。

教学内容选择:(1)思维导图绘制的方法(思维导图的读图顺序、思维导图的绘制规则[①]);(2)运用关键词提取法、分析法理清论证思路,把

① 赵国庆.别说你懂思维导图[M].北京:人民邮电出版社,2015:2-8,42-54.

握全书的逻辑结构。

课段三：探究《乡土中国》的言语逻辑（5课时）

学习任务一（3课时）：检索相关材料，在班级阅读群上传以下文献：

（1）彭兆荣.魂之归兮，乡土中国——费孝通的乡土情结[J].西北民族研究，2018(3):105-113.

（2）王铭铭，杨清媚.费孝通与《乡土中国》[J].中南民族大学学报(人文社会科学版)，2010，30(4):1-6.

（3）孙郁.费孝通：乡土情怀[J].社会科学辑刊，1998(2):39-44.

（4）韩金桥.现代社会的乡土魂——浅析《乡土中国》[J].时代文学(上半月)，2015(12):288.

（5）李玥.中国乡土社会之面貌——读《乡土中国》有感[J].传播力研究，2018，2(20):220.

（6）刘世定.《乡土中国》与"乡土"世界[J].北京大学学报(哲学社会科学版)，2007，44(5):121-130

（7）张功力.对中国乡土社会的再认识——读费孝通《乡土中国》[J].天水行政学院学报，2019，20(1):113-117.

请选择其中的2～3篇进行阅读，从以下选题中择取其一，结合《乡土中国》具体内容，写一篇不少于600字的分析性小论文分享到班级阅读群里：(1)论点句的表达特点；(2)材料和观点的关系；(3)说理的逻辑特点。

教学内容选择：(1)借助助读材料，理解本书的语言特色和逻辑结构；(2)学习小论文的写作方法(问题提出、观点的提出、材料的选择和结构的安排)。

学习任务二（2课时）：观看《看理想·一千零一夜》之《乡土中国》、央视《读书》栏目之《乡土中国》、湖北卫视纪录片《大揭秘》之《社会学大师：

费孝通》等视频资料，并自主查阅费孝通相关资料，向北京大学校长写一封召开“费孝通诞辰110周年纪念大会”的建议信。

教学内容选择：(1)了解并认同作者献身社会科学的精神和严谨治学的态度；(2)学习建议信写作的知识(观点与材料相结合，根据表达需要选择语气、语调)。

课段四：走出《乡土中国》，反思乡土文化(3课时)

学习任务：费孝通先生曾这样说过：“我不太愿意把这本不成熟的书拿出来，它之所以不成熟，是因为日本人占领并破坏了我所描述的村庄，我被剥夺了在近期做进一步的实地调查的机会。”某地方电视台要拍摄一部《一个千年古村的最后十三个人》纪录片，反映当下的乡村生活并反思乡村文化问题，请你在阅读《一个千年古村的最后十三个人》调查报告的基础上，结合《乡土中国》的相关研究和观点，撰写该纪录片的解说词。

教学内容的选择：(1)了解调查报告的文本特征，并筛选关键信息；(2)电视纪录片解说词的写法；(3)了解景别(大远景、远景、全景、中景、近景、特写和大特写)的相关知识，图文相配，描述与议论相结合，运用《乡土中国》中的观点解释当下乡村的文化现象。

四、结语与反思

《普通高中语文课程标准(2017年版2020年修订)》中指出：“语文课程应引导学生在真实的语言运用情境中，通过自主的语言实践活动，积累言语经验，把握祖国语言文字的特点和运用规律，加深对祖国语言文字的理解与热爱，培养运用祖国语言文字的能力；同时，发展思辨能力，提升思维品质，培育社会主义核心价值观，培养高尚的审美情趣，积累丰厚的文化底蕴，理解文化多样性。”《乡土中国》整本书阅读专题教学设计，基本符合课程标准学术著作“整本书阅读与研讨”的“学习目标与内容”，遵循了《乡土中国》的文本特点，并充分考虑了高一学生学情特点，尝试在确定专题学习目标、创设任务情境的基础上选择合宜的教学内容，直指高中生语文核心素养的培养。本课例，着重从“读什么”“怎么读”和“在什么情境下读”三个维度，由主到次选择了社科论著阅读方法与策略、语言表达特点以及文本内容和逻辑结构的理解等三个维度的教学内容，让学生在真实或拟真的任务情境中学习学术著作的阅读，不仅有效地积累学术著作的阅读经验，掌握必要的阅读方法，而且把阅读和写作有机结合起来，全面提升语文读写能力。

第三章 写作教学课例研究

●○当前写作教学亟须回归真实的写作任务情境，基于真实任务情境重构校本化写作课程，围绕真实的写作任务情境对现有语文教材进行二次开发，依据真实的写作任务情境设计并开展写作教学，建构基于真实写作任务情境的写作教学评价体系。源自真实的或模拟生活世界的写作任务，不仅能够让写作学习者认识写作的意义，激发写作的兴趣，而且能为学习者搭设写作的支架，为学习者发现知识、建构知识和运用知识提供帮助。中小学写作课程的目标、内容、实施和评价需要基于“自我表达”“与人交往”“应对生活和工作的事务”和“用来学习”等方面真实的任务情境，充分发挥写作的功能，通过跨学科的真实写作实践，全面促进中小学生核心素养的发展。

第一节　写作课程与教学：回归真实的任务情境[1]

梁启超是我国现代语文教育史上写作教学的先驱，他在《中学以上作文教学法》中指出，“文章的作用，在于把自己的思想传达给别人”，“传达给别人，须有两条件”，“所传达的，恰如自己所要说的”，“令读者恰恰理会得我的原意”[2]。梁先生所说的文章主要指记述文和论辩文，基本上属于普通文和应用文，因此，他对文章的功能定位是“把自己的思想传达给别人”，特别关注读者，主要强调作者“思想的表达”要“令读者领会我的原意”。蔡元培、刘半农、夏丏尊等人均强调写作教学要满足生活、工作的需要，回归真实的生活情境，“培养学生具备日后在工作和生活中动笔的能力”[3]。这类文章的作者、读者、话题、写作目的和文体都是特定的，文章的功能是为了完成生活或工作中的某项任务。夏丏尊先生特别强调作文的六种态度，即“谁对了谁，为了什么，在什么地方，什么时候，

---

① 王从华．写作课程与教学：回归真实的任务情境［J］．新作文：中学作文教学研究，2019(1)：4-9.

② 梁启超．中学以上作文教学法［M］．北京：首都经济贸易大学出版社，2012：5-6.

③ 张志公．语文教学论集［M］．福州：福建教育出版社，1981：239.

用什么方法，说什么话”[1]，这六种态度实际包含了写作的六个要素：读者与作者、写作目的、写作地点、写作时间、写作方法、写作话题。这一时期的写作教学，具有很强的实用性和交际功能，“交际目的”和“读者意识”都很明确，而且文体分类也比较丰富，基本能满足日常生活之需要。其中，尤以叶圣陶的《国文百八课》《开明国文讲义》为代表，依据西方国家文体学分类，展现出多元的文体开发标准（写作材料和写作目的、是否应付生活上当前的事务、作者的态度）和丰富的文体类别（记叙、议论和抒情三类，学术文、对话、戏剧、抒情诗、叙事诗等文体种类）。[2]

1963年语文教材推出了新的文章学系统，把写作文体归类为记叙文、说明文、议论文三种教学文体。20世纪80年代以来，中小学写作教学改革如火如荼，但发展的趋势呈现出冰火两重天的局面：一方面，写作教学理论界非常关注“真实写作”“个性写作”“创新写作”；另一方面，中小学写作教学中的“写作”语境不断窄化，读者被窄化为“教师”和“阅卷老师”，写作目的被异化为“获得考试高分”，写作文体被简化为三大教学体（记叙文、说明文和议论文），写作教学活动脱离真实生活情境，写作目的是生产出得高分的“小文人语篇”[3]。对学生而言，写作不知如何下笔，难学；对教师而言，写作不知教什么，难教。1998年美国国家教育进展评估（NAEP）通过研究200多个写作教学课堂，指出真实读者的重要性，认为读者不真实，交流不真实，写作就比较无效，建议最好是让学生在真实的环境下为真实的读者写作。20世纪80年代以来，随着情境认知理论及其在教育中应用研究的深入开展，西方国家写作教学由面向学校生活的写作拓展为面向生活世界的写作。因此，我认为：当前写作教学亟须

---

① 夏丏尊.文章讲话[M].北京：北京教育出版社，2014：188.

② 刘国正.叶圣陶语文教育文集：第5卷[M].北京：人民教育出版社，1994：1-703.

③ 王荣生.语文科课程论基础[M].上海：上海教育出版社，2003：183-184.

回归真实的写作任务情境，基于真实任务情境重构校本化写作课程，围绕真实的写作任务情境对现有语文教材进行二次开发，依据真实的写作任务情境设计并开展写作教学，建构基于真实写作任务情境的写作教学评价体系。

一、基于真实任务情境重构写作课程

（一）写作课程重构需要回归真实的写作任务情境

《文心雕龙》是非常系统的一部写作学论著。刘勰在《序志》篇中，用一句话“是以君子处世，树德建言”概括了文章的主要功能是“树德建言”。如何树德建言呢？他在文体论和创作论之前的“总论”里详细论述了作文之关键是“原道”“征圣”“宗经”“正纬”“辨骚”，正如《序志》中说到的“盖《文心》之作也，本乎道，师乎圣，体乎经，酌乎纬，变乎骚：文之枢纽，亦云极矣。”与唐代韩愈、柳宗元等人提出的“文以载道、文以明道”的创作论主张是一脉相承的，“文果载心，余心有寄”几乎成为我国古代文章写作的终极追求。换言之，长期以来，我国古代的大多数知识分子把文章看作是“载心原道”的工具，可以超越时空。尽管他们认可“文章合为时而著”，但往往对真实的写作任务情境认识不足，把写作当成了“树德建言”的工具。随着“情境认知理论”“建构主义学习观”的影响，人们对“情境”在学习中的作用的认识越来越清晰、深入。正如劳拉·布朗指出的，明确目标、确定读者、用头脑风暴总结出中心思想、组织内容，以及修改，你可以以这个步骤中的任何一个步骤开始做起，写出一篇成功的文章。[1]这里的“目标”“读者”是写作无论如何也绕不过去的情境要素。

---

① 布朗.完全写作手册[M].袁婧，译.南昌：江西人民出版社，2017：4.

随着“第三次浪潮”①时代的来临，写作的功能不再局限于“载心原道”，而且还有“与人交往”“应对生活和工作的事务”，以及“用来学习”等。

（二）写作课程重构基于完成真实写作任务的需要

从认知心理学的视角来看，写作是知识转换的加工过程。美国学者琳达·弗劳尔和约翰·R.海耶斯认为，成熟的写作者的写作过程具有三个主要成分：写作环境、作者的长时记忆和工作记忆。这三部分具体包括以下内容：(1)任务情景和外部储存；(2)有关主题的知识、读者的知识和修辞的知识；(3)有关计划、述写和复查的知识。三部分相互影响、彼此制约。从认知语言学的视角来看，写作是高级认知过程，是认知问题、理解问题和解决问题的过程。从语言的交际原则的视角来看，写作是一个不断挖掘和重塑作者思想的过程，是一个需要作者和读者相互交流的过程。②以上三个视角为写作课程的重构提供了扎实的理论基础。写作课程目标、内容、实施和评价要回归中小学生的生活世界，与学生的知识转换、认知过程和交际情境关联起来，通过写作认知、适应和改造自己生活的世界。

（三）写作课程的重构不仅要基于儿童现实世界，还要着眼未来世界

中小学生现实的生活世界（阅读世界和想象的世界）是丰富多彩的，未来的世界基于现实世界，又超越现实世界。“教育的任务不仅仅是传递‘已经打开的盒子’里面的内容，更应当是培养学生对‘尚未打开的盒子’和‘即将打开的盒子’里面内容的好奇心。”③写作课程应把中小学生的学

① 托夫勒.第三次浪潮[M].朱志焱，潘琪，张焱，译.上海：生活·读书·新知三联书店，1984.

② 魏小娜.真实写作教学研究[M].北京：人民出版社，2017：117-119.

③ 铂金斯.为未知而教，为未来而学[M].杨彦捷，译.杭州：浙江人民出版社，2015：18.

习世界与现实生活世界、未来生活世界链接起来，让他们在真实的任务情境和拟真的任务情境中学习写作，培养他们用写作解决学习、认知和与社会交往的能力。当前，我国中小学写作课程一定要突破以记叙文、说明文和议论文三类教学文体知识为主的课程内容框架，以学生学习、认知与交往的生活世界为中心重构写作课程内容。课程内容应根据真实任务情境的需要，开发更多的文体类型，让诗歌、童话、小说、剧本等文学文体和读书笔记、研究小论文等实用文体的写作知识成为写作课程内容的重要组成部分，大力倡导任务型写作教学评价，并使其成为中小学写作课程的主要模型。课程内容（基于真实写作任务情境的写作知识）的除旧纳新是写作课程重构的核心内容，写作课程知识开发有三个主要渠道：(1)整合、鉴别和筛选古今中外已有的写作知识；(2)辨识和抽取语文教师优秀写作课例中的写作知识；(3)萃取优秀作品中的核心写作知识。这些知识能够与真实的写作任务关联起来，并能够转化为中小学生的写作经验。

二、围绕真实的写作任务情境对现有语文教材进行二次开发

有学者指出，我国当前在使用的教材中，有的写作任务是有写作核心知识和要求的提示的，有的则没有，有的太大、太宽泛，操作性很差[①]，这种评价不免是一时愤激之词，但也不无道理。如新课标某某版本高中实验教材中关于“描写”的课文内容，先是给出了两个描写的例子，然后指出“描写着眼于刻画、描摹，使客观事物有形、有声、有色地再现在读者面前，从而增强作品的生动性和感染力”，最后简单阐述了描写时要注意的三个问题：有明确的目的，善于抓住特点，带有鲜明的感情色彩。这些

① 荣维东.写作教学的关键要素与基本环节[J].语文建设，2018(16):21-25+43.

写作知识脱离了具体的写作语境，因此显得比较空泛、笼统。语文教师如果仅传递这些静态的写作知识，是很难有效指导学生学会描写的。

在真实的交际语境中呈现具体化、情境化的写作知识，是写作教材编写发展的方向。“写作任务语境”包括读者、目的、角色、话题、语言等要素，这些要素是真实写作中非常重要的“潜在动机资源”。写作的本质是交流，这种交流机制是写作活动得以顺利进行的“支架”。特定的“交际语境”引发了学习者的写作动机，在写作教学过程中，学习者总是揣摩并设想着读者的需求、已有的知识经验，根据自己的意图选择话题，与读者进行对话和交流。斯特弗从读者要素出发认为：“读者对作者具有重要的启发价值，能成为作者发明创造的有力的工具。正如许多老师所意识到的，一旦作者能预想出读者们已知的、想要知道的和将对他们的思维方式产生影响的东西，这反过来会有助于作者的创作。”[①]

现有语文教材写作单元提供的知识主要有三类：(1)提供培养学生写作兴趣、爱好的知识，如部编版七年级上册第一单元《热爱生活，热爱写作》；(2)呈现话题和写作方法与技巧的知识，如部编版三年级上册第六单元《这儿真美》；(3)呈现写作方法与技巧的知识，如部编版七年级下册第一单元《写出人物的精神》。这是写作单元内容的主流呈现方式。基于此，回归真实的写作任务情境，对现有教材进行二次开发要做好以下两方面的工作：(1)对教材的写作单元进行分析，判断是哪一类知识的呈现方式；(2)针对不同的单元编排方式，创设真实的写作任务情境，并根据学生完成写作任务的需求选择具体化的写作知识。如针对第一类写作知识单元，需要根据学生真实的生活情境创设真实的或拟真的写作

---

① 斯特弗，等.教育中的建构主义[M].高文，徐斌艳，程可拉，等，译.上海：华东师范大学出版社，2002:244.

任务情境，指导学生自由写作。激发学生写作欲望的关键是让学生明白“这一次写作”行为的交际性，帮助学生探究、发现或设想这一次写作交际语境的要素，并使之具体化。如安徽的董艳老师开发的“乡土儿童诗读写”课程①，可以作为这类写作单元开发的范例。她通过周二诵诗（古今中外的经典诗歌）、周三送诗（教师创作的白话诗）、周四作诗（学生集体创作）、周五习诗（诵读前三首诗，并讲述自己的写作故事）和课外寄诗（记录一周的诵诗—送诗—作诗—习诗，表达自己独特的体验和感受）一系列综合学习活动，教师和学生一起读写思行，不仅让孩子们爱上了诗意的生活，而且让孩子们充分感受和体验到了写作的自由和快乐。针对第二类写作知识单元，应联系中小学生的生活补充完整写作任务情境，并根据写作任务的需求选择、细化写作知识。针对第三种情况，则需要创设写作任务情境，然后根据任务情境选择、细化和补充写作知识。如针对部编版语文七年级下册第一单元《写出人物的精神》，上海市进才中学彭晓老师创设的任务情境是：我的一个学生，他每年都要跟随家长去深山里看他们资助的一个学生。他们下了火车，走了好几个小时泥泞的山路，才到达深山里的这所学校。这是我从家长微信朋友圈里截取下来的图片。这所学校坐落在群山的怀抱里面，他们把文具带给这个孩子，把资助品亲手交到这个孩子的父亲手中。回来后，我这个学生想写一篇短文发表到校刊上，希望能有更多的学生参与到这个志愿活动中来。但是编辑不同意，编辑认为这段文字太单薄了。（屏显）这个瘦弱的男孩拿着书本，满脸的紧张无措。编辑的意思是，我们能够对这个男孩的眼神做出描写，再写不远处他的同学，以及他身后的操场、篮球架、远处的

① 董艳.乡土儿童诗进课堂的实践研究[J].教育，2019(42)：8-12.

山。[①]依据这个写作任务，对知识进行选择，主要通过侧面描写的手法突出人物精神，达成作者的写作目的。

三、依据真实的写作任务情境开展写作教学

写作教学就是要教学生通过写作去认识生活、体验生活和适应未来的生活，让他们学会以一种“写的状态”去生活，将“外在的生活”转化为“内心的生活”，体验生活并形成一种“经验了的生活”。这正是写作心理学中说的“从物到意”的转换。写作教学的重要任务是：培养学生的唤起、联想、再现、改造、发酵已有生活记忆和经验的能力。写作教学要帮助学生唤醒、激活生活经验，思考、整理自己的思想，对生活表象进行加工、转换。“写作训练实质上是一种认知训练、思想训练、审美训练或情感态度价值观教育。”[②] 2014年以来，郑桂华、荣维东、魏小娜、邓彤、叶黎明、周子房等一大批语文教育研究者和优秀的语文教师在回归真实的写作任务情境、设计并实施写作教学方面，开发出了大量的写作教学案例。这些教学案例的共同点有：(1)创设真实的写作任务情境；(2)根据写作任务与学生已有写作经验的落差选择写作知识；(3)根据写作任务完成的需要和学情，设计和使用写作学习支架；(4)写作教学贯穿出示写作任务、构思、行文、修改和发表等整个写作过程。真实的写作任务情境不仅包含完成这一次写作任务的生活情境和学习情境，还可以嵌入到综合实践活动、项目学习和专题学习中。

---

① 彭晓．"细节描写展现人物精神"课堂实录[J]．新作文：中学作文教学研究，2019(5)：25-28.

② 荣维东．我国写作教学的主要问题及其解决路径[J]．课程·教材·教法，2012，32(11)：62-67.

(一)综合实践活动中的写作教学设计与实施

如在“走进三百山，了解秀美的安远”①综合性学习活动中，我和合作老师设计与开展的学习活动有：(1)通过网络、访谈或游览的方式搜集三百山的文字资料或图片资源，讲述自己搜集资料或游览的经历或写三百山的旅游景点介绍，在小组里分享与交流；(2)在阅读资料和现场游览的基础上，写作导游词，开展“三百山优秀导游”选拔赛；(3)采访有关人员和查阅旅游景点开发的资料，编写三百山旅游景点开发与建设的规划书，在小组内交流；(4)写一篇游记，表达你对三百山独特的情感，编写一期以“美丽的三百山”为主题的手抄报或班刊，并在全班交流。在组织实施综合实践活动中，创设了三个写作任务情境，分别要求写导游词、编写规划书和游记三类语篇，并在教学过程中搭设学习支架，帮助学生完成写作任务。

(二)项目学习中的写作教学设计与实施

在语文项目学习中，项目的成果一般以小论文的形式呈现。深圳南山集团南兴小学邓玉琳老师的《小学生小论文写作实践研究》②具有代表性。她指导学生写作的“小论文”，指的是小学生经过“选题—文献查阅—实验、调查或者访查—答辩”等一系列研究步骤，以“问题提出—问题解决—研究过程表述”为形式的应用文体。写作实践分为三个阶段：(1)低年级，学会在真实语境中记录描述问题，触碰研究性学习的基本模式；(2)中年级，学会在小组合作中确定研究思路，规范做研究、写论文的基本模式；(3)高年级，利用多方资源、全程跟踪指导论文写作。项目成

① 王从华，郭婳.基于地方课程资源开发的语文综合性学习设计探索——以赣南客家地方文化资源为例[J].基础教育研究，2016(19)：42-45.

② 邓玉琳.小学生小论文写作实践研究[J].教育研究与评论，2018(2)：84-89.

果展示形式有小论文选题、研究报告和小论文答辩三种。邓老师根据不同学段项目研究的进展和学生的认知特点，搭设了形式多样的写作学习支架，如例文支架（问题描述例句、文献卡片、实验方案）、活动支架（大胆猜想活动、头脑风暴活动、合作讨论活动）、知识支架（图书信息搜索的知识）、思维支架（证据意识），为学生顺利完成小论文提供及时有效的帮助。

（三）专题学习中的写作教学设计与实施

《普通高中语文课程标准（2017年版2020年修订）》不仅创设了“学习任务群”整合课程内容这个学科大概念，而且在教学建议部分明确了借助学习任务群，落实核心素养的几条基本路径：“加强课程实施的整合，通过主题阅读、比较阅读、专题学习、项目学习等方式，实现知识与能力，过程与方法，情感、态度与价值观的整合，整体提升学生的语文素养。”专题学习是一个综合性的学习任务情境，读写一体是专题学习的主要特点之一，围绕专题学习任务，通过写作帮助学生打开思维、推进阅读、深化思考、物化成果。如方孟坤老师的课例《我以我血荐轩辕——鲁迅杂文专题》[①]较有代表性。随着专题学习的展开，方老师设计了以下写作任务：(1)写读书笔记；(2)写一段鲁迅印象；(3)写读后感；(4)制作读书卡和手抄报；(5)完成“我眼中的鲁迅”研究小论文。前四个写作任务是为了完成阅读任务、深化阅读认知的写作活动，最后一个写作任务则是物化专题学习的成果。为了指导学生完成最后一个写作任务，除了前面四个课段的写作活动作为一个支架外，方老师还搭设了小组讨论、名家示范的范文和教师修改范例的支架，从而帮助学生完成写作任务。

基于上述研究成果，笔者与中小学语文教师在做写作教学课例研究

① 方孟坤.我以我血荐轩辕：鲁迅杂文专题[M].北京：北京师范大学出版社，2017.

的过程中，得出以下结论：(1)当前中小学写作教学的首要任务是设计真实写作任务（关键是创设基于学生生活体验和可获取的材料，创设真实或拟真的写作情境任务），激发学生的写作欲望和动机，并根据特定的写作任务情境选择和开发核心写作知识；(2)设置处于学生最近发展区中的认知或情感冲突，这样才能把写作任务转换为学生的学习和生活需要，激发写作的动机，并在掌握新知识的过程中完成写作任务；(3)写作知识是写作教学内容的核心组成部分，主要包括写作的概念性知识、程序性知识和策略性知识。在教学设计和实施中，语文教师应聚焦这一次写作的核心问题，选择针对性强、有操作性的核心知识，并以恰当的方式呈现，这样的写作教学才是合宜的、有效的；(4)写作知识只有根据特定的任务情境，转化或嵌入符合中小学生认知规律的学习支架后，才能真正帮助学生完成写作任务，从写作的低水平状态走向高水平状态。

四、建构基于真实写作任务情境的写作教学评价体系

长期以来，我国中小学写作评价主要涉及三个方面：一是内容，包括立意、中心、内容；二是表达，包括结构、顺序和语言；三是书写。这三个维度的评价内容往往脱离真实的写作任务情境，考查学生的思想境界、语言表达和书写技能，这是对我国古代写作思想“载心原道”“树德建言”的承袭，容易滑向对学生思想情感的“规训和控制”，而对语言表达和书写技能、技巧的强调，则容易助长虚假的文风。如果我们日常的写作测试和写作评价不能落实真实写作任务情境的评价，中小学生真实任务写作实践是很难持续下去的。如何建构针对真实任务情境的教学评价呢？魏小娜、荣维东、祝新华等学者做了深入的研究，提出了很好的建议。但当前基于真实任务情境的写作教学评价的研究还比较薄弱，如何建构本

土化的真实任务评价标准体系将是今后写作教学要研究的一个重要课题。在这里仅提出以下设想,供大家讨论:(1)针对真实的写作任务情境,评价学生写作知识、技能和问题解决能力;(2)针对不同的写作任务情境,开发不同的评价标准,如转化知识、深化认知的写作任务,与人交流的写作任务,以及自我表达的写作任务,评价的项目、要点应该是有差异的;(3)基于真实任务情境的写作测试应成为写作水平考查、考试的主要形式;(4)应该根据学生真实的生活情境、未来的生活需求和认知特点,建构精细化的多元评价标准。

总之,我国写作教学由不可教转向可教,突破的关键是回归真实的写作任务情境。这些任务情境既观照中小学生现实的生活世界,也观照未来的生活世界,可以是真实发生的生活情境,也可以是拟真的文化认知情境。写作课程的重构、教学教材的开发、写作教学实施、写作教学评价都应围绕真实的写作任务情境展开,教学基于真实的任务情境,在任务情境中,指向真实任务的完成。开发促进中小学生生活经验得以丰富、发展和完善的核心写作知识,搭设写作学习支架,实施写作评价与测量,将是今后写作教学理论研究和实践探索的核心议题。唯有如此,我国中小学写作教学才能走出困境,迎来百花齐放的写作教学实践的春天。

第二节　写作思维教学的进展、问题与启示①

1978年以来的四十多年间，我国中小学写作思维教学研究，大致可分为初创期、转型期和“矫正—深化”期三个阶段。以文章学为中心的写作教学坚冰正在被打破，在文体多元化、任务情境化的语境下，多元文体、真情实感和文体思维成为写作思维教学的关键词。当前写作思维教学存在的问题是：写作思维训练浅表化与写作思维模型研究缺失的两难困境，写作思维教学内容序列化与情境化的转化与对立，写作思维教学简单化与复杂化的钟摆现象。因此，写作思维训练应建构科学的写作思维训练模型，开发精准的核心写作知识和构建科学有序的写作思维训练内容体系。

1978年，章熊先生在《我对“语文教学科学化”的几点想法》一文中提出：“语文教学的主要任务应该是语言与思维的训练。”②虽然这句话只是直觉经验式的论断，但是冲破了我国几千年来“文章章法训练”和现当代笼统玄虚的“读写结合”写作训练的写作教学观，为写作教学指明了科学化的发展方向。四十多年过去了，尽管我国中小学写作教学依然问题重

① 王从华，李雯欣．写作思维教学的进展、问题与启示[J]．中学语文教学，2019(4)：4-9.

② 章熊．我对“语文教学科学化”的几点想法[M]//《新中国中学语文教育大典》编写组．新中国中学语文教育大典．北京：语文出版社，2001：208.

重，然而"思维是写作的关键"[①]，已渐渐成为写作教学的共识。随着国外过程写作、交际写作等理论和实践的引介，我国中小学以文章写作为中心的写作教学正在发生变化，在文体多元化、任务情境化的探索中，写作思维教学有了新突破，同时，也面临着新的发展困境。

一、写作思维教学研究发展概述

纵观四十余年的写作思维教学研究，大致经历了由文章写作到过程写作和交际语境写作范式的转型。[②]这种转型与心理学研究中的言语思维理论和情境认知理论，语用学研究中的语言交际理论，以及"以学生发展为中心"的课程理论，是联系在一起的。考虑上述因素，我们把四十余年的写作思维教学研究分为三个阶段进行梳理，并归纳出各个时期具有代表性的观点和实践经验。

（一）初创期（1978—2000年）

这一阶段研究的主要内容是三大教学文体结构和写作过程思维训练。"语文教学的基本任务应该是使学生思维清楚，语言准确。"[③]"思维既是写作的前提条件，又是运笔行文的先导，它贯穿写作活动的始终，指导和支配着写作的全过程。无论是选题定向，聚材取事，立意炼意，谋篇布局，还是修改润饰，都离不开思维活动。"[④]1963年语文教学大纲规定，以记叙文、说明文、议论文三大文体为教材选文的主要文类，在写作方面，初中要求能写记叙文、应用文和简单的说明文、议论文；高中阶段要求能写复杂的记叙文、应用文和一般的说明文、议论文。直到20世纪末期，

---

① 覃可霖.写作思维学[M].南宁：广西人民出版社，2002：2.

② 荣维东.交际语境写作：我国写作教学的发展方向[J].语文教学通讯，2013(12)：4-8.

③ 章熊.语言和思维的训练[M].上海：上海教育出版社，1983：2.

④ 程世寿.思维与写作[M].北京：新华出版社，1990：14.

这三大教学文体的写作以及与之相关的文体知识，一直是写作教学的主要内容。这一时期的写作思维教学，主要以三大文体结构和写作过程的思维训练为主，具体表现为三种形式：(1)突出对三大写作文体的模仿学习，写作思维训练主要是文体结构的训练，以钱梦龙的“模仿—创造”训练体系、陈功伟的“表格模仿”教学法、杨初春的“快速作文”教学法和林永山的“作文套路”教学法为代表；(2)走出文章结构的模仿与训练，转向写作智能方面（观察、思维等心理习惯和能力）的训练，培养写作活动中的思维能力，以常青的“分格训练”作文教学法，高原、刘朏朏的“观察—分析—表达”三级教学模式，章熊的“语言—思维”训练教学法为代表；(3)跳出文章作为结果的写作范式，开始注重写作过程（审题、立意、选材、布局谋篇、语言运用）的训练，周蕴玉、于漪的“文体为纬，过程为经”体系，中央教科所“文体—过程”双轨训练体系和扬州师院的“三线并行”教学体系，是这种写作思维训练的代表。

（二）转型期（2001—2010 年）

这一阶段，特别强调“真情实感”和“创新思维”在写作教学中的重要作用，提倡多元文体和真情实感写作。2001 年《全日制义务教育语文课程标准（实验稿）》和2003年《普通高中语文课程标准（实验）》强调，写作要“贴近学生实际”，“表达真情实感”，“在表达实践中发展形象思维和逻辑思维，发展创造性思维”。

这一时期，以章熊为代表的中小学语文教师认为，写作课是“应用型”学科，写作教学应着眼于“操作能力训练”（即在语言实践中进行思维训练），由关注“文章主体”转变为关注“写作主体”；写作文体要突破三大教学文体，由以文体知识和范例知识为主线的思维训练向“写作过程化”

思维训练过渡，强调对写作“程序性知识”“策略性知识”的挖掘。[①]马正平教授结合写作心理学、写作思维学、写作美学等写作理论，建构了写作思维的路径操作模型，强调“写作思维中最重要的两件事”是：“写什么”（立意选材），即“立意思维”；“怎样写”（材料的组织），即写作“结构思维”，并从“立意思维”“结构思维”的操作技术层面做了深入的讨论。[②]在高校从事语文课程与教学论的一大批学者，如王荣生、郑桂华、李海林、曾祥芹、李乾明、叶黎明、魏小娜、荣维东、朱建军等人，把写作思维教学研究推向了新的阶段。研究成果主要集中在四个层面[③]：

（1）关注写作的真实性问题，强调回归真实的语境和写作任务，写作要考虑写作目的、对象等要素。

（2）重构写作文体。打破记叙文、说明文和议论文教学文体的分类，主张从文章写作和文学写作两个维度重新划分文类，并强调写作文类的多样性和丰富性。

（3）深化读写结合研究。郑飞艺指出，写作教学中阅读为写作提供形式上的样例和内容上的支持；朱建军则依据选文四种功能性分类，提出“积累性写作”“模仿性写作”“学习性写作”“评论性写作”和“探究性写作”五种功能性写作类型。

（4）强调写作“交际性”特点，即写作是特定语境中构造语篇的书面表达活动。

上述研究为写作课程体系的重构做了客观的理论准备，但是尚缺少实证研究。

---

① 章熊.关于中学写作教学的几点思考[J].中学语文教学，2006(10)：3-6.

② 马正平.中学写作教学新思维[M].北京：中国人民大学出版社，2003：174-183.

③ 叶黎明.新世纪以来写作教学理论研究取得的进展[J].语文教学通讯，2013(33)：10-11.

(三)“矫正—深化”期(2011 年至今)

这一阶段,写作是文体思维训练已达成共识,主张在特定语境下开展多样化文体的写作思维教学课例研究。《全日制义务教育语文课程标准(实验稿)》把写作定义为“用语言文字进行表达与交流的重要方式,是认识世界、认识自我、进行创造性表述的过程”。这就为寻求综合写作思维能力的培养指明了方向。随着研究深入,人们发现写作是一种文体思维,文体在写作过程中起着重要的规范制约作用,写作思维作为一种特定的思维存在模式,它必然有自己的独特之处。其中,各种思维方式在写作活动中共同参与及相互作用,使写作思维呈现多维化特征;写作活动中思维由低级向高级的发展,又使其具有一定的层次性特征。①任务情境的多样化、文体的多样化,决定了写作思维的多样化。2014年《中学语文教学》开设《写作实验室》专栏以来,郑桂华、邓彤、魏小娜、荣维东、叶黎明、胡根林、周子房、王从华等人发表了一系列写作教学课例研究成果,对回归真实写作教学的写作思维进行了实证化的探索。研究的主要内容有:(1)创设真实或拟真的写作任务情境,关注的焦点问题是写作任务设计、分析;(2)多种文体写作思维训练,包括故事、诗歌、童话、抒情散文等文学文类,也有研究报告、科学小论文、时评文和议论文等多种实用文类;(3)写作思维训练试图贯穿审题、构思、行文、修改和发表等整个写作活动,并进行语段、语篇的结构训练和语言表达的思维训练;(4)通过设计“簇型图”“比较和对比图”“环形结构图”“鱼骨图”“框架互动图”“蜘蛛图”等图表支架,“头脑风暴”“生生互动”等活动支架,指导学生生成语段、语篇。

---

① 覃可霖.写作思维学[M].南宁:广西人民出版社,2002:2,248.

二、写作思维教学研究存在的问题探析

(一)写作思维训练浅表化与写作思维模型研究缺失的两难困境

写作思维主要是一种文体思维,这是写作教学研究领域已达成的基本共识。不同的文体在写作过程中,既需要遵循共同的思维操作模型,如任务分析、语篇生成过程和语篇修改等方面共同的思维运行机制,又需要根据话题、读者、写作目的的不同,采用不同的写作思维方法。

二十世纪八九十年代的写作思维训练,主要从文章结构和写作过程方面建构思维训练模式。如钱梦龙老师的"模仿—创造"训练体系、陈功伟的"表格模仿"教学法等。而常青的"分格训练"作文教学法以写作思路训练为核心,引导学生从五味七情辨析入手,按一定规格训练学生观察力、思维力、想象力和表达能力。[①]高原、刘朏朏的"观察—分析—表达"三级教学模式,"将认识能力和反应能力的养成过程具体化到作文的训练中来",其中,"观察是基础,分析是核心,表达是结果"。[②]周蕴玉、于漪的"文体为纬,过程为经"体系,"以各种文体的写作特点为纬线,以写作的一般能力——审题、立意、选材、布局谋篇、语言运用等为经线,精选典范作品为例文,按照单元要求设计训练方案,组成一个读写结合、分阶段、有层次的训练序列"。[③]章熊先生则以"语言—思维"训练为目标,突破以往命题作文的形式和限于语法修辞、篇章结构的教学,建构了包括"语言练习、形式逻辑训练、想象与联想、综合与概括的训练、写作技巧的局部练习、阅读与分析练习等六个方面"作文教学的新模式。[④]以上写作思维教学的共同点是注重记叙文、说明文和议论文三类教学文体一般的

---

① 周进芳.中学作文教学研究[M].武汉:华中科技大学出版社,2002:194-202.

② 周进芳.中学作文教学研究[M].武汉:华中科技大学出版社,2002:202-205.

③ 马正平.中学写作教学新思维[M].北京:中国人民大学出版社,2003:91-92.

④ 程少堂.流派纷呈:作文教学改革30年[J].教育理论与实践,2008,28(15):10-11.

文章结构和语言的形式化训练，其中，章熊先生主持的小论文写作是例外。这一时期的写作思维教学无论是从文章结构、写作过程，还是从语言表达与思维的关系等方面建构的训练模式，都较少从写作的特定情境，以及学生的生活经验和思维类型建构科学的写作思维模型。到了二十世纪末期，写作学理论取得了重大突破，即认识到"'写作'是'主体'（写作者）'客体'（写作者视野中的客观世界）'受体'（读者）和'载体'（写作样式）之间的互动过程"。[①]在真实的写作中，无论是以言语主体"自我实现"为目的的写作，还是"植根于生活实际的写作"，抑或是"生活作文""现场演示作文"，这些要素都是不可缺失的。但是，这些要素之间是一个怎样的互动过程，研究者并没有给出具体的答案。

（二）写作思维教学内容序列化与情境化的转化与对立

教学是特定教学内容在有限时间内的有序展开。而写作课缺教，往往表现为缺少教学内容的铺展，教师很难在写作课讲下去。写作教学内容决定了写作思维训练的方式，教学内容的模糊化，导致在思维训练方面也不清不楚。写作思维训练应该是序列化的，教学内容应依循文体特点、学生的认知特点以及写作思维类型的特点逐层铺展开来。四十余年来，写作思维层面的教学内容在写作过程训练中形成了不同的序列，但是这种序列与学生的生活经验和认知特点往往存在较大差距。2001 年语文新课程改革后，由于课标、教材和中高考作文有淡化文体的取向，记叙文、说明文和议论文等所谓文体名称取消了，以文章特点、写作过程为序列的写作思维训练被打破，取而代之的是脱离了文体思维的"议论文体+散文语言"的"高考优秀作文"和日记、书信、病例诊断书、实验报告等"创新文体"的思维训练。前者引入了逆向思维、收敛思维、纵向思维等

① 章熊，徐慧琳，邓虹，等.和高中老师谈写作教学[M].北京：人民教育出版社，2012：1.

思维知识，意图是打开学生议论文写作的思路，但总体上是“指向思维的训练，而不是指向写作”[①]；后者则有意淡化对不同文体及其谋篇布局和语言的训练，追求文体的创新和语言的创新。然而，这两种思维训练的写作都脱离了真实的写作情境和学生写作能力发展的规律，进而导致大量“虚假作文”和“小文人语篇”的出现。2011 年以后，大量写作课例研究的出现，开始回归真实的任务情境，强调写作教学的微型化、写作知识的精准化和思维训练的情境化。但是，目前的研究似乎由一个极端走向了另一个极端，即走向了碎片化和随意性。

（三）写作思维教学的简单化与复杂化的钟摆现象

有丰富教学经验的语文教师已经认识到，“写作教学的重点应该是对学生思维的启迪、激活和挖掘”[②]。在写作实践中，普遍存在着思维教学简单化与复杂化的钟摆现象。写作思维教学的简单化，是指教师写作教学的路子主要有三种：一是题目加范文加写作活动，二是创设情境、组织活动模式加写作活动，三是提供讲授章法的知识加写作活动。这三种路径都很少关注学生写作思维发展的实际需要或者认知规律，所教的基本上是一种应试化的作文法，几乎无法解决学生写作中实际的问题和困难。写作思维教学的复杂化，是指教师在一次写作教学中，教给学生大量的立意、构思、选材和语言表达等一般性的写作知识或思维知识。这种写作教学似乎注重的是要一揽子教给学生以系统的写作知识，却很少针对这一次写作中学生遇到的主要问题或困难，结果对学生写作水平的提高几乎没有什么作用。梳理近年来公开发表的大部分写作课例，基本都在上述两种现象之间摇摆。

---

① 王荣生.写作教学教什么[M].上海：华东师范大学出版社，2014:31.

② 曹公奇.思维训练是写作教学的重点[J].写作，2009(24):8-9.

三、写作思维训练研究的启示

(一)根据学生言语思维发展特点，建构科学的写作思维训练模型

四十余年写作思维教学的发展，经历了由外在于写作者的文体结构和一般写作过程向写作者内在的认知经验、生活经验和情意发展的转变。这种发展路径显示，写作思维训练要聚焦文体思维和学生言语思维关联点，从学习者写作思维类型的角度出发，分别建构写作思维一般认知模型(如海耶斯－弗劳尔写作认知模型[①])和不同语段、语篇的个性化写作思维模型。语段思维模型是我国写作研究缺失的部分，因此，在回归真实任务写作的背景下，根据汉语言以流水句为主的特点，建构语段思维模型是今后写作教学的重要任务之一。

(二)吸收相关学科的研究成果，开发精准的核心写作知识

“不少探究写作思维训练的文章只是触及到了思维的概念和训练的例子，却没有深入到思维本身上去探究思维的内部构成。”[②]如果没有写作思维理论研究的支撑，写作思维教学很难取得实效。写作教学既离不开特定文体写作思维知识的支撑，也离不开特定的写作任务情境的支持。因此，写作教学在实践中需要依据具体写作任务的关键点和学生的疑难处，开发“精准的写作知识”，嵌入学生感兴趣的、便于使用的学习支架中，并根据学生身心发展的特点生成思维训练的知识体系。正如叶黎明指出的，“以支架为‘拐杖’，以训练为手段，是完全可以把写作知识内化为学生的写作能力与思维方法的。”[③]

---

① 陈程程，罗晓杰.海耶斯–弗劳尔写作模型视野下写作活动设计分析[J].基础教育外语教学研究，2014(8):28–31.

② 张伟.论中学写作教学中的思维建模[J].四川师范大学学报(社会科学版)，2001(4):101–108.

③ 叶黎明.支架：走向专业的写作知识教学[J].语文学习，2018(4):56–61.

（三）从直觉经验走向实证研究，建构科学的写作思维训练内容体系

四十余年写作教学实践和研究表明，写作思维训练应该形成系统化的教学内容体系。但前期的研究基本是教师个人的实践探索，大都是“我认为”式的经验总结。虽有一定的借鉴意义，但终究缺少科学性和系统性。写作思维训练需要走科学化的道路，也就意味着经验总结性的研究和碎片化的课例研究必须转型，即在系统化、科学化实证研究的基础上，建构科学有效的写作思维教学内容体系。

第三节 基于任务情境创设的课例研究①

任务写作中的“写作”与真实生活中的写作是一致的，都是为了特定的读者和写作目的而开展的实践活动。写作教学任务情境通常包括真实的情境和拟真的情境，真实的情境是“发现”和“利用”现实生活中“现成”的写作课程资源，而拟真的情境则通过创设而产生一种逼真的写作环境和氛围。真实生活中一般是先有任务情境，才有写作活动。而日常写作教学则相反，往往是教师先确定要教的写作知识，然后再去创设写作任务情境。好的写作任务情境能降低写作难度，起到学习支架的作用。因此，如何创设蕴含“写作知识”的任务情境，是任务写作迫切需要解决的问题。深圳新安中学黄翀老师的《你好！旧时光》课例，在写作任务情境的设计上做了一些有益的探索。

《你好，旧时光！》教学实录

一、写作任务情境创设

记叙文是初中生常写的文体类型，但在什么情境下写、写什么、怎么写等方面一直困扰着语文教师。设计本课前，我通过问卷调查的方式探知了七年级学生的写作学情。在对“写出生活中打动你的人和事，你遇

① 王从华.创设蕴含“写作知识”的任务情境[J].中学语文教学，2019(2):42-48.(课例研究合作者是广东深圳新安中学初中部黄翀老师)

到了什么难题”的回答中，大部分学生表示自己想不到有故事可写或想到的故事都很乏味。这表明学生对自己的生活缺少观察与了解，写作时缺乏写作素材，难以下笔。

我在网上浏览新闻时，看到了这样一个创意活动：人民日报新媒体为致敬改革开放40周年，在北京三里屯创办了“时光博物馆”，让参观者“体验”40年来人们衣食住行等生活方式的变迁，感受历史的沧桑巨变。由此，我受到启发：如果创设一个类似的情境，让学生拿出自己珍藏的物品，讲述自己的时光故事，不就可以解决学生“不知写什么”的难题吗？于是，我设计了如下写作任务情境：

如果你有一座时光博物馆，你想把什么放进去？在你的成长历程中，一定有几件难以割舍的物品，有几件珍藏至今的纪念品……请选择你的珍藏品，向老师和同学讲述你和它的故事，不少于600字。

二、写作教学过程

（一）课前准备

1.请每位同学选择一件自己最珍爱的旧物，根据要求填写下表。

表1 写作清单

珍藏的物品	
与物品相关的人和事	
背景信息（包括时间、地点、场景和环境）	
珍藏的原因	

2.播放宣传视频。珍藏心爱之物，记录时光印记。欢迎光临“时光博物馆”，与最美时光相遇！观看杨洋、宋佳、惠若琪等明星选择的物品，讨论他们选择珍藏的理由。

生：杨洋要把他的军装照放进博物馆，他为曾经是一名军人而自豪，那是一段珍贵的人生经历。

生：宋佳放的是一本英语词典，只要坚持，时间自然改变一切。

生：惠若琪想把一个排球放在里面，赛场上的经历让她相信，生活需要毅力。

师：他们要放到博物馆里的物品，大多数背后都记录着过去的点点滴滴，陪伴着自己的成长，物品对他们而言有着特殊的意义和情感。

3.展示“时光博物馆”所征之物（学生物品）：广州塔纪念品、乒乓球拍、毕业纪念册、奖牌、邮册等。

（二）讲述自己的时光故事，确定话题

师：请说一说你的物品，简述一下自己的时光故事。

生：我的纪念品是广州塔模型，这是我跟爸爸妈妈去广州塔游玩的时候买的，当时我很害怕，不敢上那么高的塔，后来我登上去了，爸爸就买了它给我做纪念。

师：你是怎么克服恐高的？还记得爸爸当时做了什么吗？

生：爸爸拍着我的肩膀鼓励我说，你要勇敢，我陪你上去。

师：父爱如山。父爱是你最可靠、最坚强的后盾。

生：我想放进博物馆的物品是一双手套，这是妈妈送我的生日礼物。

师：能不能具体形容一下？

生：这是一双黑色的针织手套，是很普通的那种款式。我戴了好几年，很暖和的，是我妈妈自己织的。

师：满满爱意的手套，看得出来，这是你的最爱。还记得妈妈送你手套时的情景吗？

生：那是一个早上，我一起床妈妈就把手套递给了我，说是送我的生日礼物。我看到她眼睛里布满血丝，她一定织了很久，我很感动。

师：妈妈的爱就如这副手套，温暖着你，陪伴你度过一个又一个的严冬。请把这个美好的故事写得更详细一点，让我们也能感受到妈妈对你的爱，好吗？

……

师：每个人的时光故事都很精彩，我们怎样才能写好自己的故事呢？别着急，今天我也带来了一件珍藏在“我的时光博物馆”中的物品。

出示一双旧拖鞋，学生笑。

师：大家可别笑，这双旧拖鞋陪伴我度过了整整五年的时光。你们知道为什么我舍不得丢掉它吗？因为我常常穿着它乱跑，跑着跑着，就不像样了。外婆每次来，都会替我把它洗干净。每次我再穿上拖鞋时，暖和舒适之感就会涌上来。

师：大家觉得老师的故事感人吗？

生：感人。

师：在我的记忆中，外婆给我洗拖鞋的模样最难忘记，也是我的故事中最动情的地方，如果写得再具体些，大家觉得该怎么写？

生：可以加上外婆洗鞋的具体动作、表情。

师：你的建议非常棒！请看我加的内容。

PPT（第一次修改后的文段）：外婆坐在客厅的纱门后面，一面摇着扇子，一面看着我，笑着说：“多大的姑娘啦！穿这么脏的鞋，给人笑话。”我不好意思地低着头笑笑，走开了。然后外婆搬了把椅子，来到院子里，勾着腰，坐在水池旁，一点一点地轻轻除去拖鞋缝隙间的尘垢。她半眯着眼睛，神情专注而慈祥。洗完后，把我的拖鞋放在花园的石子路上晾晒。

师：看看修改后加了什么？

生：动作、神态描写，突出外婆年老、慈祥的形象。

师：读一读，最打动你的动作和神态描写是哪一句？

生：“然后外婆搬了把椅子，来到院子里，勾着腰，坐在水池旁，一点一点地轻轻除去拖鞋缝隙间的尘垢。她半眯着眼睛，神情专注而慈祥。”

师：大家同意吗？

生（齐答）：同意。

师：所以我们写故事时，要抓住一点或一个局部加以集中描写，传神地写出人物的姿态、表情等。

师：美好的场景还需要有美好的背景，大家觉得还可以在故事中加什么？

生：阳光！

生：外婆洗鞋带给我温暖的感觉，可以加上暖暖的阳光，衬托外婆美好的形象。

师：你很有艺术家的潜质！就照你说的，老师加上阳光。

PPT（补充的文段）：我还记得那是一个美好的午后，阳光跃过高墙，均匀地洒在院子里。

师：写景烘托人物形象，为我的感受做铺垫。外婆带给我了一段美好的旧时光，每次穿上拖鞋我都会感觉到暖和与舒适。最后应该再写一写自己的这种感受。请看。

PPT：我仍然清晰地记得，那天穿上被外婆洗得干干净净的拖鞋时，那种暖和与舒适的感觉。这双拖鞋，一直留在我身边，舍不得丢。今天，当我再次抚摸它那灰旧的表面时，仿佛触摸着曾经洗过它的外婆的那双温暖而多皱的手，仿佛听到外婆没有说出的话：孩子，要时刻做一个整洁的人呀。

师:这段话表达了什么?

生:基本都是心理描写,突出自己的情感。

生:还写了外婆给我的寄语——时刻做一个整洁的人。

师:老师不仅表达了自己对外婆的怀念,还写出了物品背后的意义和价值。所以我们在故事的最后,可以突出写一写自己的感受及物品背后的意义。

展示修改后的《外婆和鞋》完整版,略。

师:这样一改,故事是不是生动具体了?这就是今天老师要教给大家的一种写作手法:剪影式描写法。请大声朗读它的定义。

PPT:剪影式描写法:抓住一点或一个局部进行集中描写或延伸放大,以充分地表达主题的一种写作手法。

师:老师用的便是人物的"剪影式描写法",这种描写抓住外婆最打动我的洗拖鞋时一系列的动作和神态——构成一个剪影,前有铺垫,即阳光、外婆的笑和语言等;后有延伸,即我的感受和情感变化,以小见大,抒发拖鞋背后的意义和我的一段美好的情感经历。请看下面剪影式描写的构思图。

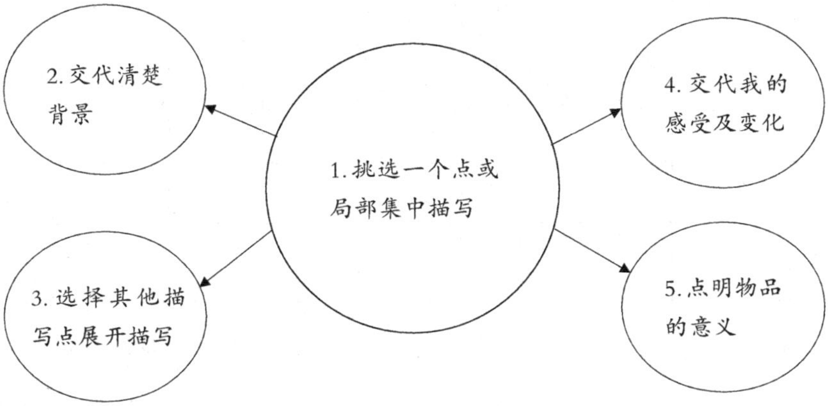

（三）写下我们的时光故事

师：我手写我心。那么接下来就请大家尝试运用剪影式描写法，构思自己的时光故事。思考下列问题，填写构思图表。

PPT：(1)你最难忘的一个镜头是什么？(2)当时的背景（时间、地点、天气和周围的景物）是怎样的？(3)还有哪些与之相关的难忘的生活画面？(4)你当时的感受是什么？后来有什么变化？(5)这个物品对你有何意义？

学生对照提示填写构思图。动笔写作，时间15分钟。

PPT：写作要求：(1)背景要交代清楚，对人物描写有铺垫和衬托作用；(2)选取最难忘的镜头描写，能用上连贯的动词以及形容词描写人物；(3)其他描写要与难忘的镜头相关联；(4)抒发的感受与物品的意义相一致。

（四）分享并修改自己的时光故事

师：谁来分享一下自己的时光故事？其他同学按照评价表中的四个方面进行评价。

表2 作文评价表

评价项目	效果描述	评价等次			
		优	良	中	差
背景	背景交代清楚，对人物描写有铺垫和衬托作用。				
特写镜头	能用上连贯的动词或形容词描写人物。				
其他描写	与特写镜头相关联。				
抒发感受	抒发的感受与物品的意义一致。				

师：同学们大都选择了一个普通的物件，讲述了一个难忘的故事，分享了自己的情感经历。最难能可贵的是，同学们都能通过选择一个具体

或局部的描写点，进行集中描写并延伸放大，将故事写得更加动人。

（五）课堂总结，布置作业

师：请大家课后按照我们的评价表，再次修改自己的片段，并选择更多的物品——可以是已经失去了的物品，也可以选择与不同人物有关的同一物品，或同一人物相关的不同物品——来丰富自己的时光故事，可以设计多处人物的“剪影式描写”，加上开头、结尾，让你的时光故事更加具体、感人。时光博物馆，重拾旧回忆，温暖在心间，整装再向前。让我们努力，共同建设好属于我们班级的时光博物馆。

三、课例评析

写作是复杂的实践过程，从认知心理学角度来看，也是知识转换加工的过程。真实的写作过程由三类知识构成：(1)任务情境和外部储存；(2)有关主题的知识、读者的知识和修辞的知识；(3)有关计划、述写和复查的知识。三部分相互影响、彼此制约。[①]在写作教学中，学生完成写作任务所需要的上述(2)(3)两类知识，正是写作教学内容的重要组成部分。所谓写作教学内容，对教师而言是对教什么问题的回答，对学生而言是对学什么的回答，其实质就是达成教学目标必须掌握的写作知识。上述实验课例的教学内容，是黄翀老师经过多次从设计、实施到反思修改的过程才确定下来的，并且把教学内容和任务情境有机地联系起来。

（一）情境任务设计的前提是选择精要的写作知识

中小学语文教师在写作教学中，遇到的首要问题是选择写作教学内

① 魏小娜.真实写作教学研究[M].北京：人民出版社，2017：117-119.

容。在教学实践探索中，一些研究者已经明确意识到，“写作教学内容的开发，核心是写作知识及其呈现方式的开发”[①]。写作知识分布在构思、选材、结构和表达等写作的不同阶段，知识类型有陈述性知识、程序性知识、策略性知识和元认知知识等。这几类知识在写作过程中是相互关联的，程序性知识、策略性知识是写作知识的主体部分。“写作教学要填补‘学生现有经验’与‘这次写作任务所需经验’两者之间的落差。这些需要填补的经验，填补的过程、方法、策略等构成了写作教学的核心内容。”[②]黄老师的这节写作课开发的核心知识是“剪影式描写法”，即“抓一点或一个局部进行集中描写或放大延伸”。怎么把这个知识变得可操作呢？这是本节课要着力解决的关键问题。语文教科书中是没有现成的知识的，黄老师借助对例文《外婆和鞋》的分析，抽取出人物的“剪影式描写法”这一核心写作知识，在教学中分成五个步骤，指导学生完成构思：(1)挑选一个点或局部集中描写；(2)交代清楚背景；(3)选择其他描写点展开描写；(4)交代我的感受及变化；(5)点明物品的意义。在行文和修改环节，经过一次又一次地补充、改造，将陈述性知识转换为程序性知识，贯穿构思、行文和修改阶段，进而转化为学生的写作经验，这样学生再进行写作就容易多了。另外，黄老师还在行文和修改阶段，进一步把这一写作知识转化为写作清单、评价量表等学习支架。

中小学写作教学，需要解决学生发展的四个问题：第一，认知问题，即生活经验和百科知识问题。这实际上是不可教的，只能通过创设任务情境激活或带出。第二，解决问题，也就是完成写作任务，这是写作教学的落脚点。第三，写作技能的提升，即学生在完成写作任务的过程中要

① 王荣生.语文课程与教学内容[M].北京：教育科学出版社，2015:322.

② 王荣生.写作教学教什么[M].上海：华东师范大学出版社，2014:51.

习得有用的知识，提升写作能力。这里的写作知识主要指：为达到写作目的，为了与不同的读者交流，学生需要掌握的事实、概念、原理、技能、策略、态度等。如《“移步换景”写校园》课例[①]中，教师根据学生完成写作任务的需要，选择的“移步换景”的概念、例文，以及构思图表中蕴含的移步换景的顺序、景物选择、详略安排和承接词使用等知识。第四，丰富生命体验，提升人生的境界，即达到育人的目的。其中第三条是关键，教师需要根据写作任务和学情，在构思、选材、文章结构、语言表达等方面选择写作知识，在某一方面反复训练，才能帮助每一个学生最终完成写作任务，达成教学目标。

（二）设计蕴含“写作知识”的任务情境

真实生活中的写作都有明确的写作任务。现代认知心理学、认知语言学和语言的交际原则为写作任务情境的创设提供了理论基础。在任务写作教学中，一般要考虑三个问题，即“为什么写”“写什么”和“怎么写”。“为什么写”“写什么”主要通过写作任务情境来呈现，而“怎么写”则是以写作知识的形式呈现，写作知识在写作活动中具有中介作用，是学生完成写作任务的工具和桥梁。“写作任务语境”包括读者、目的、角色、话题、语言等要素，这些要素是真实写作中非常重要的“潜在动机资源”，必须与学生的学习生活，家庭、学校、社会生活紧密联系，才能激发学生表达的欲望。也就是说，了解读者的特点和需求的背景知识，是写作教学内容不可缺少的重要组成部分。

黄翀老师创设的任务情境是拟真的，可以激活学生丰富的生活经验，激发学生写作的兴趣。“在时光博物馆中分享自己的美好记忆”的写

---

① 周子房．构思阶段学习支架的设计与运用[J].中学语文教学，2015(11)：31-37.

作任务，要求学生能够运用高度简练的语言，集中描写最能打动读者的人物形象。而七年级学生已掌握的写作知识，如外貌描写、动作描写、语言描写、心理描写和细节描写的知识很难完成本次写作任务，这就为新知识——“剪影式描写法”的学习留下了空间。具体理由如下：(1)“时光博物馆”本来是人民日报新媒体在北京三里屯举办的一个真实展览，这个展览展出的各种物件，包括图片，是改革开放四十年的一个缩影，而一件物品、一张图片是特定时代的一个剪影。黄老师联系学生的生活实际，转化成一个虚拟的任务情境，即向老师和同学分享自己“时光博物馆”里的美好故事。明确了读者、话题、文体等要素，学生需要明白运用哪些写作知识才能打动读者，或者说运用哪些写作知识才能写出让读者感动的故事。(2)“时光博物馆”的宣传片(明星采访视频)中，他们鲜明地讲出了自己要存放的物品及理由，达到与人分享的目的。这种话语表达具有范例特点，让学生明白运用简明而生动的语言描述事件、表达情感的重要性，为学习“剪影式描写法”，完成写作任务做好了铺垫。

(三)设计写作任务情境的有效策略

1.要突出任务情境的核心构成要素

真实生活中的写作，一般具有两种功能，即与人交流和自我表达。因而，写作任务情境也相应地分为与人交流的情境和自我表达的情境。这两种任务情境都要关注学生的“写作兴趣、写作内容背景经验和表达经验这三个关键因素”[①]。

(1)与人交流的任务情境设计要突出话题、读者和目的三个要素

拉姆齐·福特等人认为，写作任务情境主要包括话题、读者、目的、呈

① 周子房.写作学习环境的建构[D].上海：华东师范大学，2012：135.

现形式、交稿时间与篇幅等构成要素。斯佩珀和威尔逊认为,认知语境在言语交际中起决定作用,不仅包括传统意义的上下文和说话时的社交语境,还包括说话人与听话人双方的信念、设想、期待、记忆等。[1]因此,与人交流的写作教学任务情境设计的关键要素是话题、读者和目的。写作的目的一般有交流经验、做出解释和劝说三种,写作目的决定写作的形式。如美国写作教材《作者的选择》六年级要求"写一个游戏的解释"[2],设计的任务情境就突出了上述关键要素:想想如何玩一个简单的游戏。列出游戏规则,然后为一个从未玩过这个游戏的年幼学生写一篇关于这个游戏的解释。这个写作任务的话题是"游戏",小学生特别感兴趣又有话说,读者是"从未玩过这个游戏的年幼学生",写作目的是"关于这个游戏的解释",这一目的与"使用代词分步骤解释"的教学内容高度关联起来。

(2)自我表达的任务情境设计要突出"话题"要素与学生生活体验的关联

在自我表达的任务情境中,读者和写作目的已经不是很重要了,而一个能激活学生"生活经验"和"表达欲望"的话题则显得特别重要。基于此,我们为"通过对话写出人物特征"的课例《少年说,勇敢说》创设的任务情境是:假如你有机会走进湖南卫视节目《少年说》,与你的一位亲人对话,你会选择谁?说什么?怎么说呢?请你用笔把这个难忘的时刻记录下来吧。这是一个虚拟的情境,但是与中学生日常生活经验密切相关,写作任务(记录下自己与一位亲人的对话)与教学内容(通过对话写出人物特征)高度契合。

任务情境的设计,一般分为四个步骤:第一步,依据课程、教材和学

---

① 曹京渊.言语交际中的语境研究[M].济南:山东文艺出版社,2008:278.

② McGraw-Hill. Writer's Choice: Grammar and Composition Grade 6[M]. New York: Glencoe/McGraw-Hill, 2001:189.

情选择写作知识；第二步，参照布鲁纳对戴尔"经验之塔"的说明[1]，寻找写作知识与动作性、影像性和符号性教学活动之间的关联；第三步，调查学情，设计写作任务情境；第四步，把写作知识与任务情境构成要素关联起来，确定写作任务情境。有时候，也可以直接从第三步开始，其他步骤依次展开，如《你好，旧时光》课例。

2.要为写作知识的习得预留充足的空间

写作教学是教学生通过写作去认识生活、体验生活和适应未来的生活，让他们学会以一种"写的状态"去生活，将"外在的生活"转化为"内心的生活"，体验生活并形成一种"经验了的生活"。写作知识是对写作经验的概括和总结，必须激活学习者的生活经验，落实到真实的写作任务情境中，才能发挥作用。《你好，旧时光》课例的写作任务：请选择你自己时光博物馆中的珍藏品，向老师和同学讲述发生在自己身上的美好回忆。如何把某一事物与人物关联起来并打动读者，也是许多回忆性文章写作需要解决的问题。抓一点或一个局部进行集中描写或放大延伸的"剪影式描写法"，成为许多作者写回忆性文章时运用的写作知识，如梁晓声的《慈母情深》、杨绛的《老王》、朱自清的《背影》等。"剪影式描写法"不仅丰富了学生的写作经验，而且丰富了学生的生活经验，充分体现写作"是一种认知训练、思想训练、审美训练或情感态度价值观教育"的理念。

总之，写作任务情境设计，要以写作教学内容和学生的生活经验为基础，以选择精要的写作知识为前提，突出任务情境的核心构成要素，为写作知识的习得留足空间，使学生的生活经验得以激活，写作兴趣得以激发，认知能力、思维能力得以发展，审美能力得以提高。

---

① 叶力汉."经验之塔"理论及其现实指导意义[J].电化教育研究，1997(2):20-24.

第四节 分析双重任务情境 生成写作教学内容[①]

《普通高中语文课程标准(2017年版2020年修订)》要求以学习任务群组织课程内容,具有综合性、情境性、实践性和自主性特点。结合部编版高中语文教科书整合"单元学习任务"编排的特点,如何在专题学习中选择写作元素,指导学生展开写作,是教师亟须思考并予以解决的问题。在课程标准层面,无论是对"语文核心素养"的阐释,还是关于任务群的表述,都反复强调"真实的语言运用情境",而基于任务群教学的专题学习,特别强调学习任务情境的创设,它是课程标准倡导的重要学习方式之一。因此,在高中阶段,无论是专题学习中的写作教学,还是常态写作教学,教师都需要创设真实的或拟真的任务情境。在任务驱动下,选择教学内容,指导学生运用写作学习元素,完成写作任务,应是写作教学要解决的核心问题。

江西省樟树中学刘晓维老师整合部编版普通高中语文选择性必修上册第一单元"研习任务三"和校本红色文化课程资源,在专题学习的大任务情境下,创设真实具体的写作任务,搭设学习支架,生成教学内容的做法很好地回应了上述问题,值得我们做进一步探究。

---

① 王从华.分析双重任务情境 生成写作教学内容[J].中学语文教学,2021(4):38-44.(课例研究合作者是江西省樟树中学刘晓维老师)

《研学活动策划书》教学实录（节选）

一、教学背景

本节写作教学是我校高二年级以“阅读革命文学作品，发扬新时代精神”为主题的专题教学中的写作指导课。本专题整合了中国革命传统作品研习和当代文化参与两个学习任务群，专题教学分四个课段，第一课段（1课时）：分享参观樟树市“毛泽东同志旧居”和阅读《诗人毛泽东的江西情缘》一文的感受，按不同时期梳理毛泽东在江西的故事和主要作品，为精读毛泽东的八首词做准备。第二课段（2课时）：品评毛泽东《西江月·秋收起义》《西江月·井冈山》《减字木兰花·广昌路上》《蝶恋花·从汀州向长沙》《渔家傲·反第一次大“围剿”》《渔家傲·反第二次大“围剿”》《菩萨蛮·大柏地》《清平乐·会昌》八首诗词，感受革命战争年代作者独特的生命体验；关联作者、文本和社会文化等要素，理解、评价红色诗词，了解毛泽东在特定历史时期的价值选择，感受其敢于担当、艰苦奋斗、无私奉献的革命情怀。第三课段（2课时）：对比阅读方志敏散文《清贫》和毛泽东讲话稿《中国人民站起来了》，反思红色精神的当代价值。第四课段（2课时）：写一篇《研学活动策划书》，并填写一首与红色研学景点有关的词。

二、教学过程

（一）创设写作任务情境

师：同学们好！前段时间我们阅读了毛泽东的八首诗词、讲话稿，以及方志敏烈士的散文《清贫》，感受了革命前辈炽热的爱国之心、坚定的信念和无私奉献的精神品质，很受鼓舞。读万卷书，行万里路。为了弘扬革命前辈求真务实、艰苦奋斗和无私奉献的精神品质，我们班计划组织一次“瑞金共和国摇篮景区”研学活动，需要向校长和班级家长委员会分别提交一份研学活动策划书，获得批准才能成行。请同学们以班级名义写一份不超过600字的策划书，分别提交给校长和班级家长委员会审议，争取获得他们的批准。

（二）明确文体特点

PPT：活动策划书指的是为达到特定目的，针对未来某个特定的场合、时间和群体所开展的活动进行的设计和安排的实用文体。一般包含以下内容：标题、活动背景、活动的目的和意义、活动内容、组织工作（参加人员、车辆安排、食宿安排、活动流程……）、注意事项和活动经费。

师：以上文字对活动策划书的文体特点和主要内容做了简要说明，策划书的读者是特定的，好的策划书一定要得到读者认同。那么本次研学活动策划书的读者有哪些人呢？

生：主要是校长和家长。

生：我认为也包括参与本次研学活动的老师和同学。

师：很好。接下来，请同学们考虑上述不同读者的需求，明确策划书写作的重点，完成下表。

表1　《研学活动策划书》构思表

主要内容	写作的重点	理由说明
标题		
活动背景		
活动的目的和意义		
活动内容		
组织工作		
注意事项		
活动经费		

全班学生分小组讨论活动策划书写作的重点，然后分组展示交流。

……

师：刚才大家讨论得非常充分。梳理各组发言的要点，大家分别从家长、校长和活动参与者三个角度来确定了写作重点。从活动参与者的角度看，策划书要写清楚活动的目的与意义、活动内容、组织工作和注意事项，这样他们才能清楚活动的目的，以及要做什么、怎样做；从家长的角度看，他们更看重活动的目的与意义、活动经费这两部分；从校长的角度看，重点应写好活动的目的与意义、注意事项。我认为，好的活动策划书还应该有一个准确、醒目的标题；活动内容、组织工作不仅要围绕活动目的，还要体现安全出行的要求。

(三)讨论并修改例文

师：这是老师提前请一位同学为本次活动撰写的策划书(PPT)。

> “瑞金行”红色研学活动策划书
>
> 学校非常重视红色文化教育，已经开设了《红色文化教育》校本课程。目前，新冠肺炎疫情已得到初步控制，班级计划开展“瑞金行”红色研学活动。
>
> 一、活动的目的和意义
>
> 读万卷书，行万里路。通过这次活动，让学生直观了解并体验我省红色文化，强化书本和课堂所学的红色文化知识。参观红色革命旧址，能让学生更加深刻地理解今天的幸福生活来之不易，铭记革命历史，传承“红色基因”，促进学生践行社会主义核心价值观，增长知识，拓展见识。

二、活动内容

(一)参观"瑞金共和国摇篮景区"叶坪、红井、二苏大旧址、中华苏维埃纪念园。

(二)随手记录参观感受,完成一篇诗歌作品的创作。

三、组织工作

(一)参加人员

1. 学生:高二(8)班全体同学。

2. 带队老师:刘老师、丁老师、熊老师、周老师。

(二)车辆、食宿安排

旅行社负责安排大巴车和食宿。

(三)活动流程

1. 活动时间安排:×年×月×日下午集中出发,当晚由旅游公司安排食宿;×年×月×日上午参观革命旧址,下午启程回樟树市。

2. 参观路线:瑞金红井—瑞金革命遗址—叶坪革命旧址—中华苏维埃纪念园—瑞金红军烈士纪念塔—红军壁画群—二苏大景区。

四、注意事项

(一)×年×月×日下午准时出发,请大家提前10分钟在学校大门口集合,不能迟到。

(二)要统一活动,切忌单独活动,有事要向带队老师说明。

(三)研学过程中安全第一。

(四)注意形象,文明旅行。

五、活动经费

(一)学生车票、食宿费用自理。

(二)参与领导、教师各项费用由学校按差旅费统一报销。

高二(8)班班委会

师：请同学们六人一组，围绕内容和语言表达两个方面分析讨论，提出修改建议，完成《〈研学活动策划书〉修改评价表》的填写。

表2 《研学活动策划书》修改评价表

评价要素	评价内容	修改建议
标题	准确、形象、醒目，有吸引力。	
活动背景	政策背景和活动背景分层说明。	
活动的目的和意义	表述客观、有层次。	
活动内容	围绕活动的目的和意义，内容具体。	
活动组织	内容完整，符合要求，表达准确简洁。	

学生分组讨论后，推选代表发言。

师：先请第一组的代表上来分享，其他同学补充。

生：根据写作要求，我们认为：首先，这份策划书的表述没有劝说意义，有些地方也不符合书面语的要求。其次，这个标题不够醒目，没有吸引力。我们觉得标题应该改为"共览红色故都，传承红色基因"，这样才有让人想要参与的愿望，才有鼓动性。再次，文中活动的目的和意义感觉差不多，不过缺乏层次感，写得头重脚轻。我们讨论的结果是：把"增长知识，拓展见识"放在"参观红色革命旧址"后面，这样由浅入深，有层次感。同时，我们觉得，通过这样的活动，可以增强班级的凝聚力，所以还要增加一个意义，即在最后加一句"培养团队精神"。最后，活动背景。我们觉得这份策划书是站在高中新课标的角度说的，提到了学校开发的"红色文化教育课程"。关于活动的组织，我们还没有讨论完。

生（补充）：还有，既然是去参观一个地方，那么应该写观后感，写诗文不是很恰当。我们觉得这个地方应该有纪念品商店,我们应该带着消费的想法去那个地方扶贫。

生:策划书有些地方表述不够准确、清晰,比如下午准时出发,但是没有准确说具体时间。还有就是随身携带通信工具,方便与父母保持联系。另外,参观路线部分在具体景点前多次用了"瑞金"一词,建议删去。

……

师:刚才,各小组分享了讨论的成果。大家讨论得很热烈,修改建议也很具体。但是,同学们对"活动的目的和意义"部分的写作关注不够。活动的目的是指要达到活动想要的结果,是策划书最吸引读者的核心部分。关于这一部分内容,家长和校长都很关注,在新冠肺炎疫情防控期间,活动目的阐释得清楚明白,才能取得特定的认可和支持。接下来,我们进一步讨论"活动目的"部分的写作。

PPT:活动目的:通过展示石刻文物的艺术精品,让学生了解石刻文物的种类与艺术欣赏价值。通过介绍大自然的破坏力——风化和酸雨,使学生了解长期裸露的石刻文物为何变得松软残破。通过介绍人为的尾气污染试验,使学生了解人类对环境造成的危害。最后让学生亲自动手做有关石质材料的风化、酸雨、尾气实验,在教师的指导下完成试验报告。通过这次活动使中小学生增强文物保护和环境保护的意识,懂得爱护身边的环境应从自身做起。(节选自《"石刻坊"科普实验活动策划书》,《博物馆社会教育》,2006年第4期)。

师:阅读上述材料,请从内容和语言表达两个方面说说你们的发现。

生:在说明"活动的目的和意义"的时候,需要分条表述,这样表述才会更清晰明白。

师:策划书是一种说明性文体,写作这类文体时要说明清楚,解释明白,读者才会认同。还有其他发现吗?

生：材料在说明活动目的时，有总有分，先分说后总说。

生：其中的一个连接词“最后”用得很别扭，缺少前后的呼应。

师：两位同学说得都很好，那么，这个连接词的问题怎么解决呢？

生：有两种方法，第一种比较简单，就是直接删去“最后”两个字；第二种多加几个表顺序的词，如“首先”“其次”，但有点复杂。

师：很好，你们同意哪一种？其实，各有各的好处，第一种更简洁，第二种，语言表达更严谨。还有吗？

生：“让”“使”等词用得不准确，我们是以班级名义写的策划书，“我们学生”是行动者，因此建议在我们的策划书中把它们删去。

师：上述材料是一份策划书中“活动目的”部分，两位同学说得都很好，能在细节上发现它在内容和语言表达方面的优点和不足，其中“让”“使”使用得是否恰当要考虑读者对象，如果是写给中小学生看的，就不恰当，如果是写给家长、老师看的，就没有问题。同学们特别要注意的写作知识体现在两个方面：(1)总分的结构；(2)关联词语的正确使用。希望同学们课后能把这方面知识运用到本次写作中去，争取圆满完成本次写作任务。

(四)布置课后作业

观看瑞金宣传片，以班委会名义完成策划书的写作。

三、课例评析

专题学习中的写作任务具有双重性，一是专题学习的大任务情境，二是写作活动的具体情境。专题学习中的任务情境与具体写作活动中的任务情境在任务类型、任务难度方面都有很大差异。从任务类型的角度来看，根据Nunan任务目标四分法(交际类、社会文化类、学会如何学习类、语言和文化意识类)[1],专题学习的任务情境往往具有综合性特征,而写作活动的任务情境往往侧重一种任务类型。从任务难度(Skehan和Foster提出的影响任务难度的三个因素:(1)信息的熟悉程度;(2)信息的复杂程度;(3)信息的转换程度[2])来说,专题学习任务难度往往大于具体的写作活动。但是两者也有密切的联系,即具体写作活动任务是专题学习的子任务,具体写作活动的任务的完成是达成专题学习任务的重要组成部分,而专题学习活动也为具体写作活动提供了任务背景。因此,从专题学习读写结合的大任务情境中创设具体的写作任务情境,关联双重任务情境和学生已有生活经验和语文经验,才能选择合宜的写作学习元素,指向学生语文核心素养的提升。

(一)分析双重情境,明确写作的要点

《普通高中语文课标准(2017年版2020年修订)》指出:“语文学习任务群以任务为导向,以学习项目为载体,整合学习情境、学习内容、学习方法和学习资源,引导学生在运用语言的过程中提升语文素养。”“这些学习任务群追求语言、知识、技能和思想情感、文化修养等多方面、多层次目标发展的综合效应。”专题是“学习任务群”落实于教学的单位,专题学习是高中语文课程标准倡导的一种学习方式,分别以问题、话题、主题或课题整合学习任务群,基于信息技术手段的运用,在特定的任务和情境中开展的综合性学习。《研学活动策划书》课例是“阅读革命文学作品,发扬新时代精神”专题教学组成部分,前三个课段为写作提供了背景信息、话题和内容知识,写作教学则是转化和运用前三个课段习得的相关内容,这是专题学习中写作的第一重任务情境。写作的第二重任务情境

---

① 祝新华.促进学习的作文评估[M].北京:人民教育出版社,2016:209.

② 祝新华.促进学习的作文评估[M].北京:人民教育出版社,2016:211.

是真实的任务情境,具体要素分析如下:(1)作者是班委会(是组织而不是具体的个人);(2)读者是班级家委会委员、校长和参与活动的领导、老师和同学;(3)文体是活动策划书;(4)写作目的是获得校长和家委会的批准;(5)篇幅规定不超过600字,暗含语言表达简洁准确的要求。

双重任务情境不仅创设了真实的学习情境,激发了学生内在的写作欲望,而且为完成写作搭设了支架。在教学过程中,语文教师要引导学生分析任务情境,明确写作要求,确定写作重点。本案例中刘晓维老师已经意识到读者要素的重要性,因此提出学习任务,让学生根据读者的需求确定写作重点,这种做法是值得肯定的,对完成写作任务有一定的指导作用,但是只考虑读者需求这一要素是远远不够的。写作的话题、作者、文体、篇幅要求等方面对写什么、怎么写都有制约作用,优秀的写作者应关联“写作任务语境”的五个要素,并激活关于“红色文化”“苏区历史”“瑞金共和国摇篮景区”相关阅读经验,才能明确活动策划书写作的重点内容。因此,刘老师在创设写作任务情境中,要花费必要的时间,来分析写作任务的诸要素,在关联、整合诸要素的基础上,明确写作的要点,效果会更好一些。

(二)搭设写作学习支架,在探索中生成写作教学内容

任务情境驱动下的写作教学的核心任务是传递知识,目的是在指导学生完成写作任务的过程中提升学生的写作素养。在写作教学过程中,语文教师通过创设写作任务情境和搭设学习支架,帮助学生成为积极能动的写作者,借助学习支架建构写作知识和经验。开发优质的学习资源,搭设嵌入写作学习元素的学习支架,是当前有经验的高中语文教师通常的做法。如北京市八十中的王岱老师在《铭记历史,珍爱和平》专题

教学设计[①]中也用到这种写法。她在第四环节"聆听穿越时空的声音，反思战争：读新闻评论，学写评论"写作部分，设计了四个学习任务：(1)阅读《我们正在割稻子》(《大公报》，1941年8月19日)、《置之死地而后生》(《大公报》，1937年12月11日)、《牢记历史，圆梦未来——纪念抗日战争胜利68周年》(新华网，2013年8月14日)三篇新闻评论，完成下面表格(表格内容为篇目、新闻题材、评论的观点、所持论据、论证方法五个栏目)。(2)梳理它们与一般议论文的异同之处。(3)在民族危亡的关键时刻，《大公报》的这两篇社论是如何提振民族精神的？试做分析。(4)在世界反法西斯战争胜利74周年之际，作为新时代的青年，你有什么思考？请写一篇新闻评论。以小组为单位进行修改，挑选出最出色的一篇作为本组纪念特刊的新闻评论备用稿，其他稿件也可选作相应栏目的评论。在"任务说明"部分，王岱老师明确指出，"任务(1)(2)(3)都是为完成任务(4)做一些写作方法及情感上的准备。""可以让学生模仿读过的这三篇新闻评论，尝试写作新闻评论"。

在《研学活动策划书》课例中，刘老师搭设了多个支架，如概念支架、构思图表支架、例文支架和合作讨论活动支架等，这种把写作学习元素嵌入到学习支架中的做法是值得肯定的。但是，这种做法也对语文教师提出了更高的要求，集中体现在两个方面：第一，教学前语文教师需花费较多时间去估量学情、选择学习资源并搭设学习支架；第二，教学中语文教师要组织充分的对话活动才能发现学生需要的写作学习元素，并通过及时的教学反馈和调整才能生成适宜的教学内容。该课例学习支架的搭设主要有以下不足：(1)缺少家长、校长的访谈材料，学生在写作中难

①王岱.铭记历史，珍爱和平——"实用性阅读与交流"任务群之新闻专题教学设计[J].语文建设，2019(15)：9-15.

以有针对性地回应校长和家长的忧虑和质疑；(2)学生例文存在的问题较多，花费了学生较多的修改时间和精力，没有突出写作的重点和难点；(3)没有激活学生专题阅读获取的经验，如可引用毛泽东诗词中的词语或句子拟写标题等。

(三)核心写作知识的转化与运用是教学内容生成的重要标志

祝新华认为，任务型作文评估主要特点有三个："(1)真实性。要求学生在接近真实的语言情境中完成作文任务。""(2)实效性。评估主要以完成任务的效果为依据，而不是以准确的语言形式做依据，重视表情达意、交流思想。(3)将作文作品的评核与任务完成过程的考查相结合。作品是基于任务完成的，作品体现了学生信息处理、语言表达等能力。对于完成任务的过程，可重点评价解决问题过程中的策略运用以及完成任务的态度等。"[①]这种观点与《普通高中语文课程标准(2017年版2020年修订)》"评价建议"的表述基本是一致的，有重要的参考价值。课程标准强调："评价时要充分考虑语文实践活动的特点，注意考查学生在活动中表现出来的参与程度、思维特征，以及沟通合作、解决问题、批判创新等能力，记录学生真实、完整的任务群学习过程。"从作文评价的角度看，写作教学重心不在理解、掌握写作知识，而在于在任务写作中转化、运用知识。

在真实情境的任务写作中，如何突破指导学生转化和运用核心写作知识这一难题呢？他山之石，可以攻玉。我们先来看看已有的案例是如何解决这一问题的。美国写作教材《作者的选择》在说明文写作"构建一

① 祝新华.促进学习的作文评估[M].北京：人民教育出版社，2016：208.

个解释”时，是分四个步骤来解决的[①]：(1)先说明“选择和安排细节来支撑一个陈述是说明文写作的基础”，然后提示学习者发现例文是如何使用支撑细节做解释的；(2)先强调“支撑细节是说明文写作的核心”，然后举例说明如何运用这些支撑细节，并列表呈现说明文写作四类支撑细节——事实、统计数据、事例和原因；(3)提示运用由主到次的逻辑顺序和时间的先后顺序组织细节并举例说明；(4)创设任务情境，完成“一个解释”的写作，提示细节内容选择、顺序安排和写作要求，同时提供语法知识、电脑使用建议和小组合作讨论等支架，完成写作任务。前三个步骤的目的是指导学生充分理解核心写作知识，第四个步骤是指导学习者转化并运用写作知识。

基于此，《研学活动策划书》课例也应把教学的重心放在写作知识的转化和运用上。如“活动的目的和意义”的修改教学，应在评价例文主动发现写作知识的基础上，再开展四个学习步骤：(1)组织结合专题学习和已有的经验以头脑风暴的形式提出本次活动的目的；(2)小组讨论并筛选可以搜集到材料予以支撑的活动目的；(3)按照主次、总分的逻辑排序；(4)选择词语(动词、关联词)和句式(简洁整齐)写出来。通过以上活动，学生在构思、表达的写作实践中运用写作知识，才能更好地完成写作任务。因此，在写作教学中，语文教师要充分重视写作知识的建构性，巧妙搭设学习支架，让学生主动获取知识，转化并运用知识，才有可能达成培育学生写作素养的课程目标。

在真实任务情境下，指导学生建构知识是当前高中语文课堂教学转型的主要任务之一。专题学习统领下的写作教学，受双重任务情境的影

① McGraw-Hill. Writer's Choice: Grammar and Composition Grade 8[M].New York: Glencoe/McGraw-Hill, 2001: 206-209.

响和制约，教学内容更具有开放性、自主性和建构性。针对专题教学的特点，高中语文教师在开展写作教学时，要在精心创设任务情境、选择学习资源、搭设学习支架的基础上，指导学生自主选择学习资源，为写作教学内容的课堂生成做好铺垫；在此基础上，把教学的重心落在转化和运用核心写作知识上。

第五节 基于核心写作知识开发的课例研究

对于中小学语文教师而言，写作教学实施中最困难的问题是选择合宜的教学内容即核心写作知识的问题。传统的写作教学，不重视写作知识的作用，没有核心知识的进入，以致其教学过程费时、费力。写作教学要走科学化的道路，必须花大力气“明里探讨”写作知识，根据写作任务和学情的落差选择核心写作知识，并把写作知识转化为学生可以运用的学习支架，才能让更多学生的写作素养获得提升。通过一系列的课例研究，我们发现，写作核心知识的开发有四条路径：(1)从优秀的习作中提取；(2)从国内外优秀写作教材中抽取；(3)从优秀写作教学课例中借鉴转化；(4)从高水平写作者的经验分享中萃取。

一 “场面描写”课例述评[①]

现阶段，语文教学研究的重要转向之一是由关注“怎么教”转向“教什么”。也就是说，语文教学特别重视教学内容的选择与确定。具体到写作教学中，就要帮助学生找到完成这一次写作任务的困难点和疑惑处，在分析原因的基础上，确定帮助学生完成写作任务的“写作知识”。

① 王从华，姚金英.基于特定任务情境的写作知识选择与开发——《学习场面描写》写作知识开发的课例述评[J].江西教育，2018(20)：8-13.(收入本书时有改动)

下面以“场面描写”的课例研究为例，从写作知识的开发和写作学习支架的设计两个方面，探讨如何选择写作教学内容这一难题。为尽可能全面地掌握当前语文教师对“场面描写”这一写作教学内容的认识和执教情况，本文收集了3篇公开发表的关于初中阶段的“场面描写”课例，对课例中教师所选择的核心写作知识及其呈现方式做了梳理，如表3-5-1所示。

表3-5-1　三则课例核心写作知识选择分析表

执教教师及课例名称	核心写作知识	呈现方式
周晓穗《七年级〈场面描写〉网络作文实验课》①	“场面描写”的概念、三要素、常用方法。	1.播放《安塞腰鼓》视频，出示《安塞腰鼓》例文，整体感知什么是“场面描写”。 2.讲解场面描写的概念、三要素、常用方法。 3.播放小型演唱会录像，让学生进行场面描写的口头训练。 4.进行场面描写训练。 5.小组评改，师生互评。
梁永坚《场面描写——让特写镜头定格》②	“场面描写”的概念和写作要领。	1.出示写作任务：以广州市美华中学第44届校运会为写作题材，描写运动场面、比赛场面。 2.补充“场面描写”的概念。 3.明确场面描写的要领。 4.出示训练题目：(1)呈现照片，口头或书面描写一个静态场面；(2)播放视频，口头或书面描写一个动态场面；(3)把课文中的文段改写为场面描写；(4)发挥想象，将成语故事写成场面描写；(5)观察校运会中一个印象深刻的运动场面、比赛场面，并描写下来(提供表格帮助学生构思)；(6)拟写一条校运动会比赛的新闻(项目、地点、赛况，并做出点评)。

① 周晓穗.七年级《场面描写》网络作文实验课[J].语文学刊，2005(4)：80-82.

② 梁永坚.场面描写——让特写镜头定格[J].少男少女，2018(4)：60-64.

续表

执教教师及课例名称	核心写作知识	呈现方式
叶青《信息技术与作文教学整合尝试案例——〈抓住耀眼的一刹那——场面描写〉作文指导课设计》[①]	1."场面描写"概念和作用的知识。 2.场面描写方法的知识:点面结合;要有明确的中心,渗透情感;要有合理的顺序,能表现特定的氛围;要烘托人物性格。	1.播放"泰坦尼克号"下沉前的视频。 2.出示"场面描写"的概念并分析其作用。 3.出示四段场面描写的片段(《挤车》《手术室外》《紧急集合》《最后一课》),并归纳四种场面描写的方法。 4.阅读例文并点评,进一步体会场面描写的写法及其作用。 5.根据任务,描写场面。根据网站上的视频资料——《夺冠瞬间》《开饭时分》《考场之外》,选择自己感兴趣的主题,仔细观察,完成习作。 6.小组递交优秀作品,对其他组学生的作品和点评进行再阅读和再评改。

一、三则"场面描写"课例分析

部编版语文八年级下册第一单元的写作任务是"学习仿写",要求:选择本单元课文《安塞腰鼓》中的一个片段,通过模仿其中的修辞手法,描写一个场景,200字左右。意图是,使学生在掌握场面描写的基础上,通过修辞手法的运用提升语言表达与运用的能力,将一个场面描写得更加生动形象、富有吸引力。关于"学会场面描写"这一写作能力点的训练,三则课例的执教教师选择的核心写作知识是什么?又是如何呈现的呢?

1.关于写作任务情境的创设

荣维东指出,西方对科学有效的写作任务设计曾经有过专门的研

① 叶青.信息技术与作文教学整合尝试案例——《抓住耀眼的一刹那——场面描写》作文指导课设计[J].中国现代教育装备,2011(8):34-36.

究。有效写作任务具有如下特征：(1)写给一个具体真实的读者；(2)让写作成为一个真正的交流沟通行为；(3)好的写作任务根植于特定而具体的材料中；(4)好的写作任务让学生能够有机会参与；(5)好的写作任务能提供如何建构文章的指导，并提供一个适当的写作支架。①从这个要求来看，部编版"学习仿写"单元任务设计得比较简单，要求是：仿写《安塞腰鼓》片段中的修辞手法，描写一个场景，200字左右。读者、话题、目的、文体等真实语境要素都是缺失的。

真实情境中写作要有明确的写作任务，因此，在写作教学中，设计写作任务是写作教学设计的重要内容之一。写作任务设计一般要考虑两个问题，即"为什么写"和"写什么"的问题，而教学内容主要指向完成写作任务，即"怎么写"的问题。

"为什么写"就是解决写作语境的问题。写作语境包括交际语境和语篇语境。"写作是作者与读者之间运用背景知识，基于交际目的，针对具体语境而进行的意义建构和交流活动。"②三个课例受教材的限制，都没有很好地解决"为什么写"的问题，没有明确的写作目的、读者和文体等真实写作情境要素。

"写什么"要解决的问题其实就是写作话题的设计。需要教师设计出真实或拟真的写作任务，激发学生的写作兴趣和写作动机，让学生有想要表达的欲望。从三则课例的任务设计来看，梁永坚老师的课例中注意到了话题的设计，即"写学校的第44届校运会中的运动场面、比赛场面"，但依然不能让学生明白为什么要写校运会的场面，写给谁看，写什么样的文体，达到什么样的写作目的，等等。"拟写一条校运动会比赛的新

① 荣维东.交际语境写作[M].北京：语文出版社，2016：376-377.

② 夏家发，刘云生.小学语文教学研究[M].北京：教育科学出版社，2014：505.

闻”有话题和文体的要求，但是写给谁看，目的是什么，依然没有交代明确。

2.关于核心写作知识的选择

“怎么写”是写作教学要关注的核心内容，主要指完成写作任务的程序性知识、策略性知识和元认知知识。三则课例中选择的核心写作知识主要有两类，一是“场面描写”的概念，二是“场面描写”的写作方法和要领。这里需要讨论的问题是：(1)学生需要这些知识吗？(2)当学生知道什么是场面描写及其方法和要领后，就一定会用这些知识展开场面描写吗？(3)运用这些知识展开的场面描写要达到的目的是什么呢？这些问题都是选择教学内容必须反复考虑的问题。否则，教学内容无的放矢，“教什么”最终的落点即教学目标也难以达成。另外，真实情境中的写作是一种过程写作，具体包括审题、构思、立意、选材、组材、行文、修改等，核心写作知识应该贯穿整个写作过程，特别是行文与修改过程。三则课例在构思、行文和修改过程中，没有把“场面描写”的概念、方法、技巧等知识进行转化，就不能解决学生写作过程中的一系列问题。此外，三位教师虽然有关于构思、行文、修改活动的设计，但是关于如何构思、如何行文和如何修改方面的知识是缺失的，教学评价应该评什么，从哪些方面进行修改，课例中缺少清晰的描述。因而，学生在写作过程中遇到的困难，写作后针对自己的作品或同学的作品进行点评的活动，都缺少写作知识进入。

3.关于写作知识的呈现方式

“写作教学内容的开发，核心是写作知识及其呈现方式的开发。”[①]叶青老师的做法值得我们学习，即播放“泰坦尼克号”下沉前的视频并出示

① 郑桂华，王荣生.写作单元样章(上)[J].语文学习，2006(10)：17-22.

中文剧本让学生初步感知“场面描写”，然后再告诉学生什么是“场面描写”，并让学生阅读四个场面描写的小片段，师生共同总结出场面描写的四个方法。也就是说，在写作教学中仅仅用概念支架来呈现陈述性知识是不够的，还应该利用图表等程序支架、策略支架来呈现写作的程序性知识，运用策略支架和元认知支架呈现写作的策略性知识。在上述三则课例中，只有梁永坚老师运用表格支架帮助学生进行行文构思，提供了一些过程性的指导，但是由于布置的写作训练题目太多，教学内容太多，这一个环节的教学活动没有充分展开。

二、核心写作知识选择的依据

从《全日制义务教育语文课程标准(实验稿)》对于“写作教学目标与内容”以及“写作评价建议”的表述中，我们可以发现：课标非常注重激发学生的写作兴趣并强调真情实感的表达；要求学生在写作时能考虑不同的写作目的和读者对象；要求学生能根据表达的需要修改自己的作文，能够与他人互相交流，互相评改，从而形成写作能力。从中，我们也可以判断出写作教学中“核心写作知识选择”的依据所在。

1.依据“学情特征”选择核心写作知识

部编版语文八年级下册第一单元的写作主题为“学习仿写”，编者意图在于：学生能够在掌握场面描写的基础上，运用修辞手法描绘场面。从学生的语文经验来看，八年级的学生在过去的语文学习中已经初步了解过“场面描写”，学过许多含有场面描写的课文，也进行过一些场面描写和仿写的训练。但是面对不同文体、不同写作目的、不同读者，需要什么样的“场面描写”呢？如何根据上述需求运用语言展开写作描写？这些是学生面临的困难。但是这种学习困难也不是在一次写作教学中就能解决的，需要从学生的最近发展区来考虑，即完成特定的文体、达成特定的目的、针对特定的读者，如何恰当运用语言(包括修辞)展开场面描写。从学生的生活经验来看，大部分学生对学校内发生的诸如班级活动、学校体育竞赛等活动有自己独特的经历和感受，如写一篇记叙文，生活经验是足够的。

在八年级"场面描写"的教学中，哪些写作知识处于核心地位呢？有学者指出，"写作教学要填补'学生现有经验'与'这次写作任务所需经验'两者之间的落差。这些需要填补的经验，填补的过程、方法、策略等构成了写作教学的核心内容"[①]。依据这一观点，按照怎样的程序对一个特定的时间、地点的多个人物活动展开描写，如何运用恰当语言来描写以达成写作目的，应该是本课例的核心写作知识。

2.依据写作任务设计选择核心写作知识

中小学写作教学的"写作任务"应该是可能真实的言语任务，一般来说包含话题、读者、作者、目的等交际要素和文体等语篇要素。也就是说，一个好的写作任务一般应蕴含以下要素：围绕的话题、作者的角色、读者是谁、为了何种目的写作、文章的体裁。从上述三则课例来看，除梁永坚老师设置了写作的话题(学校的第44届校运会中的运动场面、比赛场面)比较具体外，其中大多数的写作任务"交际要素"和"语篇要素"都是缺失的，这几乎是当前中小学写作教学任务设计的常态。

美国加州八年级教材"写一件有趣的往事"的写作任务是这样设计的：你在电话上和朋友说话时，感觉到你妈妈，或者弟弟、妹妹在偷听，你有过这样的经历吗？这种在电话里和朋友谈事情时不舒服的感觉，在以写信的方式进行沟通时就不存在了。写信时你有时间慢慢讨论属于你

① 王荣生.写作教学教什么[M].上海：华东师范大学出版社，2014:51.

与朋友的私事。假如你最好的朋友搬到另一个城市，感到很孤独，而且想家，那么你写信给他，讲讲你有趣的经历，就像这个单元中的作家描写小说中人物有趣的恶作剧一样。任务：写一段有趣的往事。目的：娱乐。读者：生活在另外一个城市的朋友。其实，这是一个拟真的写作任务情境，不仅明确了以上三个交际要素，而且文体要素也是明确的，即书信。因此，这一任务情境的设计很好地解决了“写什么”和“为什么写”的问题，根据这一写作任务，分析学生已有的写作经验，就比较容易确定写作教学内容了。

基于此，梁永坚老师课例的写作任务可做如下调整：美华中学正在举行第44届校运会，假如你是校广播站小记者，需要为校广播站写一篇通讯稿，请你选择一场最为激烈的竞赛场面来报道，表扬赛场上运动员“团结协作，顽强拼搏”的精神。调整后的写作任务情境就非常具体了，话题是第44届校运会，读者是全校师生，作者身份是校广播站小记者，文体是通讯报道，写作目的是表扬赛场上运动员“团结协作，顽强拼搏”的精神。根据这一写作任务和学情特征，本课例的核心写作知识可确定为：(1)点面结合的方法，即围绕比赛的激烈场面选择不同的描写点；(2)运用准确的行为动词和恰当的修辞手法，把能够体现运动员“团结协作，顽强拼搏”精神的比赛场面描述出来。

三、核心写作知识呈现的方式

在写作教学中，核心写作知识往往以学习支架的形式呈现出来，比较有利于学生去理解和运用。所谓“学习支架”，就是在学习过程中依据学生的学习需要为学生提供的帮助和支持。“写作学习支架的分类标准大致有两种，一种是表现形式，一种是功能。学习支架根据表现形式可以分为范例、提示、建议、向导、图表和解释等类型。依据功能标准，支架分为程序支架、概念支架、策略支架与元认知支架四种类型。"[①]前文中提到写作知识可以划分为陈述性知识、程序性知识和策略性知识。不同的写作知识可以转化为不同的写作学习支架，以帮助学生克服写作过程中的障碍，完成写作学习任务，形成写作能力。

1.以概念支架呈现陈述性知识

陈述性知识是静态知识，其表征形式主要有概念、命题以及命题网络。[②]本课例的核心写作知识是"场面描写"。如果直接呈现"场面描写"这一写作知识的话，学生并不能很好地理解，也就无法在具体的情境中进行运用，学生的写作能力也不会得到提升。因此，我们应该提供"场面描写"的概念支架让学生明白什么是场面描写。同时，通过小组讨论的方式将"场面描写"需要注意的方面提取出来，以便为学生进行场面描写提供支架。教师不妨呈现一篇"场面描写"的例文，结合"场面描写"的概念及其需要注意的方面，以小组讨论的方式分析这一篇例文是否符合场面描写的要求。通过以上两个环节的支架，学生能够更全面、系统地理解什么是"场面描写"并学会运用。如梁永坚老师课例中的场面描写结构表支架与概念支架、例文支架配合使用，效果就更好了。

2.以构思支架呈现程序性知识

程序性知识主要反映活动的过程和步骤，用于指导实际操作，具有很强的动态性。[③]前文已经提到，编者意图在于让学生能够在掌握场面描写的基础上，运用修辞手法提升学生习作中的语言表达与运用的能

① 周子房.写作学习支架的设计[J].语文教学通讯，2015(Z3)：10-15+23.

② 王松泉，韩雪屏，王相文.语文课程教学概论[M].北京：高等教育出版社，2007：32.

③ 王松泉，韩雪屏，王相文.语文课程教学概论[M].北京：高等教育出版社，2007：32.

力，将场面描写得更加生动形象、富有吸引力。在学生明确什么是“场面描写”的基础上，创设写作任务情境，呈现图片支架帮助学生“选点”，结合场面描写需要注意的方面设计构思支架，完成一次写作，场面描写点的选择可以是构思图、思维导图或者表格，最好标明操作的程序。在写作和修改的过程中，最需要程序性知识，因此，语文教师适时呈现图表、修改清单等支架是非常必要的。如在呈现《安塞腰鼓》例文后，教师要呈现排比、反复、比喻等修辞手法使用过程的思维导图，标明顺序，再让学生根据写作任务分步骤填写思维导图并组织学生讨论完善，这样才能让学生学会围绕写作目的选择恰当的修辞手法，并运用到写作实践中去。

3.以活动支架和例文支架呈现策略性知识

“策略性知识是关于写作方法的使用或作文活动方式的知识，是个体对自身作文认知过程的认识。它包括对作文各个阶段所采用的方法与活动方式的选择与调控。”[①]“学习场面描写”的策略性知识可能包括比赛场面的选择策略，描写点的选择和排序策略，词语、句式或修辞手法的使用策略，等等。其中，比赛场面选择的策略可通过头脑风暴活动支架的方式呈现，描写点可通过例文支架和小组讨论的活动支架来呈现，词语、句式或修辞手法的使用策略可通过例文支架、对比研讨的活动支架来呈现。需要注意的是，这些支架的呈现要贯穿写作的整个过程才有效。

三 《学习场面描写》课例研讨[②]

我国的语文教材长期存在着写作知识缺失、能力训练散乱、方法策

① 刘淼.作文心理学[M].北京:高等教育出版社,2001:74.

② 王从华，方可.写作知识开发的策略研究[J].江西教育，2018(20)：14-20.(课例研究合作者是贵溪市象山学校方可老师)

略无效等问题。以部编版语文八年级下册第一单元“学习仿写”为例，在知识短文部分，主要以知识加例子分析来呈现写作知识，呈现的“仿写”的知识有：(1)模仿范文的篇章结构；(2)注意借鉴范文的写作技巧，如《安塞腰鼓》比喻的修辞手法、《列夫·托尔斯泰》欲扬先抑的写作手法；(3)根据内容和表达的需要，选择和确定具体的仿写点。前两条是陈述性知识，第三条是策略性知识。又如在“写作实践”中基本上是“文章写作”的情境，训练任务包括：训练排比、反复、比喻等修辞手法，选取思想感情的“凝聚点”组织材料，在“平淡”中寻出“起伏”，在“寻常”中发现“独特”，安排好文章的线索和结构等。这些写作任务、写作知识是驳杂的却又零散的，甚至有的还是残缺的，难以指导学生展开真实、有效的写作。

这一次写作课究竟教什么？其写作任务情境如何创设？写作知识如何开发？贵溪市象山学校语文教研组通过开展专家引领下的共同备课，开发出了由方可老师执教的《学习场面描写》教学课例，在写作知识开发方面进行了一些探索。

一、教学过程

(一)图片激趣，导入“场面描写”

师：同学们，下面我给大家看几张图片，看看是不是你们熟悉的场面。(出示PPT图片)熟悉吗？

生：熟悉。

师：这是篮球比赛的场面。这个呢？

生：打乒乓球。

师：这是打乒乓球的一个场面。这个是拔河比赛的场面。这个呢？

生：袋鼠跳。

师:这是体育课袋鼠跳的场面。这些场面你们熟悉吗?

生:熟悉。

师:可是在座的老师或者你的朋友可能没有参与到这些活动当中,他们可能怎么样?

生:不知道。

师:你们觉得这个篮球比赛的场面精彩吗?

生:精彩。

师:可是我不知道怎样算是精彩?有什么精彩的?你能不能写出来给我们看?

生:可以。

师:拿出你的笔,试着去写一写这样的一个片段,把这样的场面写出来。

学生写场面,教师巡视指导。

师:好,时间到了。我想请两位同学来展示一下你们所写的片段。好,请你来分享一下你写的片段,让在座的老师和同学感受一下。

生1:只看见篮球"唰"的一声进了篮球网,这是八班××同学纵身一跳,双手拨球,进了!八班的同学全都沸腾起来了……

师:这个同学虽然没有写完,但是他很厉害。他把八班选手进球的过程描述出来了。写到了八班的同学是怎么样的,写到了我们班的同学是怎样传球、怎样投篮的。还写到了谁呀?

生:观众。

师:啦啦队,是不是?也就是我们班同学还关注了场下的啦啦队是不是?嗯,不错,很热闹。两个班级不分上下。好的,还有哪位同学想要来展示一下?

生2：……我方已领先几分。在大家欢呼开心之时，八班球员一个两分球拉回了比分，我们的心不禁揪了起来……

师：好的，请坐。她描写了两方队员势均力敌的场面，写到了我班队员、八班队员，还有场下的观众，是不是？他们写得好不好？你会怎么评价呢？好，这节课我们就来学习一下场面描写。

（二）呈现写作知识，展开“场面描写”

师：刚刚同学们已经进行了一个描写。什么是场面描写呢？为什么同学们不知道如何去评价呢？我们还不知道什么是场面描写，对吧？也不知道要从哪些点去评价。好，我们来看看什么叫场面描写。（出示场面描写定义）比如说，刚刚同学们写到的篮球比赛，它是不是在一个特定的地点，在哪里？

生：篮球场。

师：“以人物活动为中心”，人物的活动是指？

生：篮球比赛。

师：“对许多人物活动的描绘”，这个许多人物可以包括谁？

生：啦啦队、场上的球员。

师：这个球员是指？

生：双方的队员。

师：还有同学说到场上的裁判。没错。下面请同学们小组讨论一下：你觉得在进行场面描写的时候有哪些需要注意的点？好，下面开始小组讨论。

小组讨论，教师巡视指导。

师：好，时间到。请你来说。

生3：我认为场面描写首先要确定一个场所。

师：嗯，要选择一个特定的场所。还有呢？

生3：还有一些固定的人，既可以是场外的人，也可以是场内的人。这些人都是有活动的。

师：也就是说要有人物的活动。是写一个还是写多个？

生3：可以是一个，也可以是多个。

师：是也可以写多个，还是应该要写多个？

生3：就是要写多个人物的活动。

师：对了。应该写多个人物的活动。要有特定的一个地方，在某个地方进行的一个场面。

师：（出示PPT）我们看到，场面描写要有特定的时间、地点。比如说篮球赛是在哪里？

生：篮球场。

师：足球赛？

生：足球场。

师：拔河比赛在田径场对不对？

生：对。

师：然后还有许多人物的活动。这也是在定义里有的。许多人物的活动肯定不是一个了？那应该是几个？

生：三个。

师：对了，最起码是三个或以上才能突出“多”。一个两个好像少了点，就不能写出场面的氛围。

PPT出示范文，学生阅读范文。

师：场面描写要有一个特定的什么？

生：时间和地点。

师：还有？

生：许多人物的活动。

师：请同学们结合这篇文章，看到你们手中的表1，你能不能把它填一填。

表1 场面描写内容分析表(支架一)

场景(一句话概括)	
时间	
地点	
镜头1	
镜头2	
镜头3	
镜头4	
感受	

学生依据范文填写表格，教师巡视。

……

教师指导学生填写、交流后，出示课件进行小结。

师：接下来我们再回到刚刚同学们写的篮球比赛的场面。(出示篮球比赛图片)假如象山学校举行一场校际篮球比赛，你作为校报的记者，要报道这次篮球比赛激烈、精彩的盛况，就这张照片反映的比赛场面，你会选择哪几个镜头来展开场面描写呢？哪位同学来说？把这张照片分解一下。刚刚的范文中我们不是写到了大街上的人吗？那么在这张照片中我们可以写谁呢？

生：投篮的人。

师：(出示PPT)很好，刚刚已经有同学说到了写投篮的人，这是一个视点吧？还可以写谁？

生：对方防守队员。

师：对了，有投篮的队员，就会有对方防守队员进行防守对不对？还可以写谁？

生：其他队员。

师：对了，双方的其他队员。还有呢？

生：旁边的观众。

师：好，请同学们用5分钟时间把你刚刚写的那一段场面描写稍做修改，看看你是不是写到了多个视点。有没有写到？

生：写到了一些。

师：有的同学写的是足球比赛，也是一样的。有进攻和防守队员，也有双方的队友和观众。还有裁判？对了，也可以写裁判。下面请同学们修改之前的场面描写。

师：你可以按照刚刚的表格，在旁边写一写，你准备描写的场面，你选择的视点，并对镜头1、2、3、4进行补充（出示投篮者、防守队员、队友、观众的图片）。

学生修改前作，教师巡视指导。

师：改好了吗？

生：改好了。

师：我想问问同学们，你想写的这些点，你要写的这个场面，是不是想把它写得更加生动、形象一些，让读者有身临其境的感受。

生：嗯。

（三）范文引领，优化"场面描写"

师：同学们还记得我们第一单元学的一篇课文《安塞腰鼓》吗？

生：记得。

师：（出示PPT）同学们看，这里也是一个片段，写的是安塞腰鼓的精彩场面。看看它写了哪些镜头？结合文段请同学们快速填写表2。

表2 《安塞腰鼓》片段内容结构表(支架二)

场景(一句话概括)	
时间	
地点	
镜头1	
镜头2	
镜头3	
镜头4	
感受	

师:同学们。“骤雨一样,是急促的鼓点;旋风一样,是飞扬的流苏;乱蛙一样,是蹦跳的脚步;火花一样,是闪射的瞳仁;斗虎一样,是强健的风姿。黄土高原上,爆出一场多么壮阔、多么豪放、多么火烈的舞蹈哇——安塞腰鼓!”它写了哪些镜头？像骤雨一样的是什么？

生:鼓点。

师:那它的镜头1是什么？

生:急促的鼓点。

师:对了。请同学们填填看。

学生依据文段填写表格,教师巡视指导。

师:好,你来说说看。

生4:时间应该是下午。地点是黄土高原。镜头1是急促的鼓点。镜头2是飞扬的流苏。镜头3是蹦跳的脚步。镜头4是强健的风姿。感受是:爆出一场多么壮阔、多么豪放、多么火烈的舞蹈哇。

师:作者的感受是:爆出一场多么壮阔、多么豪放、多么火烈的舞蹈哇。对不对？

生:对。

师：那么同学们看一下，从修辞手法的角度比较一下你们填写的表1和表2有什么区别？

师：《安塞腰鼓》里用了什么修辞手法？

生：比喻和排比。

师：对了，用了比喻和排比。比喻和排比的修辞手法在这里起到了什么作用？

生：让这些场面更生动，更形象。

师：让这些场面更生动，更形象。还有呢？

生：塑造语言。

师：语言上更有气势。把场面写得更加有气势。场面描写不仅要有多个任务活动，而且可以进行一下加工，运用什么？

生：修辞手法。

师：当然，在这里我只告诉了大家排比和比喻的修辞手法，或许在你的描写当中可以有更多的修辞手法。同学们，能不能把你们一开始写的片段再修改一下，把修辞手法加进去，把这个场面写得更生动，让我们有一种身临其境的感受。

学生修改前作，教师巡视指导。

师：好，我还是想请这位同学，看看他修改的与之前有什么不同。请把你觉得改得精彩的地方跟大家分享。

生1：此时，防守队员面容严肃，双臂张开，他的眼睛目不转睛地紧盯着球，像一只老虎紧盯着猎物一般，想要阻止我们班上篮……

师：好，请坐。他在描写投篮的时候以及防守的时候都用了什么？

生：比喻的修辞手法。

师：像老虎盯着猎物一样，像猎豹一样。但是为什么这里不用一个排比呢？你不是说大家的心都揪起来了吗？这个时候你可以用一个排比呀。我方队员是怎样的？防守队员是怎样的？啦啦队员又是怎样的？这样不就可以把场上的气氛凸显出来吗？这里不就可以运用排比的修辞手法吗？

师：请同学们课后互相进行评价，看看同学们有没有使用排比？有没有使用比喻？是否选择了恰当的喻体？如果用到了，可以给他一颗星。如果你获得了三颗星，那你就学到了我们刚刚所讲的《安塞腰鼓》里的修辞手法。当然更厉害的同学也许会运用到其他的修辞手法，这也是可以的。

师：当然，并不是写一个片段我们就结束了，这只是一个片段而已。课后请同学们以"记一次精彩的篮球比赛"为题，将刚才所写的篮球比赛的场面描写融入其中，再选2～3个场面进行描写，完成一篇600字左右的通讯稿，并向校报投稿。

二、课例评析

本课例在开发的过程中，主要做了两点有益的探索：(1)创设了一个拟真的交际写作情境，有话题(篮球比赛)、读者(全校教师和学生)、写作目的(写出篮球比赛激烈和精彩的盛况)、文体(通讯)、作者角色(校报记者)，充分考虑了学生真实的生活情境，具有明确的"设计"意识；(2)根据写作任务情境和学生的写作经验，循序渐进地引入与"场面描写"有关的概念、话题、流程、策略和语言表达等方面的写作知识，贯穿写作的整个过程，并分别用概念支架、例文支架、图表支架等支架的形式呈现写作知识。分析本课例写作知识开发的有效策略，主要包括以下三个方面。

(一)写作任务情境的设计：聚焦最近发展区中的认知或情感冲突

真实的或拟真的写作任务，不仅聚焦这一次写作教学的核心知识，而且能够调动学生内在的写作动机，有利于激发学生写作的兴趣，让学生在写作过程中主动调适写作内容以达成写作目的。部编版语文八年级下册第一单元的主题是“学习仿写”，首先，对“仿写什么”没有具体要求，是开放的；其次，“教什么”，可以是场面描写、心理描写、文章的结构等，也是开放的。以上两点，语文教师可以根据学生的生活经验和写作经验自由选择。换言之，语文教师只有将写作任务具体化、情境化之后，教学内容才有可能鲜明而集中。就这一点而言，情境认知理论、认知负荷理论提供了坚实的学理依据。情境认知理论是当代西方学习理论研究的热点，这里的“情境”大体有“自然生活情境”“物理情境”和“文化实践情境”三类，其中第三类“情境”比较普遍。情境认知理论的主要观点有：(1)明示日常生活情境与学校情境之间存在重要差异；(2)凸显情境在认知和学习中的作用；(3)关注日常实践中的认知。[①]高文认为，情境学习与情境认知的研究正试图通过设置基于工作的、模仿从业者真实活动的学习环境，或借助信息技术设计的仿真环境来提高学习的有效性，并保证知识向真实情境的迁移。[②]“认知负荷理论认为，人的认知资源是有限的，而任何学习和问题解决活动都要消耗认知资源，都有可能造成认知上的负荷。”[③]因此，认知负荷理论研究的主要目的就是在教学过程中控制工作记忆负荷，即最大限度地降低阻碍学习的认知负荷、优化促进学习的认知负荷，使学习者合理地利用有限的认知资源，达到最好的学习效果。

本课例写作任务情境的设计是一个拟真的写作任务（报道学校举行的一次篮球比赛），同时也是一个交际语境：话题是篮球比赛，目的是通过场面描写表现比赛的激烈和精彩，读者是全校师生，作者角色是校报

① 魏小娜.真实写作教学研究[M].北京：人民出版社，2017：86-87.

② 高文.情境学习与情境认知[J].教育发展研究，2001(8)：30-35.

③ 孙崇勇.认知负荷的理论与实证研究[M].沈阳：辽宁人民出版社，2014：10.

记者。设计的写作任务情境处于学生的最近发展区中:由普通学生到校报记者身份的转换,通过学习场面描写表现比赛的激烈和精彩。存在的问题和不足是“认知或情感冲突”不明显。如果再进一步细化情境,如获胜方是我们学校应如何描写,获胜方是兄弟学校应如何描写,等等,学生对根据写作目的选择材料、组织书面表达的理解就更深刻了,也会进一步强化他们学习和转化新知识的动机和愿望。

(二)根据写作任务开发知识:聚焦动态的程序性知识和策略性知识

荣维东指出,当前语文课程需要的主要是“案例性、经验性、直觉性的语感知识,以及学习运用语言文字的程序性知识和策略性知识”[①]。写作教学也是如此,如学生知道“通讯”的文体知识,并不一定能写出通讯,知道“场面描写”的概念,也不一定能学会场面描写。因此,方可老师的课例虽然选用了“场面描写”的概念知识,但核心知识是“如何恰当运用语言对一幅画面进行分点描绘的知识”,这一知识又分解为两类知识:一是分点描绘的程序性知识;二是运用准确的动词和恰当的修辞手法描述一个镜头的策略性知识。这些知识又以例文的形式承载,并通过表格的方式提取出来,然后再转化为学生的写作实践。从语文课程角度而言,知识的开发应该由课程设计者和教科书编者进行,但是目前情况不太乐观,因而,需要一线教师和学科专家合作开发系列动态的程序性知识和策略性知识。许多优秀教师的写作课例,如黄厚江、郑桂华、郭家海等老师的课例已开发出这一类知识,《中学语文教学》杂志2014年以来开设的《写作实验室》专栏的案例特别值得关注。另外,国外写作教材如美国的《作者的选择》也为一线教师开发动态的程序性知识和策略性知识提供

① 荣维东.语文教学原理与策略[M].重庆:西南师范大学出版社,2014:75.

了参考。

（三）核心写作知识呈现的方式：通过写作学习支架的转化

根据支架理论，学习支架可以“为学习者提供概念支持、元认知支持、过程支持和策略支持”[1]。到目前为止，学习支架的形式丰富多样，主要有范例、问题、概念、建议、任务清单、图表等多种支架。方可老师的课例中设计的学习支架涉及以上主要类型，其中呈现核心写作知识的主要支架类型是图表支架和策略支架，尤其是图表支架的多次使用，把场面描写选择视点的程序性知识有效地转化为写作经验，为第三个环节运用准确的动词和恰当的修辞手法描绘每一个视点做了充分的铺垫。令人遗憾的是，“运用比喻、排比的修辞手法描绘场面”这一策略性知识仍有残缺，没有考虑到写作目的、描写对象等因素，有机械套用之嫌，且知识也没有很好地转化为直观好用的学习支架，学习效果并不理想。另外，整堂课的讨论活动也是重要的学习支架之一，由于有些活动开展得不充分，如场面描写视点的选择和比喻、排比修辞手法的运用讨论不够充分，也影响了教学目标的达成。

总之，通过对《学习场面描写》这一课例的分析，基本上可以明确：根据部编版语文教材写作编写的现状，语文教师可以通过这三种策略，即创设真实或拟真的写作任务情境，开发动态的程序性和策略性写作知识，把核心写作知识转化为形式多样的学习支架，来创造性地使用教材，把写作教学变得可教、易教和好教。但是，写作知识的开发又是写作教学的难点，需要更多专家和语文教师的共同努力、联合攻关，这一瓶颈才有可能突破。

---

① 钟志贤．面向知识时代的教学设计框架——促进学习者发展［D］．上海：华东师范大学，2004：229.

第六节 基于学习支架设计与运用的课例研究

以建构主义为理论基础的学习科学得到了非常具体的成果,即在学习环境下提供“脚手架”来促进学习者建构自己的知识。情境认知理论也支持这种观点,该理论认为,学习既是个体性的建构意义的心理过程,也是社会性的、工具中介的知识合作建构过程,在学习的关键时刻,为学生提供指导或搭建“脚手架”,才能有效地促进知识的建构。在写作教学中,写作知识经历生成、转化、迁移等一系列过程,在这一过程中,语文教师需要提供大量的学习支架,帮助学生克服写作障碍,完成写作任务,进而才能有效达成写作教学的目标。

一、小学童话写作课例述评[①]

“支架”原是建筑行业的术语,又译作“脚手架”,是建筑楼房时施予的暂时性支持,当楼房建好后,这种支持就撤掉了。学习支架最初的定义是:由教师或父母(辅导者)对学习者所提供的即时支持,这种支持能促进学习者(被辅导者)有意义地参与问题解决并获得技能。闫寒冰根据著名心理学家维果茨基的“最近发展区”理论提出:“学习支架的作用就在于帮助学生顺利穿越‘最近发展区’以获得更进一步的发展。”[②]邓

① 王从华,施旭晖.童话写作教学中学习支架的设计与使用述评[J].江西教育,2018(26):5-11.
② 闫寒冰.信息化教学的学习支架研究[J].中国电化教育,2003(11):18-21.

静、赵冬生认为："根据最近发展区的理论，教师（或更有经验的参与者）通过搭建适当的支架为学生学习新知识提供支撑，引导学生逐步完成学习任务，不断地把学生的能力从一个水平提升到另一个新的更高水平。"①简言之，学习支架指的是在教学过程中，教师为学生提供的帮助学习的知识、材料和活动。在写作教学过程中，教师设计和使用学习支架是把教学内容转化为学习经验的有效方式，也是教师话题PCK的重要表征。

一、基于学习支架的写作教学课例分析框架的建构

写作是特定语境中运用语言文字手段建构意义、构造语篇，进行书面表达和交流的活动。这里的特定语境主要指自我表达和交际语境两种形式。写作过程不是一个线性的过程，而是一个复杂的系统，如图3-6-1所示，作者要揣摩语境，设想读者，依据目的选择话题，选择语篇类型，进行表达并最终形成语篇。

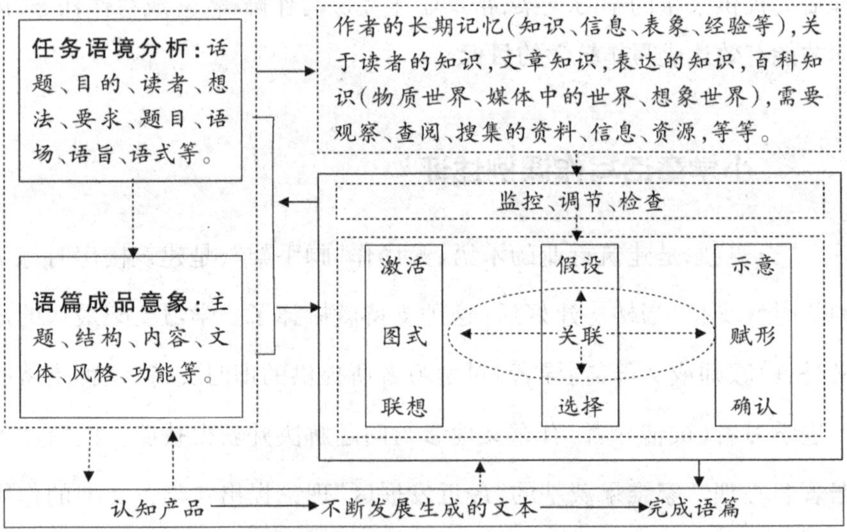

图3-6-1　语篇写作过程示意图②

① 邓静，赵冬生. 再探学习支架[J]. 上海教育科研，2008(9)：65-67.

② 荣维东. 交际语境写作[M]. 北京：语文出版社，2016：172.

因此，写作教学无疑也是一项复杂的系统工程，涉及要素众多，如图3-6-2所示，主要包含七个基本要素：学生、教师、写作任务语境、教学目标、教学内容、教学方法、教学过程。学习支架则是语文教师遵循学生认知规律提供的支持性工具，是教学内容和教学方法表征（学习支架承载着教学内容，教学方法是运用学习支架），贯穿整个教学过程，目的是帮助学生完成写作任务，达成教学目标。因此，写作教学的过程贯穿写作的整个过程，学习支架的使用也贯穿整个教学过程。基于此，我们建构了基于学习支架设计与使用的写作教学分析框架：(1)在整个写作教学过程中运用哪些学习支架（根据表现形式分类）；(2)学习支架承载着哪些教学内容（核心是写作知识）和教学方法；(3)学习支架的设计与使用对学生生成文本、完成语篇起到哪些帮助；(4)学习支架的设计与使用是否合理充分（具体体现在学习支架的形式以及呈现与撤销的时机是否符合学情）。

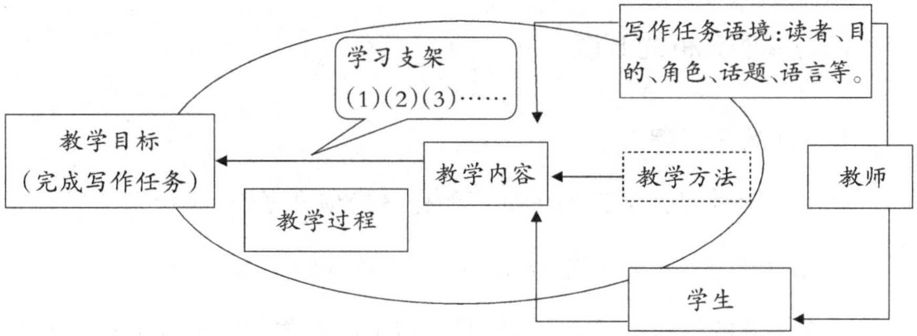

图3-6-2　基于学习支架写作教学课例分析框架图

二、名师课例中学习支架设计与使用的效果分析

（一）课例选择的依据

在我国教育发展历史上，涌现了一大批教学名师。他们拥有丰富的教学实践性知识，精湛的教学艺术，在教学内容的选择及教学方法的运

用上有其独特的研究，这对其他教师的专业发展和语文教学研究具有借鉴意义。但由于目前我国课程内容、教学内容处于不确定状况，优秀教师靠自身摸索的课例并非都是成功、有效的。因此，对于优秀教师的课例，我们应有两种态度：一是提炼，“认真研究优秀语文教师的成功课例，从具体课文或课题的教学内容中提炼其实践经验，并加以弘扬，这是语文课程内容开发的一条极为重要的路径”[①]。二是审理，“课例研究的目的，并不在于被研究的那一堂课，而是通过对这一堂课的研究，改善语文教师的专业知识，促使其对语文课程内容种种定见的反思”[②]。对于本书而言，不仅需要对写作教学内容的选择进行审视，还需要对教学方法的运用进行省察，这些研究成果为开展写作教学课例研究提供了有效的路径。本研究选取了小语界三位特级教师的童话写作课例，聚焦“学习支架的设计与使用”，对三则课例进行审理和提炼，进而总结“学习支架的设计与使用”的经验与启示。

（二）课例分析的要素

1.写作教学过程

写作教学过程就是教师依据写作任务情境和学情，搭设若干写作学习支架，指导学生开展审题、构思、行文与修改的一系列写作活动，最终完成写作任务的过程。因此，写作教学过程既是教学活动展开的过程[③]，也是学生在教师的指导下完成写作任务的过程。

---

① 王荣生.语文课程与教学内容[M].北京：教育科学出版社，2015：40.

② 王荣生.语文课程与教学内容[M].北京：教育科学出版社，2015：42.

③ 王荣生.系列讲座：教学内容的选择与教学环节的展开(第五讲)教学流程就是“学的活动”的充分展开[J].语文学习，2010(3)：23-27.

2.写作教学内容

教学内容是教学目标的具体化、明确化。具体指“教什么”“学什么”的问题。教学内容一般有两类:“(1)知识内容:程序性的支撑知识与陈述性的概念知识;(2)活动内容:能够支撑知识内容达成目标的写作活动,或者本身作为写作素养的写作活动。”[1]因此,写作教学内容也分为两部分:一是为达成写作教学目标需要的写作知识;二是围绕写作任务设置相应的写作活动。两者的关系是写作活动的设计是为了运用写作知识,其中,核心内容是写作知识。

3.写作教学方法

这里的写作方法主要指操作层面和技巧层面:操作层面的方法,指的是根据具体的教学内容,运用一些特定的教学方式和手段;技巧层面的方法,是教学方法的最终落实和呈现,主要依赖于教学实施者的能力、个性等。[2]教学方法没有好坏优劣之分,关键是要与教学内容相匹配。

4.写作教学目标

教学目标是以课程目标为依据,通过一定的教学方法、教学模式、教学组织形式对学习者在教学后达到的一种状态的明确表述,是教学活动预期达到的结果。具体到一堂课的写作教学目标,指的是学生在写作教学前后发生变化情况的预设,换而言之,学生能够达到这堂课所需掌握的写作知识,这些知识包含事实、概念、原理、技能、策略、态度等。教学目标是衡量教学质量的重要尺度,对教学中的“教”与“学”起着决定性的作用。

---

① 邓彤.微型化写作课程研究[D].上海:上海师范大学,2014:135.

② 王荣生,等.语文教学内容重构[M].上海:上海教育出版社,2007:79-80.

（三）三则课例学习支架使用的效果分析

为了便于说明，这里对三则课例的分析项目进行提取，具体如表3-6-1所示。

表3-6-1　三则童话写作课例分析表

课例	写作教学过程	写作教学内容	写作教学方法	写作学习支架使用	写作教学目标的达成
课例1：《“荒诞的合理”与“合理的荒诞”——〈化冻了的声音〉教学实录》①	1.讲述故事； 2.讨论童话特点； 3.想象练习； 4.创编故事。	1.分析故事，归纳出童话既要有奇思妙想又要入情入理； 2.运用方法创编故事。	讲解法，提问法，讨论法，比较法。	1.概念支架（解释）； 2.策略支架（问题-对话、提示、比较、范文、讨论活动）； 3.程序支架（建议、问题-讨论）； 4.元认知支架（建议）。	1.教学目标：编出既有奇思妙想又入情入理的故事； 2.目标达成效果：部分学生完成了《化冻了的声音》的构思，基本达成目标。
课例2：《“我爱写童话”习作教学录评》②	1.谈话导入，树立写作信心； 2.创设童话情境，结合小动物的性格特点写申辩词并进行情景表演，创编老虎知错后修改的通知； 3.整理复习，归纳写法——重要的是情节，更重要的是个性。	1.童话的特点：童心、想象和儿童语言； 2.结合小动物的特点，写申辩词；3.老虎修改的通知应包括时间、地点、邀请谁和开会的内容。	谈话法，角色扮演，归纳法。	1.概念支架（童话）； 2.策略支架（问题-对话、提示、比较、活动）； 3.童话故事结构支架：老虎发通知—无人开会发怒—小动物申辩—老虎修改通知。	1.教学目标：学会编写童话的情节，并提出主人公的个性； 2.目标达成效果：学生学会了写申辩词和通知。预设的教学目标没有达成。

① 周益民.“荒诞的合理”与“合理的荒诞”——《化冻了的声音》教学实录[J].小学语文教师，2016(11):35-40.

② 何捷，张光璎.“我爱写童话”习作教学录评[J].语文教学通讯，2015(Z3):77-79.

续表

课例	写作教学过程	写作教学内容	写作教学方法	写作学习支架使用	写作教学目标的达成
课例3:《"曼陀罗创意写作法"教学录评》①	1.介绍曼陀罗花,引入"曼陀罗创意写作法"的概念; 2.播放电影片段,概括片段内容; 3.抓住细节,自由提问; 4.利用九宫格整理问题,形成提纲; 5.小组合作,创编故事; 6.提炼技巧,再次观看电影,教给拉长故事情节、捕捉细节的方法。	1.观看电影,利用九宫格筛选问题,梳理并运用童话故事结构框架; 2.故事创作要有详略,情节要有曲折。	播放视频,讲解法,提问法,小组合作,讨论法,角色扮演。	1.概念支架(图片、解释); 2.策略支架(视频、头脑风暴、问题、提示、活动、九宫格、图表); 3.程序支架(建议); 4.元认知支架(师生点评)。	1.教学目标:学会运用"曼陀罗创意写作法"编写故事,具体包括构思情节、拉长故事高潮部分的情节; 2.目标达成效果:学生编出了童话情节的脉络,但没有学会运用把情节拉长的方法。

从表3-6-1可以看出,三个课例中使用的学习支架类型都较为清楚,下面从三个层面进行分析。

1.学习支架承载的教学内容和教学方法

课例1选择的核心写作知识是"想象既要入情入理又要新奇",课例2则包含了"创作童话具备的要素""故事结构""人物特点""条理"四个写作知识。课例3选择的核心写作知识是"根据事情发展的顺序编写故事"。

《现代汉语词典》(第7版)对"童话"的定义是:"儿童文学的一种体裁,通过丰富的想象、幻想和夸张来编写的适合于儿童欣赏的故事。"可

① 张祖庆,杨婷."曼陀罗创意写作法"教学录评[J].语文教学通讯,2017(Z3):89-93.

见，幻想是童话的特质，而构成幻想的要素有：表现的夸张性、情节的离奇性、事理的逻辑性和内容的象征性。从三位名师所确定的教学内容来看，课例1实际上选择的核心写作知识是童话的特质“幻想”。对于中段小学生来说，“幻想”这一概念并不陌生，但如何进行“幻想”则是他们写作中遇到的关键困难。而选择的写作技巧是“奇思妙想”和“入情入理”，换成专业的术语则是“夸张、离奇、逻辑”，这恰恰是进行“幻想”最核心的写作知识。因此，课例1的核心写作知识是与写作任务相匹配的，较为集中。相比较而言，课例2则包含了“故事结构”“人物特点”“条理”等一般写作知识，教学内容较为散乱。课例3的核心写作知识是用“曼陀罗创意写作法”围绕中心编写故事，而实际教的知识是抓住故事的要素编写童话故事，讲述故事要详略得当。这些教学内容以及相应的教学方法，或多或少难以促进教学目标的达成。

2.学习支架设计与使用的成效

一节写作课的教学内容可能侧重在写作过程的某一阶段，但是最终还是要完成写作任务，写作支架的设计和使用则不得不贯穿写作的整个过程。其中，“审题”阶段的学习支架主要是帮助学生明确写作的任务，具体包括话题、作者、读者、写作目的、语言表达等方面的要求；“构思”阶段的学习支架帮助学生理清“写什么”和“怎么写”的思路；“转化”阶段的学习支架帮助学生完成谋篇布局、遣词造句；“修改”阶段的学习支架则是指导学生对习作进行修改和完善，为发表做准备。这三个童话写作教学的课例所教内容集中体现在构思和片段写作阶段。

在课例1中，学习支架设计和使用贯穿了整个写作过程：教师首先通过呈现“范文”“问题-对话”“比较”策略支架和1个概念支架来帮助学生理解“奇思妙想”“入情入理”两个概念及其关系；接着提供“范文”支架，让学生根据语篇语境来掌握运用知识学习的方法，这些支架依旧属于理解概念层面。然后提供“建议”“问题-对话”支架解决故事结构框架问题；之后再呈现“头脑风暴”“问题-对话”支架来完成题材、内容的获取；最后通过“师生点评”完成反思与修改。至于“遣词造句”，教师尚未提供一些支架。课例2的四个写作知识的理解都是通过“问题-对话”策略支架和概念支架呈现。其中，除“创作童话具备的要素”外，其余三个写作知识还搭设了“角色扮演”“问题-对话”“建议”支架来理解、运用。但课例中童话的情节老师给出了提示支架，童话写作变成了申辩词和通知的写作。在课例3中，教师的支架呈现形式很独特，主要以电影作为范例支架，符合儿童的情趣。教师先是解释“曼陀罗”概念，接着以“电影”片段、“九宫格”支架形式，让学生进行头脑风暴，完成故事情节的设计。然后通过“提示、建议”的程序支架，让学生对事件进行筛选，达到情节发展合理有序的要求。最后通过“角色扮演”“小组交流”活动支架完成故事创编和修改。需要注意的是，课例中提供的语篇语境，不再是我们传统的纸质文本，而是电影中的情境，这很能激发学生的学习兴趣。

整体而言，课例1、课例3搭设的学习支架能帮助学生完成构思并完成片段写作，而课例2仅教给学生一些童话写作的知识，但实际教的是申辩词和通知的写法，与教学目标背离。

3.学习支架设计与使用的合理性

从学习支架功能类型的角度看，三则名师课例运用的支架类型多样，几乎涵盖了四种支架类型，其中策略支架的数量较多。从学习支架的表现形式来看，具体包括概念、范例、问题、建议、向导、图表等多种形式。其中比较有特色的是课例3，范例支架选用影片资源并多次使用，既符合儿童的情趣，又恰当地呈现了关键事件、情节结构和情节拉长等方面的写作知识，并与讨论活动、九宫格的图表支架相配合，对学生生成文本、完成写作任务起到了切实有效的作用，给人耳目一新的感觉。从学习支架的呈现时机和运用程度来看，课例1和课例3都有可圈可点之处，支架的运用较为恰当，呈现和撤销方面也较为适时。课例2申辩词和通知的写作缺少例文支架的支撑，支架使用也不充分。

三、名师写作学习支架设计与使用的经验与思考

（一）写作学习支架设计与使用的经验

1.写作学习支架的设计应有利于教学目标的达成

从教学目标的达成效果来看，课例1学习支架设计得比较好，教师想教的内容和实际教的内容一致，教学内容基本转化成学生的写作经验。而课例2存在教师想教的太多或教的内容与教学目标不一致的问题，从而导致教学目标达成度不高。因此，语文教师在写作教学的时候，教学内容要鲜明而集中，并通过学习支架的方式呈现出来，帮助学生提高写作水平。

2.有效设计和使用学习支架的前提是写作知识正确、适用

写作学习支架的设计和使用要与教学内容相契合，而教学内容的核心是写作知识。因此，写作知识的正确、适用与否往往决定教学内容的有效性，继而影响写作学习支架的设计和使用。三则写作教学课例相比较而言，课例1、课例3的学习支架与教学内容契合度最高，继而教学目标的达成度也较高。这主要是因为课例1、课例3运用的写作知识正确、适用，主要体现在：（1）与课例2相比，教师能够依据文体体式和学情选择集中、正确的核心写作知识；（2）教师能依据学生的认知规律和学习状态提供充足的写作知识。

3.写作学习支架在教学过程中要适时呈现、使用和撤销

学习支架设计和使用的目的是减少学生的写作困难，使其能够完成写作任务，但并不意味着简单地呈现学习支架就可以了。呈现了学习支架，时机不对，不行；及时呈现了学习支架，没有运用学习支架，不行；及时呈现和充分运用了学习支架，没有适时撤销，也不行。也就是说，要运用学习支架达成写作任务，就要对其适时呈现、使用和撤销。以课例1和课例2为例，两位名师都及时呈现了学习支架，课例1遵循认知规律，逐步搭设相应的学习支架，等学生理解、体验后再适时撤销；而课例2则由于目标过多，支架的搭设不够充分，有些支架呈现的时机也不对，导致学生没有运用的机会。

（二）写作学习支架设计与使用的思考

1.加强写作任务情境的创设

目前，写作课程正处于以"交际语境写作"为取向的范式转型，"而在我国，尽管三大范式都有存在，但仍以文章中心为主导"[①]。因此，改变现状，需要加强写作教学中任务情境的创设。那么，如何根据不同写作阶段的不同需求来创设语境进行写作教学呢？具体有以下策略：创设任务情境，激活写作欲望，明确表达方向；利用语篇语境，提炼写作策略，促进写作内容生成；依据语境，创设活动，改善表达效果。

2.学习支架要承载并转化核心写作知识

在写作教学过程中，教师设计和使用学习支架是把教学内容转化为学习经验的有效方式，符合学生写作的认知规律。在设计和使用学习支架

① 孔凡成.情景语境作文教学的经典范例——评洪宗礼《你看他（她）像谁》[J].江苏教育研究，2014(32):74-77.

架时，应当让学习支架承载正确而集中的写作知识，即核心写作知识。其中最有价值的是关于案例的程序性和策略性写作知识，掌握和运用这些写作知识的目的主要是指导学生积极参与写作的整个过程，并最终达成具体的写作教学目标。简言之，写作知识的选择问题，仍将是写作教学迫切需要解决的核心问题。

三 小学童话写作课例研讨[①]

写作教学的任务是让学生最终学会运用写作知识，完成文章的创作。荣维东教授通过对中小学生作文问卷调查发现，我国中小学写作教学的主要问题有三个："一是关于'为什么写'（即写作动机）；二是关于'写什么'（即写作内容）；三是关于'怎么写'（即写作技能）。"[②]并提出这些问题主要是由学生"现有的写作经验"与"这次写作任务所需经验"之间的矛盾造成的。学生现有的经验状态，包括写作动机和愿望、现有的知识和生活经验以及书面表达能力；这次写作任务所需经验包括对写作任务情境的理解，展开话题所需的百科知识和生活经验，以及写作活动中所需要的表达技能。[③]两者之间的落差便是学生在写作中的"最近发展区"。因此，教师应在这些方面为学生填补经验、知识、方法等，提供学习支架，这也成为写作教学的重要内容。

王荣生教授指出，"教什么"和"怎么教"很大程度取决于课程和教材研制者，但现状是转移在语文教师身上。在语文教材层面，以人教版语文四年级上册语文园地三"写童话"为例，写作要求只提出让学生选择动

① 施旭晖，王从华．童话写作学习支架的设计与使用的策略分析——以"编写故事要有曲折"为例[J]．江西教育，2018(26)：12-17.

② 荣维东．我国写作教学的主要问题及其解决路径[J]．课程·教材·教法，2012，32(11)：62-67.

③ 周子房．写作学习支架的设计[J]．语文教学通讯，2015(Z3)：10-15+23.

物或物品作为主人公，创编一个童话故事。至于具体怎么写，怎么教都是缺失的。究竟选择哪些写作知识是合适的？如何搭设相应的学习支架？《一波未平，一波又起——编写故事要有曲折》课例针对上述问题，在学习支架的设计和使用方面进行了一些探索。

一、教学过程

（一）故事激趣，导入课题

师：同学们，你们喜欢读童话吗？

生：喜欢。

师：谁来说说，你看过哪些童话故事？

生：《小木偶奇遇记》《三只小猪》……

师：看来，同学们看过了许多童话故事。刚才老师也给大家发了两则童话故事《狼大叔的红焖鸡》《我的幸运一天》，都看完了吗？

生：看完了。

师：我们先来看看《狼大叔的红焖鸡》，大家有没有发现，这个故事有没有写完呀？

生：没有。

师：谁来猜猜故事的结局会是怎样的？

生：母鸡可能走了，狼大叔的食物没有人吃。

师：这个想法很特别。

生：母鸡可能会被狼大叔吃掉。

师：多么可怜的母鸡啊。

生：母鸡可能跑了。

师：有这种可能。

生：母鸡可能搬家了。

师：同学们的想象真丰富。从你们的回答，老师可以看出，你们不怎么愿意看到母鸡被狼大叔吃掉。大家都很善良。

师：想知道原本故事的结局是怎样的吗？请看。

PPT：门突然打开了，母鸡尖叫起来："啊呀，原来是您啊，亲爱的狼大叔！"

"孩子们，孩子们！快来看啊，煎饼、甜甜圈和那个香甜的大蛋糕——不是圣诞老公公送来的！那些都是狼大叔送给我们的礼物！"

鸡宝宝们全都跳到老狼身上，总共亲了他一百下。"啊，谢谢你，狼大叔！你是世界上最好的厨师！"

师：来，我们齐读这两段话。

全班学生齐读。

师：有的同学读着读着就笑起来了。谁来说这个结局哪里让你感到有趣了？

生：我原本以为母鸡会被狼大叔吃掉，没想到，鸡宝宝还会亲狼大叔。

师：是啊，故事的结局跟我们想的有些不一样，让我们觉得有些——

生：意外。

师：没错。这节课我们就来学习，来，齐读课题(板书"一波未平，一波又起——编写故事要有曲折")。

(二)创设情境，选择"事件"

师：故事曲折生动了，我们作为读者才愿意读，对不对？你们想写这样的故事吗？

PPT：6月底，学校将会举办"童话节"，活动丰富多彩，其中有一项是"童话故事创作大赛"，现在面向全校征稿。要求：故事想象丰富，曲折生动，字数不少于400字。入选作品将会设计插图、印刷出版。

师：大家感兴趣吗？

生：感兴趣。

师：怎么来写呢？先不急，老师帮大家想好了故事名字——《我的幸运一天》，主人公——小猪和狐狸。大家在前面也看了一些，我们同样先来猜猜故事的结局会是怎样的。

生：小猪被狐狸吃了。

师：狐狸本来就会吃小猪的，如果这样写的话，我一下子就知道结局了。

生：小猪和狐狸斗智斗勇，逃跑了。

师：看来，这是一只聪明的小猪。

生：小猪在朋友的帮助下逃跑了。

师：大家想的有些不一样了。那么这个故事的结局又是怎样的？谁愿意来读一读。

……

师：你读三个"多么"，读得是多么的有趣啊。同学们，故事的结局是怎样的？

生：小猪逃跑了。

师：小猪是一下子就逃跑了吗？我们看，前面写道，小猪是被狐狸抓住了，那小猪究竟是怎样从狐狸手中跑出去的呢？谁来猜一猜。

生：狐狸给小猪洗澡。

师：你是从哪里知道的？

生：后面有提示。

师：哦，老师明白，你真会学习，你注意到学案里面出现了。那么我们就先来看看第一件事情。

PPT："嗯，你知道，我是一只猪，而猪是非常脏的。难道你就不想给我先洗洗澡吗？想一想吧，狐狸先生。”

“嗯。”狐狸自言自语道，“他是很脏。”

于是，狐狸开始忙起来了。他捡树枝，他生火，他拎水。然后，他给小猪痛痛快快地洗了个澡。

师：同学们，快速默读这一片段。

学生默读。

师：这个故事的结局是狐狸累晕了，大家想想仅仅小猪让狐狸给他洗澡，就能达到累晕的效果吗？狐狸还给小猪做了哪些事情？我们前后两排为一组，小组内讨论下。

全班学生分组讨论。

师：同学们讨论得很激烈。谁愿意来交流下？

生：小猪还让狐狸给他按摩，做午餐。

师：你从哪里发现的？

生：故事的结局里面就告诉我们了。

师：真不错，你注意到了结局，能联系整篇文章来看。掌声送给他。

师：好，除了这两件事情，还有没有其他的事情呢？

生：打扫卫生。

生：买菜。

师：这和做午餐有相同之处，但目的不同。我也把它写上。

生：小猪要求狐狸陪他一起玩耍。

师：这个也有可能。

生：看电影，看电视。

师：这个也可以，但要注意看电视、电影能让狐狸累晕吗？

生：散步。

生：我觉得跑步比散步更能让狐狸觉得累。

师：同学们想得挺多的，接下来，我们选择其中一件事情来写这个故事。

三、范文引领，展开描写

师：老师一说写故事，大家都叹气了。别怕，怎么写呢，老师给大家一个提示。

师：这是狐狸给小猪洗澡的片段（出示PPT）。我们来看，作者是怎么写狐狸给小猪洗澡的？

生：狐狸去捡树枝，生火，拎水。

师：这是写狐狸的——

生：动作。

师：这里除了动作，还有什么呢？

生："嗯。"狐狸自言自语道，"他是很脏。"这是语言描写。

师："自言自语道"，我们用更准确的词语来说，是——

生：心理描写。

师：对，在心理描写的前面还有什么？

生：语言描写。

师：没错。

师：瞧，我们写一件事情，可以用上这些方法。

师：好的，接下来，请同学们选择其中一件事情，运用这三种方法，把这个故事讲清楚，讲具体。

师：会写吗？要不我们同桌之间先互相说一说。先选择一个事件，再想想他们会说哪些话，会有怎样的心理，会有哪些动作。

学生同桌交流。

师：谁先来说一说。

生:我选择的是做午餐。洗完澡后,小猪对狐狸说:“我是个瘦小的猪,你要把我喂饱了,再吃才可以啊。”狐狸听了,说道:“没错,你确实不怎么胖,把你喂饱了,也不会出什么事情。”然后,狐狸就出门买菜、生火,做饭。之后,小猪就吃上了香喷喷的饭菜。

师:谁来点评下?哪里说得好,哪里说得不好。

生:没有说买菜的过程。

师:好,这是你的想法。我们先来看,他有没有运用老师提出来的三种方法。

生:没有说到心理活动。

师:你想根据大家的建议继续完善这件事情吗?

生:狐狸在买菜的时候,想:我应该买什么菜给小猪吃呢?如果买的菜好吃的话,我就能吃一顿肥肥的猪肉了。

有同学提出异议。

师:这里有分歧了。同学们,假如你是一只狐狸,你内心的想法是什么?

生:吃小猪。

师:这位同学说的心理活动符不符合狐狸的内心活动?

生:符合。

师:那就是可以的。还有其他的事件吗?

生:我选择的是玩耍,小猪说:“我的肉不蓬松,如果让我再玩耍一下,我的肉会更蓬松。”狐狸答应了,心里在想:它的肉确实不够蓬松,陪他玩耍一下,也不会耽误什么事情。于是,小猪和狐狸玩起了捉迷藏,躲这躲那,就这样把狐狸累晕了,小猪趁机逃跑了。

师:他运用到三种方法了没有?

生:用到了。

师：同学们，小猪的心里想法和狐狸的是一样的吗？

生：不一样。

生：小猪心里想的是让肉更蓬松，更舒服。狐狸是想吃上更好的猪肉。

师：那他的描写有没有符合人物的特点？

生：有。

师：好的，说了那么多，我们来写一写了。现在自己写自己的。

全班学生开始写作。

（四）交流讨论，修改提升

师：标题不用想，我们只需要把这个事件写清楚、具体就可以了。

师：好，刚刚老师转了一圈，大部分同学都写完了。下面，我们来交流交流。

生：狐狸给小猪洗完澡后，小猪对狐狸说："我的肉太硬了，能不能给我按摩一下，这样我的肉就会更松点儿。"狐狸想了想：这样也可以，肉就会更好吃了。狐狸再给小猪按摩，就越来越困，睡着了。小猪看到，就逃跑了。

师：谁来点评。我喜欢发言的同学哦。

生：没有心理描写。

师：请你说说你的描写中，有没有心理描写？

生：有。

师：读一读。

生：狐狸想了想：这样也可以，肉就会更好吃了。

师：还有其他的点评吗？

生：语言描写少了点。

师：有没有符合人物的特点？

生：符合。

师：还有写的其他事情的吗？

生：我写的看电影。小猪说："我们去看电影吧。"狐狸说："那我们去看什么电影呢？"小猪答道："就去看恐怖片吧。"说着，小猪和狐狸一起去了电影院，狐狸看到电影中的鬼，吓出了一身冷汗，而且腿还发软。狐狸的腿一直在发抖，吓得跑回家，小猪趁机逃跑了。

师：谁来点评？

生：为什么直接说我们去看电影呢。应该说，狐狸对小猪说："你临终前还有什么遗言吗？"

师：这个建议很好，在前面加上一些原因。

生：狐狸不应该跑回家，狐狸一直想吃猪肉的，怎么会跑回家呢？

生：狐狸即使被吓晕了，也会抓住小猪的腿，不会让他逃跑的。

师：这位同学，抓住了人物的特点。狐狸是一直想吃小猪。我觉得这个补充很好。

师：同学们，注意到他的动作描写跟大家有些不一样了吗？

生：写得更丰富。

师：是的，看来同学们创编故事的能力很棒。其实，这几位同学，写洗澡、按摩、看电影，连在一起，就是一篇完整的童话故事。

师：原本的作者写的故事事件是这样的，请看（出示PPT）。谁愿意和老师分角色来读一读。

……

师：这个片段的动作有？

生：摘西红柿，做通心粉，烤小甜饼。

师：你们看，这样的动作就不一样了。

师：课后，大家再去想想其他的事件，让这个故事更加曲折、生动。记得在写作时，加上三种描写方法，还要符合人物的特点。

PPT：独立完成另外一到两个事情，把故事写完整，写完后，先读给爸爸妈妈听，再认真修改誊抄后，于6月25日前向学校“童话故事创作大赛”组委会投稿。

师：这节课大家表现都很不错，相信你们写出的童话会很精彩，很曲折生动。来，掌声送给你们自己。好，这节课，我们就上到这里，下课！

二、课例评析

本课例在开发的过程中，主要做了三点有益的探索：(1)创设了一个拟真的交际写作情境，有话题（童话故事创作大赛）、读者（同学、老师、爸爸和妈妈）、写作目的（写出曲折生动的故事）、文体（童话）、角色（作者）。(2)提供了语篇语境。让学生根据故事的开头和结局，想象故事情节的曲折。(3)根据写作的每一阶段，提供相应的学习支架。分析本课例写作学习支架开发的有效策略，主要有以下三个方面。

（一）选择合宜的写作知识：依据文体和学情

本课例的文体是童话。对于童话写作过程，可分为五大部分：题材的研讨（人物的研讨、环境的确立、情节的设计）、主题的拟定、结构的安排、观点的选择、题目的确定。每一部分都可以作为童话写作教学的内容，每一部分都有大量的相关写作知识。如何从中抉择？这需要关注学情。

本课例的教学对象是四年级的学生。在实施课例前，教师通过访谈了解到学生已经学习过一些童话故事写作，但写出来的作品大部分比较一般，没有曲折。在这种情况下，备课专家选择了情节的曲折作为教学内容。而使情节曲折的方法有多种：误会法、抑扬法、巧合法和反复法。从学情角度考虑，最终选择了“误会法”“反复法”作为核心写作知识。

（二）搭设相应的学习支架：促进写作知识的转化

根据现代心理学的研究，写作知识可分为陈述性知识、策略性知识和程序性知识。我国语文教材中呈现的和课堂运用的大部分知识是文章学的知识，而写作教学需要的是具体写作情境中语篇构造的知识。从静态文本归纳的章法知识只有放置到具体的写作情境、针对特定任务，才有意义。因此，教师需将写作知识放在特定的任务情境中，转化为相应的学习支架，从而帮助学生将其内化、运用，完成写作任务。根据支架理论，从其功能角度来看，可分为概念支架、元认知支架、程序支架和策略支架等四种类型。[①]从表现形式来看，主要有范例、问题、概念、建议、任务清单、图表等多种支架。

课例中，在理解核心写作知识时，备课专家并未直接出示“误会法”“反复法”的概念，而是让学生在“猜故事结局”活动支架中感受到故事的曲折。换而言之，这是让四年级小学生处在“语感”学习状态，贴合学情。在运用两种方法时，备课专家先是提供范文支架，让学生根据语篇语境选择事件，这样一方面降低写作难度，另一方面让学生集中精力在核心写作知识的学习上。在这个过程中，备课专家也并未呈现“通过制造多个不同事件达到反复”“根据不同人物不同想法的冲突产生误会”的陈述性知识，而是将两者融入“选择事件”头脑风暴支架、“师生点评”活动支架中。

① HILL J R, HANAFIN M J. Teaching and Learning in Digital Environments: The Resurgence of Resource-based Learning.[J]. Educational Technology Research and Development, 2001, 49(3):27-52.

(三)提供充足、有效的学习支架:促进写作过程的展开

西方学者弗劳尔和海斯通过对专家和新手在写作思维上的对比研究,鉴别出写作过程的三个阶段:构思、转化、修改。这一观点得到广泛的认可。在写作过程中,“构思”阶段考虑的是“写什么和如何写”活动,主要包含两方面的内容:生成想法,即获取有关写作内容的过程;组织想法,指的是按照一定的逻辑顺序和结构组织内容和信息。“转化”阶段将写作计划付诸实践,形成符合文法规范的文本。这里涉及两方面的活动:“一是构思活动的延续;二是运用语文基本技能遣词、造句、谋篇。”① “修改”阶段则是对文本进行修改,对写作活动进行反思。因此,教学过程也应与写作过程相一致。由于不同写作阶段面临的写作任务和活动不一样,相应地,每一阶段设计和使用的学习支架在形式和功能上也是不一致的。如在“构思”阶段,“头脑风暴”支架能够激活学生思维,帮助学生选取写作题材;“范文”支架和“构思图表”支架能够帮助学生理清文章结构,组织内容。在“转化”阶段,教师可运用“韦恩图”“鱼骨图”“流程图”从不同层面按照一定流程对内容进行转化。在“修改”阶段,则可运用“评价清单”“问题提示”元认知支架和“朗读”“示范修改”策略支架。但这并不意味着每一个写作阶段都是相互独立的,相反,三者之间是紧密联系在一起的,每一阶段的学习支架都是为教学内容服务的。

课例中,备课专家呈现了“小组讨论”形式的头脑风暴支架让学生选择事件,生成想法,完成故事的“构思”阶段。其中“构思”阶段的“组织想法”部分,是渗透在《我的幸运一天》范文支架中的,范文已提示学生时间、地点、结局,提供了故事框架。在“转化”阶段,备课专家先是通过呈现范文支架,提炼出“语言、动作、心理活动”三种描写方法,帮助学生将

① 皮连生.学与教的心理学:第五版[M].上海:华东师范大学出版社,2009:110.

想法转化为文本；再是提供“同桌交流”活动支架，让学生进行口头表达；最后才是书面表达，运用所学方法创作一个片段。这样的设计是有梯度的，层层递进。而“修改”阶段的支架主要以“师生点评”活动支架为主。从中可以看出，课例中的“范文”支架得到多次运用，使用较为充分。但遗憾的是，课例中有些支架呈现得不够及时、有效，如：“根据故事主人公的特点进行合理建议”支架应在第一个故事《狼大叔的红焖鸡》理解中呈现；支撑“选择事件”的头脑风暴支架，教师应指导学生根据人物的特点进行筛选；而“范文”支架在引导学生创作时，还需细化。

三 高中议论文写作课例研讨①

在真实的写作情境中，写作评价的目的是引导学生清楚本次写作的学习目标，清楚自己当前的写作状态，掌握这一次写作学习的内容。换言之，在教学过程中，写作评价的目的是促进学生掌握核心写作知识，进而实现评价与教学的良性循环。

写作教学的评价与这一次写作教学的任务、教学内容等要素密切相关，即写作评价的内容与写作任务、教学内容和写作学习元素应趋于一致。写作评价是教学过程中不可或缺的重要组成部分，写作评价工具需要根据写作任务，嵌入教学内容或写作学习元素，成为达成这一次写作教学目标的重要的学习支架，才能发挥更大作用。那么，在真实任务情境中，如何在写作教学过程中开发和运用写作评价支架来提升学生的写作能力呢？钟寒老师的议论文课例《制定评价工具，引导作文升格》在这方面做了有益的探索。

① 王从华.写作评价支架的生成与使用策略[J].中学语文教学，2020(4)：36-42.(课例研究合作者是赣南师范大学附属中学钟寒老师)

一、设计思路

情境与任务：

2018年10月28日上午，重庆市万州区一公交车上乘客刘某因坐过站，与司机冉某发生激烈争吵，并用手机多次击打司机冉某，冉某也几次边开车边腾出手反击，整个过程持续5分多钟。最终公交车失控越过中心实线，撞击对向正常行驶的小轿车后冲上路沿，坠入江中，全车人员无一生还。事后，有人谴责刘某戾气太重，不守规则，放纵自己，失去理智，不顾及公共安全，害人害己；有人责备冉某开情绪车，缺乏职业操守，遇事不冷静，导致悲剧发生；有人谴责其他乘客袖手旁观、放任事态升级，结果殃及自身……

作为一名高中生，你如何看待重庆公交车事件，又引发了你怎样的思考？请你自选角度，在班级群里以群主的身份写一篇不少于600字的评论性文字，充分表达自己的观点和主张，提高“群众”的认知水平，弘扬正能量。

这次写作教学，我按照“先写后教，以写定教，依学而教”的思路进行。在教学过程中，我首先选择一则学生比较感兴趣的话题材料，通过创设一个真实的写作任务情境，让学生任选角度，充分表达自己的观点。在对写作任务做简单分析后，我带着学生对不同的观点展开讨论，然后让学生自主完成写作。阅读学生的作文，我发现学生议论文写作水平普遍较差，主要问题体现在结构混乱、缺少说服力和缺乏读者意识三个方面。整体上掌握了本次作文存在的问题和不足之后，我没有给学生写评语，而是按百分制打的分，目的是给作文定等级，让学生清楚自己的作文处在何种水平。不写评语，是为了留下悬念，为写后指导做铺垫。

在写后指导课上，我以班级写得比较好的一篇习作为例文，对照学生作文中普遍存在的不足之处，与学生一起设计了习作评价工具。因为这是高一学生第一次尝试议论文写作，从学生作文情况看，大部分学生写时评文的基本框架搭建得还不够好，所以有必要从议论文的一般框架开始进行指导。另外，学生的作文还普遍存在不会写事例和不会恰当议论的问题。因此，讲评时，我重点指导学生如何展开对事例的分析。

二、教学过程

(一)确定评价内容要点

师：同学们！大家都完成了上节课布置的写作任务，那么，写得如何呢？我们一起来评一评。首先，讨论一下应该从哪些方面评价。请以小组为单位，结合写作任务拟定三条评价内容要点。

学生分小组交流三分钟。

生(第三组)：从“写作要求”来看，本次作文的文体是议论文。我们组认为，评价的内容可以确定为：(1)观点明确；(2)说理充分；(3)语言准确。

生(第一组)：我们组也是从议论文的角度确定评价标准的。这是我们上高中后第一次写议论文，要求不能太高，我们组确定的评价标准是：(1)要符合议论文一般结构的要求，能提出问题、分析问题和解决问题；(2)观点要正确，要能传播正能量；(3)选择的材料能证明自己的观点。

生(第四组)：我们组认真阅读了本次写作的任务要求，确定的三条评价内容要点是：(1)符合群主的身份；(2)提出的观点和主张要考虑群里同学们的感受；(3)论证要充分，字数不少于600。

师：你们组提出的第三条标准“论证要充分”与“字数不少于600”是什么关系，是不是字数达到600就属于论证充分？

生：应该不是吧，我们还没考虑明白。

师：好的，这个问题还需要仔细斟酌一下。其他三组同学呢？

生（第六组）：我们组和第一组差不多：（1）议论文结构要完整；（2）观点正确；（3）论证充分。

生（第二组）：我们组结合自己写作过程中遇到的问题，认为本次写作评价的内容可以定为以下三点：（1）开头提出的问题能吸引读者；（2）选择的事例能支持自己的观点；（3）语言表达让读者容易理解，不能是板起面孔说服、教育别人。

师：第二组特别强调读者的阅读感受，很好！这恐怕也是同学们本次作文要特别重视的。第五组呢？

生（第五组）：我们组和第四组相似，包括这三个方面：（1）字数不少于600；（2）观点正确；（3）要能提出解决问题的办法。

师：现在我们一起来从内容、结构和语言表达三个角度梳理一下同学们提出的评价意见。一是作文内容方面有：（1）观点明确；（2）观点正确；（3）论证要充分；（4）选择的事例能支持自己的观点；（5）要能提出解决问题的办法。二是结构方面：（1）结构要完整；（2）要符合议论文一般结构的要求，能提出问题、分析问题和解决问题。三是语言表达方面：（1）字数不少于600；（2）开头提出的问题能吸引读者；（3）语言表达让读者容易理解，不能是板起面孔说服教育别人。我们一次的评价内容不能太多，根据这次写作的任务要求和同学们写作中存在的问题，确定三条就可以了。文章字数问题，所有同学都达到了要求，可以不作为评价内容。其他方面，有相似或相同的，可以合并。第一组和第四组考虑问题的角度非常好！第一组强调这是上高中后同学们第一次写议论文，要求不能太高，在内容和结构方面只要做到规范，即写得像一篇议论文即可。

第四组认为要考虑作者的身份和读者的感受，比较具体。请同学们确定从哪三个方面评价比较好呢？

生：根据老师的提示，我认为可从以下三个方面来评价：(1)文章结构要符合一般议论文的结构要求，能提出问题、分析问题和解决问题；(2)观点明确，符合群主的身份并能体现正能量；(3)论证充分。

师：这位同学的归纳能力很强，但是“论证充分”怎么来评呢？

生(思考)：嗯……就是选择事例和道理来证明自己的观点。

生：老师，我觉得这条评价内容比较难评判，能不能改为“语言表达让读者容易理解和接受”？这里也包含着论证成分的要求，而且具体，操作性更强。

师：很好。这三条评价内容分别涉及内容、结构和语言表达三个方面。我们再将它们分成优、良、中、差四个等级(出示表格)。

作文评价表

序号	评价内容要点	等级			
		优	良	中	差
1	文章结构要符合一般议论文的结构要求，能提出问题、分析问题和解决问题。				
2	观点明确，符合群主的身份并能体现正能量。				
3	语言表达让读者容易理解和接受。				

(二)例文评价研讨与交流

师：我课前发的材料是我们班××同学的作文《“袖手旁观”不可取》，这篇作文我打了80分，请同学们参照这三条标准，分小组讨论这篇作文的优点和不足，并提出修改建议。

PPT：2018年10月28日重庆发生了一场因乘客坐过站而与司机打斗，最终导致公交车坠入长江，车上15人无一生还的悲惨事故。

这场事故引发了社会各界的关注和讨论，有人指责那个坐过站的乘客刘某，有人责备司机冉某，而今天我要对那辆车上的其他乘客的行为提出我的疑惑：为何发生这样的事情竟无人上前制止，为何其余人均在袖手旁观？

……

学生小组讨论后，代表发言。

生（第四组）：我们小组觉得这篇作文的开头很好。第一段概括回顾了材料中的事件，第二段简洁转述了材料中不同人提出的不同看法，再提出自己的思考。从其他乘客的角度提出问题比较贴合读者的身份，因为班级群里的读者都是高中生，他们不是司机，也不会做出刘某那种过激行为。

生（第一组）：我们小组觉得作文中间部分写得好。他的思路很清晰，在提出了自己的疑惑“为何其余人均在袖手旁观”后，第三段就举出生活中类似的袖手旁观的例子，进一步提出疑问，“袖手旁观者无动于衷，到底是为什么？”第四段分析形成袖手旁观心态的原因。第五段继续提出疑问，“这种选择能解决问题吗？”接下来第六段回答“不能”，通过假设刘某和冉某发生肢体冲突时，有乘客上前制止，灾难会很可能避免，来论述袖手旁观的危害性。第七段举出相反的例子——吕保民勇敢挺身的事例，进一步指出面对突发事件，只有勇敢站出来，才能维护自己或他人的权益。最后提出防止重庆公交车坠江类似事件发生的办法。

生（第二组）：我们小组觉得作文的结尾也写得不错。最后一段，既回扣材料提出解决的办法，又明确表达了自己的观点，能弘扬正能量，并能与开头相呼应。

师：三个小组分析、总结得非常到位。这篇文章遵循了议论文严谨的结构：提出问题—分析问题—解决问题。一篇议论文要想让读者理解和接受，中间部分的分析问题很重要。本次作文，同学们出现的问题集中在这部分，这篇例文给我们怎样的启示呢？

生（第二组）：我觉得我们初写议论文，不会议论的同学可以多举例子。

师：这是一个将文章写长的好办法。举什么例子？

生（第二组）：举相似及相反的例子。

师：该怎么写呢？议论文的事例写起来与记叙文的事例有没有区别呢？

学生陷入了茫然与沉思中。

师：我们来看另一位同学是怎么写事例的？

PPT：从贵州一老人路边摔倒落入水坑，而经过者无人上前导致其错过抢救时间，到某小区一小偷行窃被捕后，小偷称"人来人往，但他们都没有行动……撬门时刚好有人经过，却像没看到一样走过去"，再到在日常生活中，我们自己在排队，遇到一些人插队而可能只是忍气吞声……

师：同学们觉得他的事例写得如何？老师用他的事例也写了一段文字，大家觉得放在文中，谁写得更合适？

PPT：从贵州一老人摔落水坑，因无一经过者相救而致死，到某小区光天化日之下、人来人往之中，小偷公然撬门行窃而无一人制止，再到在日常生活中，排队遇到插队而大多数人选择忍气吞声……

生（第二组）：老师的好，更简洁。

师：对的。记叙文的记叙要生动具体，要多描写细节；而议论文重在论述观点，事例的叙述要尽可能地简洁、概括，选择能证明观点的主要事件来写。

师:同学们的作文中,除了很多人的事例写得不简洁外,还有一个很普遍的问题。先来看这一位同学写的一个片段。

PPT:感动中国十大人物之一的吕保民,当一对母子在市场与歹徒对峙时,他挺身而出,不顾自己的安全奋力夺下歹徒的尖刀,同后来帮忙的众人一同制服歹徒,保卫了菜市场人群的安全。因此,在面对此类突发事件时,我们应沉着冷静地观察和分析情况,采取相应措施来维护自己或他人的权益,而不是袖手旁观,在自身合法权益受到损害或社会安全等受到威胁时选择性失明。

师:读一读他叙事后的议论,看看有没有问题?有没有哪句话是与自己的观点无关的?

生(第五组):"我们应沉着冷静地观察和分析情况。"

师:对。这句话的得出是没有依据的,也就是说从他写的事例中,我们是看不出吕保民的"沉着冷静地观察和分析情况"。再则,这句话与文章的主题"'袖手旁观'不可取"也没有什么关系,放在这里反而容易分散主题。

师:再看文章的另一处。

PPT:……再到在日常生活中,我们自己在排队,遇到一些人插队而可能只是忍气吞声……这些袖手旁观者无动于衷,到底是为什么?

师:同学们看,他举完例子之后,有没有对事例进行议论?没有,直接就过渡到下一个问题的探讨中去了。这是本次作文大多数同学都犯的错误:要么写完事例后没有紧扣事例和观点进行议论,要么写完事例后,干脆不做议论。

师:(PPT出示全文)从论文的一般结构和观点的提出这两个角度来看,这位同学总体上表现还是不错的,那么从"语言表达"方面,大家还有哪些看法和思考?

生(第四组)：我觉得这篇文章不适合群主的身份，总体而言，语言表达比较生硬，也很少考虑到群里其他同学的想法。

生(第一组)：我认为开头部分的语言表达不是很好，两段话可以合并为一段。语言可以更亲切自然一些，如开头第一句这样写"'重庆公交车事件'一夜之间在微信群刷屏了。"把问句改为"这个悲惨的事故告诉我们：有时候旁观者也该'多管闲事'"，这样观点就更明确了，也体现了群主身份。

生(第五组)：我认为结尾也需要修改。要针对高一学生的特点，提出解决问题的办法或建议。具体怎么改，我还没想好。

(三)课堂小结，布置作业

师：下课时间到了。今天，我们在小组讨论的基础上制定了本次作文的评价标准，根据写作任务从习作的结构、内容和语言表达三个方面选择评价内容要点，并以小组为单位对一些同学的作文进行了评价，同时提出了修改建议。下课后，请同学们参照这个评价标准修改自己的作文，小组内互评后再交上来。下课。

三、课例评析

长期以来，高中议论文的写作往往脱离真实的写作情境，主要选择话题型议论文和论辩型议论文两种文类进行获得论点和运用论据展开论证的训练。在教学内容的选择上存在的问题是，脱离学生的真实写作需求，缺失"读者意识"，论点、论据、论证和逻辑等议论文核心知识缺位，等等[①]。写作教学过程脱离学生真实的写作过程，突出写前指导和写后

① 叶黎明.写作教学内容新论[M].上海：上海教育出版社，2012：292-301.

评价。有学者指出,“西方流行的过程写作教学法有写前、起草、修改、修订、发布五个步骤”[1],这一过程不是简单的线性发展过程。因此,备课专家认为完整的写作教学过程应包括写作前、写作中、写作后指导,教学内容也应贯穿写作教学的全过程。

教学过程中的写作评价,目的是促进学生修改习作,进而落实教学内容,达成教学目标。在强调促进学习的背景下,作文评估既要重视客观、准确地评定学生的水平,又要关注激励学生学习写作的兴趣,同时,指导教师要找出自己教学中存在的问题,总结经验教训,及时改进教学。钟寒老师课例的核心教学内容是生成并运用评价支架,促进学生更有兴趣地学习写作,提升写作水平,达成写作目标。下面将就这一问题展开讨论,进而提出写作评价支架的生成和使用的有效策略。

(一)依据教学内容生成评价支架

写作教学内容是对写作课教什么、学什么的回答,是一次写作活动过程中,学生实际掌握的知识与完成写作任务所需要知识之间的落差。一次写作教学评价的内容要素,应与教学内容相一致。依据教学内容设计合理的写作任务,是中小学写作教学需要解决的首要问题。写作任务设计应充分考虑任务的难度、真实性特征,以确保学生有能力、真实地完成。[2]钟寒老师设计的写作任务具有真实性,从任务目标的角度来看,属于“交际类”写作任务,即在班级群里交换信息和观点,以帮助群成员更好地认识并解决现实生活中存在的问题。从任务难度来看,还是具有一定挑战性的,具体体现在以下三个方面:(1)群主的身份和读者意识;(2)劝说的目的,劝说读者接受自己的观点和看法;(3)具体问题的提出、

① 荣维东.写作教学的关键要素与基本环节[J].语文建设,2018(16):21-25+43.

② 祝新华.促进学习的作文评估[M].北京:人民教育出版社,2016:209.

分析与解决能力。学生实际的写作水平如何呢？正如钟老师在“设计思路”中提到的，高一学生议论文写作水平普遍较差，具体体现在结构混乱、缺少说服力、缺乏读者意识三个方面。这一学情判断来自对学生作文的诊断，是比较客观的。基于此，填补学生完成写作任务的核心教学内容就要解决上述问题。当然，要完成本次写作任务要教的知识是很多的，比如如何选择论述的角度、如何确定论点、如何选择论据、如何进行推理等。钟老师考虑到这是学生上高中后第一次写议论文，没有在教学内容的预设上花很多功夫，而是在生成的评价工具中自然地嵌入了教学内容。评价工具生成的过程是，教师首先让学生结合写作任务拟定三条评价内容要点，其次通过全班交流和研讨确定三条评价内容要点：(1)文章结构要符合一般议论文的结构要求，能提出问题、分析问题和解决问题；(2)观点明确，符合群主的身份并能体现正能量；(3)语言表达让读者容易理解和接受。由于评论性文章是在班级群中发的，学生既是作者，也是读者，在教学中生成新的写作知识来完成写作任务是可以实现的。在教学过程中，教师既可以依据学情和写作任务生成评价工具（嵌入教学内容），也可以依据已确定的教学内容来确定评价工具。一节好的写作课教学内容应当鲜明而集中，评价的内容要素也应该根据教学内容的要求精简。相关研究表明，“一个将主要作业在3～4项评分标准内进行评分的系统”，评价时“教师应该给出合适的分数，再加上相关点评，最好包括改进建议”，“这个方法可以让评估更有重点，更具表扬性，而且速度相当快”。[①]因此，钟老师在课堂教学中生成三条评价内容要点（涉及结构、内容和语言表达三个方面）的做法是值得提倡的。

① 海恩斯.作文教学的100个绝招[M].杜铁清，译.北京：教育科学出版社，2009：114.

(二)基于教学目标运用评价支架

在写作教学中,写作前、写作中和写作后都应该有评价,这些动态的作文评价活动是教学过程的重要环节之一。写作前评价,主要通过师生反馈、点评和合作研讨的方式促进学生写作意念的生成、内容和材料的选择、结构的搭建等。写作中评价,也主要是以师生反馈、点评和合作研讨的方式促进学生把写作前的构思转换成文字、句子、段落、篇章,实现由“意”到“言”的转换。写作后评价,则可通过教师评阅与修订,学生写作经验的反思、交流、分享等形式,优化学生的习作。写作过程中这一系列的动态评价活动,不仅仅是诊断学生写作过程中知识掌握、能力和情意发展的情况,其最终目的是促进这一次写作教学目标的达成。上述课例中的写作评价属于写作后评价,形成评价内容要点后,教师指导学生对一篇学生习作展开点评,并提出修改建议。这一教学意图比较明确,教师指导学生展开评价的目的是提升学生的写作能力,达成写作教学目标。

在写作教学过程中,语文教师如何使用这些支架呢?钟老师课例的工具支架——写作后评价工具的使用,经历了支架搭设、支架使用指导和独立使用支架三个阶段。第一阶段,以小组合作学习的方式指导学生生成评价支架。第二阶段,以小组合作、班级交流、教师点拨反馈的形式运用支架。第三阶段,课后让学生独立运用支架。而在写作前,教师可以结合构思图表支架对文章的立意、选材以及结构进行点评和反馈;在写作中,结合写作任务清单等支架让学生进行自我检测和师生点评,这些都是本课例需要进一步加强的。此外,课例中活动支架的使用尽管也经历了活动目的和形式提示、活动组织与指导、形成活动三个阶段,但是学生的讨论缺少知识的支撑,如“议论文的结构是怎样的”“如何对事例展开分析”“语言表达的语气”等。因此，在评价支架运用的过程中，教师应充分发挥自身的组织、引导作用，提供精要有用的写作知识，及时整合、提炼学生的学习成果，促进教学目标的达成。

（三）充分发挥多元评价主体的能动作用

在写作教学过程中，评价的主体既可以是教师、学生，也可以是家长和相关的网络群体，教师要充分调动多元评价主体参与到写作评价中来。首先，教师的反馈要有效。教师针对学生在写作过程中的表现进行反馈时，要设计反馈的方向（正向或负向）、方式（口头反馈或书面反馈）、维度（思想内容、组织结构、语言表达、写作规范和写作的兴趣、习惯等）和重点。教师要明白学生理解并接受反馈的过程是复杂的，教师要针对学生个体差异和写作过程使用多种反馈方式，帮助学生理解并掌握核心写作知识，形成写作能力。其次，通过学生小组合作和班级交流互动的方式评价，不仅可以提高小组互评互学的质量，还能培养学生的合作意识。然后，在线的网络评价也是促进学生完成写作任务的有效途径。不过在写作前，教师要向学生交代清楚写作的目标、任务和要求。在评价过程中，教师要引导学生接受有益的意见，摒弃没有参考价值的评价内容。最后，学生的自我反思和经验交流对培养自身的写作兴趣、丰富写作经验和养成写作习惯也是有一定帮助的。课例中钟老师在指导学生评价的过程中能根据学生的学习情况进行反馈，但大都是口头反馈，如能呈现例文的评注和评语，效果会更好。此外，钟老师的写作任务情境创设得很好，即“以群主的身份发表评论”。其实，在教学之前钟老师可以把评改的例文发到班级群里，让同学们充分发表意见，课后也可以组织同学把最后修改好的作文发到群里，再次让学生评价。教师应加强发挥多元评价主体积极作用的意识，在教学过程中通过教师反馈、班级小组之间的互评、网络评价以及学生自我反思和经验交流，借助有效的评价工具和形式多样的评价活动，解决学生写作中的问题、困难，弥补不足，建立读者意识，提升写作的兴趣。

总之，语文教师应重视写作过程中的动态评价活动，在教学过程中依据教学内容生成评价支架，基于教学目标灵活使用工具支架和活动支架，充分发挥多元主体在评价搭设和使用中的作用，在写作过程中全面提升学生的写作水平。

第四章 行动取向的项目化语文课例研究实践与反思

●○时代发展、课程改革、课堂变革，最终要落实到教师专业发展上来。新课程赋予教师新的身份，即教师不仅是有思想的实践者，也是持续发展的学习者，有发现的研究者，有创生能力的改革者。专家引领的课例研究是“在‘工作场景’中，通过对‘教学的探究’而进行的‘教师自主’发展”的有效模式。本章系统总结了职前、职后语文教师教育中三种项目化的语文课例研究，认为科学合理的课例研究主题和内容体系、“三坊一体”的课例研究模型和专家引领的实践共同体的三维模型是职前、职后语文教师专业发展的新方向。

第一节 指向教育硕士教学实践能力发展的课例研究培养模式的实践与反思

一、问题的提出

为适应产业结构调整和经济发展方式转变的要求，2009年以来，我国专业硕士招生规模持续保持增长态势，截至2016年，我国“专业硕士招生人数达到279617人，占硕士招生总额的47.4%”[①]。教育硕士是以培养“掌握现代教育理论、具有较强的教育教学实践和研究能力的高素质的中小学教师”[②]为目标的专业学位研究生。全日制教育硕士研究生有以下特征：(1)生源主要为应届本科毕业生；(2)学习方式是在校集中学习；(3)授予专业学位证书和研究生学历证书。学科方向的教育硕士的培养目标是为中小学培养语文、数学、英语等具有教学实践能力和研究能力的学科专任教师。目前，教育硕士的培养存在“重理论轻实践”“课程设置和实施中的随意性和局限性”等问题[③]。针对这种情况，教育部下发文

① 中国教育在线，微博教育.全国研究生招生数据调查报告[R/OL].(2017-12-28)[2023-10-20].https://www.eol.cn/html/ky/2018report/page2.shtml#2.2.1.

② 中华人民共和国教育部.全日制教育硕士专业学位研究生指导性培养方案[EB/OL].(2009-05-20)[2023-10-20].http://yz.chsi.com.cn/kyzx/zyss/200905/20090520/94572569.html.

③ 李世讴.教育硕士课程体系建构研究[D].重庆：西南大学，2010：15-16.

件，强调培养单位“必须科学确立专业学位研究生教育的合理定位，深入研究和准确把握专业学位研究生教育规律，创新培养理念，改革培养模式，确保培养质量”[①]。学科教学方向的教育硕士学位获得者的核心能力是：具有运用所学的理论和方法解决学科教学实践中存在的实际问题的能力。这种能力不仅表现在学科教学实践能力方面，还表现在学位论文的撰写上。也就是说，教育硕士培养的核心能力是落实于“教学实践”层面的操作能力和研究能力的。以教育硕士学科教学（语文）为例，目前，教育硕士的培养存在以下突出问题。

（一）在课程层面，没有紧扣“培养目标”设置与开发课程

教育硕士课程设置主要包括理论课程和实践课程两个板块。相关研究表明，教育硕士学科教学（语文）方向研究生的课程主要存在以下问题[②]：(1)基础课程与专业必修课程比例失调，选修课程的资源种类广度不够，教育实践课程设置不足，应用性不强。理论课程包括学位基础课程、专业必修课、专业选修课三类，几乎占总学分比例的70%以上，实践课程则只占不到总学分30%的比例。(2)实践课程作为教育硕士培养的重要环节没有贯穿培养过程的始终，重形式而轻目标。但对于全日制教育硕士来说，他们缺乏实际教学经验和对一线教育的深入了解，非常需要实践性课程学习与技能训练。因此，在现有课程结构下培养出来的人才必然是理论基础知识适切性和实用性不强，实践性与应用性也不突出。

① 中华人民共和国教育部.教育部关于做好全日制硕士专业学位研究生培养工作的若干意见[EB/OL].(2009-03-19)[2023-10-20].http://www.moe.gov.cn/srcsite/A22/moe_826/200903/t20090319_82629.html.

② 王学普，王莹，孙刚成.教育硕士课程设置的调查与改革[J].高等理科教育，2016(2):38-44.

（二）在教学层面，教学内容繁难偏旧，教学方法单一

受到学科课程与教学方向教育学博士培养和师范类大学人才引进制度的制约，专业硕士的培养缺乏既有理论水平又有丰富教学实践能力的专业教师。教学内容多为体系化的学科教学理论，缺少面向真实教学情境的实践性知识；教学方法以讲授和讨论为主，缺少现代媒体进入的丰富多样的教学方法。因此，专业实践能力的培养成为学科教学方向教育硕士培养的瓶颈。

二、问题解决的过程和方法

（一）调查研究阶段（2012年9月—2013年8月）

1.考察学习、系统梳理国内外教育硕士培养模式和先进经验

（1）梳理国内外专业方向教育硕士培养的经验。借鉴欧美发达国家教育硕士培养的先进经验，准确定位培养目标，即培养基础教育中学科教学实践型人才。（2）在课程设置上体现了“精减”“更新”“多样选择”的特征。（3）在教学方法上倡导“参与对话”，创设拟真的中小学语文教学的情境，让研究生参与讨论。

2.对教育硕士的教学实践能力的水平进行调查

调查结果显示：（1）中小学学生时代经历的教学策略对于其教学实践能力的获得影响较大，大部分教育硕士认为在“教学方法与教学策略”的选择与应用上中小学老师的影响大于大学时代的老师，其明显特征是：教育硕士更愿意使用声像媒体进行教学。（2）教学实践能力普遍不足，主要表现在以下方面：对新课程标准理解不透彻，文本解读能力低下，难以把握教学内容；对学情分析不足，教学手段陈旧，教学过程衔接

不流畅，不知道如何唤起学生的经验，难以有效管理课堂；不知如何有效参与校本教研，不知如何做语文教学研究；等等。(3)对“如何提升语文教学实践能力”的认识比较模糊，大部分受访者认为要加强理论学习，并希望得到名师的指导。

3.初步建构课程体系，引入案例教学

在前期调研的基础上，我们清醒地认识到：要想发展教育硕士的教学实践能力，就必须制定科学的培养方案，设置能够有效指向语文学科教育硕士(全日制)教学实践能力发展的相关课程，在教学中大量引入案例教学。(1)课程设置方面，开设了“语文教学与案例分析”等三门专业必修课程，开设了“语文美育研究”等五门专业选修课程。(2)在教学资源上，通过参与“国培计划”师范项目开发了丰富的课例研究资源，撰写了一批研究论文，建成了内容丰富的语文教学案例资源库。(3)初步规划专业课程案例教学的总体安排，系统学习“语文教学与案例分析”的目的、作用、技术路径，其他课程着重应用案例教学探究语文课程、教材、教学等方面的问题。(4)在专业课程教学中大量引入案例教学，并多次召开教学研讨会，初步总结了案例教学中存在的利弊得失，发表了相关案例教学的成果。

4.选聘优秀师资作为兼职导师

为弥补师资力量的不足，根据教育硕士学科教学(语文)培养指向实践性的要求，赣南师范大学文学院充分利用江西省“十二五”重点学科中国语言文学的资源和研究生部兼职教授、硕士生导师聘请办法，选择教育硕士实习基地，在全国范围内遴选兼职硕士生导师。聘请的兼职硕导有两个专业方向：一是语文课程与教学论方向的博士，二是一线优秀教师。先后聘请12人为学术型兼职硕导，引领教育硕士的学术研究方向；

已聘请中小学特级教师、中学高级教师28人为实践型兼职硕导，具体指导教育硕士的见习和实习。

（二）调整定位阶段（2013年9月—2014年8月）

在案例教学的摸索中，我们逐渐建立一套案例教学的操作模式，由理论引导、案例引入、案例讨论、案例反思四个基本环节构成。经过一段时间的实践，我们发现在案例教学中，学生获得的学习经验更多停留在“语文教学案例只能从正面或反面验证某种理论或观点”，他们的教学实践性知识并没有得到有效补充。我们通过查阅大量文献发现，教师专业发展的核心是教师实践知识的丰富、情意的涵养、独特人格与品质的塑造等，它们来源于实践，指向实践，并为实践服务。研究表明，教师的实践性知识是教师专业发展的主要知识基础，在教师的工作中发挥着不可替代的作用。学界对课例研究与教师专业发展关系的认识，基本达成以下共识：课例研究可以架起理论与实践的桥梁，使研讨者在对课例进行多维度的解读和实践中归纳、概括、总结、提炼，将抽象难懂的理论知识内化为实践智慧，反过来又能找到阐释个体的实践经验的理论，从而提升教师的教育理论素养和专业水平，促进教师的专业发展。

2013年以来，项目负责人参与、主持了10多期“国培计划”中小学语文骨干教师、教研员培训示范项目，培训中运用的主题学习工作坊、共同备课工作坊和课例研讨工作坊等培训模式取得了良好的培训效果。课例研究教学模式的特征是：通过选择中小学语文教学课例，讨论分析这堂课的教学目标与内容确定、教学方法与内容的匹配、教师的教与学生语文经验的形成等系列问题，关注的是语文教师如何通过课例研究发展自己的教学实践性知识。基于此，项目组逐步把课例研究引入教育硕士的教学中，尝试运用了名课研习、课例研讨、课例述评研讨模式，取得了较好的教学效果。

(三)重构专业必修课程内容，确立课例研究培养模式(2014年9月—2015年8月)

在专业必修课和选修课选入大量案例性的知识，并通过课例研究的方法开展教学。“语文教学与案例分析”是核心专业课程，主要内容聚焦课例研究知识与学科课程、教学知识的整合，并运用课例研究的方法开展教学。其他课程主要运用一到两种课例研究的方法开展教学，如“学科课程与教材分析”主要运用“课例研讨”的模式，“阅读与写作教学研究”主要运用“课例综述”的模式，“语文教学艺术”主要运用“名课研习”的模式，“教育见习实习”主要运用“综合课例研究”的模式，并注重课例研究成果的转化。

(四)开展形式多样的课例研究活动，聚焦专业实践能力(2015年9月—2016年11月)

在不断地研究与探索中，我们发现语文课例研究有许多问题值得探讨，比如教学内容确定问题，教学方法选择问题，教学环节设计问题，等等。这些问题贯穿于“语文课例研究”教学模式建构与实施的整个过程。为了聚焦教育硕士教学实践性知识发展的问题，我们目前研究的主要问题是“如何通过课例研究发展教育硕士的教学实践能力”，其他问题作为教育硕士教学实践与教学研究的起点问题，留给他们做进一步的研究。因此，在这一阶段，我们对研究的内容、研究的问题做了进一步的细化，如表4-1-1所示。

表4-1-1　教育硕士语文课例研究问题的确定与解决对策

研究的内容	要解决的问题	具体的研究问题	研究方法
教育硕士在语文教学实践能力层面存在的问题和需求。	1.怎样了解教育硕士语文教学实践能力层面存在的问题和需求？ 2.如何获取教育硕士在语文教学实践能力层面存在的问题和需求？	指向教育硕士在语文教学实践能力层面存在的问题和需求的问卷设计和分析。	调查法、访谈法、观察法。

这一阶段，我们依据《小学教师专业标准（试行）》《中学教师专业标准（试行）》《“国培计划”课程标准（试行）》等相关标准，参照舒尔曼教学实践性知识的理论、王荣生教授的阅读教学理论和语文课例研究的成果，初步建构了教育硕士语文教学实践性知识体系，主要包括语文学科知识、语文学科教学知识、语文教学设计知识、语文教学实施知识、语文教学评价知识和语文教学研究知识。我们把相关知识融入各门专业课程并与课例研究教学模式建立关联，在理论学习、实践训练、学习反思中提升学生的教学实践能力。

（五）搭建平台，组建学科教育团队，进一步促进教学实践能力的提升（2016年12月—2018年6月）

2016年12月以来，兼任江西省教师质量检测、评估和服务协同创新中心副主任和象山学校校长的孙锦明博士，通过与江西省教育厅教研室和赣南师范大学合作，在全省遴选了30多所实验校，开展了语文、数学、英语和体育四门学科建设和协同创新实验。赣南师范大学文学院教育硕士学位点负责人王从华博士被聘为语文学科建设专家组组长，并围绕学科建设的“三层九维”模型进行由学科专家、教研员、一线教师和本科生、研究生等多元主体共同参与的语文学科建设。此后，贵溪市象山学校、赣州经开区教研管理办公室、江西省樟树中学先后聘请王从华为语文学科建设课程发展顾问、名师工作室导师和首席专家，整合全国语文教育研究的力量组建学科教育团队，系统开展以语文课例研究为抓手的学科建设。以上单位也成为赣南师范大学、江西师范大学教育硕士实习实践基地。一支由师范大学专家、教育行政部门管理者、中小学校长、语文名师共同构成的学科教育团队逐步形成，从而产生了良好的协同育人效应。教育硕士的理论学习和实习实践无缝对接，他们的教学实践能力和面向教学实践真实问题的研究能力得到进一步的培养和提高。

三、模型建构与实施

本项目在教育硕士学科教学(语文)研究生培养过程中，在专业课程设计和实施层面做了系统的改革，初步实现了教育硕士教学实践能力培养的转向，即在课例研究过程中改善教育硕士教学实践能力的教学模式。具体表现在以下方面。

(一)聚焦教学实践能力，重构教育硕士专业必修课程内容

教育硕士专业必修课程是教育硕士专业课程的重要组成部分，在课程内容的组织上既要处理好专业必修课程内容和其他课程内容之间的关系，也要处理好专业必修课程之间的关系以及某一门专业必修课程内部的关系。根据全国教育硕士专业学位教育指导委员会颁布的课程方案的规定，全日制教育硕士课程主要包括学位基础课程、专业必修课程、专业选修课程和实践教学四个模块。学位基础课程主要包括侧重教育教学一般理论和外语、政治理论等课程，这些课程是专业必修课程的基础。专业必修课程主要包括给教育硕士提供学科教学知识，提高教学实践能力、教学研究能力的课程，是聚焦于实践的专业学科课程。专业选

修课程是一般教育理论和学科教育理论与实践的进一步具体化和深化。实践教学主要是教育硕士见习、实习类课程，是把专业必修课程和选修课程学习的理论知识应用于中小学教学实践。专业学位课程在教育硕士课程体系中居于核心地位，与其他模块的课程形成交叉连接的关系。

根据全国教育硕士教学指导委员会下发的相关文件规定，教育硕士专业必修课程一般包括“学科课程与教材分析”（课程1）、“学科教学与案例分析”（课程2）、“学科教育测量与教育评价”（课程3）和“学科教学发展前沿专题”（课程4）四门课程。项目组建构的教育硕士学科教学（语文）专业必修课程都指向语文学科知识、教学知识、有关学生的知识等学科教学知识，但又各有侧重，如图4-1-1所示。课程1主要解决语文课教什么的问题，具体包括掌握语文课程与教材的基本内涵和编制的基本理论，理解语文课程的性质、特点、功能，熟悉语文课程标准的基本理念、课程目标和教材内容体系，形成较高的教学文本的解读能力，并具备独立从事对教科书不同类型内容进行分析解读的研究能力。课程2主要解决语文课怎么教的问题，具体包括掌握教学设计和课堂教学的基本理论，熟悉案例研究的方法与流程，形成语文教学设计、课堂教学的基本技能，掌握案例研究的基本方法、流程并在实践中运用，具备独立从事案例研究的能力。课程3主要指向语文课程、教学和学业三个方面如何测量与评价的问题，具体内容包括具备语文课程评价、学生语文学业成就测量与评价、语文课堂教学测量与评价、语文教师评价的能力，以及掌握我国语文测量与评价的发展趋势等。课程4主要了解语文课程、教学、评价与研究方法等不同方面最新的研究内容、方法和动态，并通过自主查阅资料，进一步丰富和拓展语文课程、教学、评价与研究方法等专业领域的问题的研究现状与不足，训练文献综述能力和发现问题的能力。这四门课程的核心内容都指向语文教学能力和研究能力的培养，具有鲜明的实践特征。换言之，具有鲜明实践特征的教学能力和研究能力是贯穿教育硕士专业学位课程的链条，同时沟通实践类课程。

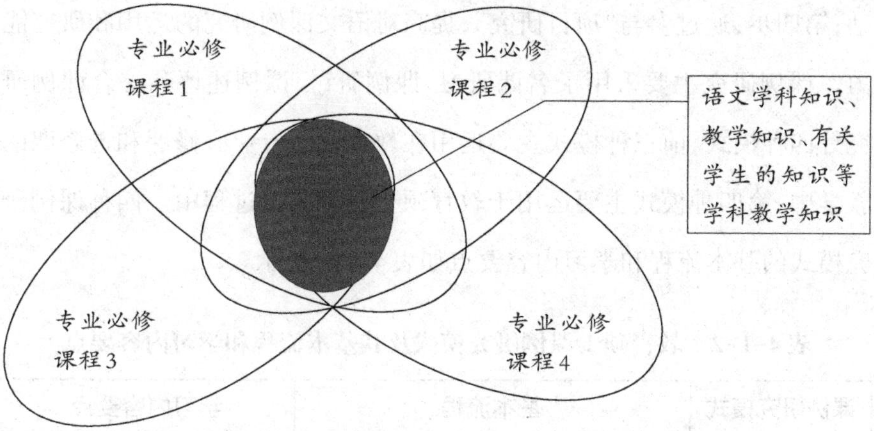

图4-1-1 教育硕士专业必修课程课程内容关系图

（二）构建了以教育硕士学科教学知识提升为核心的课例研究方式

项目组参照《小学教师专业标准（试行）》《中学教师专业标准（试行）》《“国培计划”课程标准（试行）》，依据舒尔曼教师专业发展理论[①]和语文课例研究等相关理论[②]，建构了指向教育硕士专业实践能力的课例研究培养模式。它的基本特点是：通过选择中小学语文教学中典型的课文篇目或主题的课例，讨论分析这堂课的教学目标预设、教学内容确定、教学方法与内容的匹配、教师的教与学生语文经验的形成等系列问题，关注的是教育硕士如何通过课例研究发展自己的教学实践性知识。实施步骤是：第一步，加强专业课程的建设，发挥理论引领作用；第二步，师生共同备课，在课程与教学理论的指导下，聚焦教学目标与内容的选择，优化教学设计；第三步，开展课例研究，通过多重对话，从教学内容角度

① SHULMAN L S.Knowledge and teaching：Foundations of the new reform[J].Harvard Educational Review，1987，57(1)：1-23.

② 王荣生.听王荣生教授评课[M].上海：华东师范大学出版社，2007：导言3-28.

观课评课，重点关注教学内容的合宜性，开展以“学的活动”为基点的课堂教学，重点关注教学设计的有效性，并与共同备课建立有效连接和互动；第四步，通过参与“项目研究”，提高对语文课例研究的运用和研究能力。课例研究主要采用了名课研习、课例研讨、课例述评和综合课例研究等四种模式，前三种模式主要运用在教育硕士专业必修课和选修课的教学中，第四种模式主要运用于教育硕士教育实习过程中。四种课例研究模式的基本流程和学习内容要点如表4-1-2所示。

表4-1-2　教育硕士课例研究模式及其基本流程和学习内容要点

课例研究模式	基本流程	学习内容要点
名课研习	一是语文课程与教学理论的学习；二是名师课例观摩(包括观看教学视频和阅读教学实录)；三是名师课例研讨；四是得出结论。	理解语文学科知识、课程知识、教学知识与学生的知识，改善学科教学知识。
课例研讨	一是阅读课例；二是提出问题；三是分组研讨；四是小结反思。	探究语文学科知识、课程知识、教学知识与学生的知识，改善学科教学知识。
课例述评	一是头脑风暴，发现问题；二是收集同一篇课文或主题的教学设计并做出综述；三是针对具体问题讨论对策与建议；四是撰写相关主题的研究论文。	应用语文学科知识、课程知识、教学知识与学生的知识，改善学科教学知识。
综合课例研究	一是确定研究的问题；二是组织共同备课(依据问题样式确立教学的终点目标，分析学情，明确教学的起点，中间搭两到三个台阶，分别明确教学的内容落点和教学方法)；三是共同讨论修改教学设计；四是课堂教学实践；五是评课与反思。	在实践中改善学科教学知识。

（三）形成多元主体参与共建的学科教育团队，拓宽了课例研究的实践渠道

长期以来，教育硕士培养模式受课堂教学的局限，只能采用案例教学的形式，学习效果不佳。而本项目则由课内拓展到课外，由课堂教学拓展到见习、实习阶段，甚至延伸到硕士论文撰写阶段。培养活动也形式多样：课堂理论学习、共同备课、课例研讨、组织学术沙龙、举办学术例会和年会、参加教学技能大赛、开展名师讲堂、进入基层中小学校开展课例研究、参与“国培计划”的课例研讨等多种活动。让研究生充分与专业学者、一线教师对话，并在各种实践活动中发展教学实践能力。2016年以来，教育硕士学科教学（语文）方向的研究生先后参与项目组导师立项的“‘国培计划’中小学语文骨干教师研修”“区域名师工作室建设”“江西省中小学学科建设与协同实验”“樟树中学语文学科整体建设”等项目，在学科专家的指导下，与一线教师共同备课、备课研讨、听评课和课例研讨，撰写了30余篇课例研究的论文，教学实践能力有了很大提高。其课例研究培养模式的建构与实施过程如图4-1-2所示。

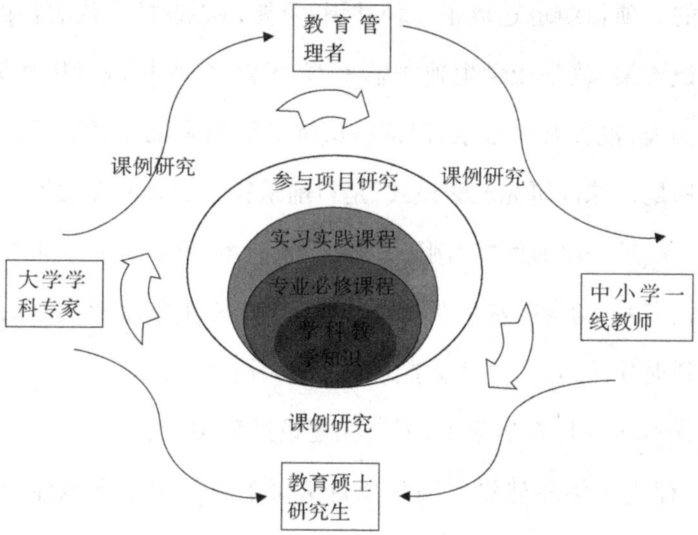

图4-1-2　教育硕士课例研究培养模式的建构与实施

四、成效与反思

首先，参与教学改革的项目成员都承担了教育硕士专业必修和选修课程的教学，且都是学科教学（语文）硕士生导师。在教学实施过程中，项目组成员精诚合作、辛勤探索，形成了以“参与对话”为框架的课例研究教学模式，激发了教育硕士学习的积极性，提升了教学质量与人才培养质量，取得了显著成绩。其次，本项目组的所有成员长期担任教育部“国培计划”的授课专家，不仅在教育硕士语文教育专业课程中运用“课例研究”的教学模式，而且把这种教学模式继续应用到“国培计划”中小学语文骨干教师的培训中，并推广应用到江西省中小学学科建设、协同创新实验和名师工作室教学研究指导中，取得了良好的培训效果。“课例研究教学模式”的最大的特点是“做中学”，教师通过创设课例研究的情境，提供相关理论支架，指导学生在课例阅读和参与对话中获取教学实践性知识并通晓语文教学研究的基本路径。“课例研究”鼓励学生大胆质疑、各抒已见，很多知识和研究的问题都是在“课例”研讨的过程中被提取出来的。项目组也达成了一种共识：只要精心选择有代表性的课例，巧设知识支架，放手让学生独立思考、大胆尝试，哪怕观点稍微偏激，行动有些偏失，过程有些艰难，但这些历练对他们来说是必不可少的。更为重要的是，“课例研究教学模式”是目前最符合教师专业发展的一种研修模式。经过一段时间“课例研究”培养模式的探索，教育硕士在教学设计、试讲、实习、竞赛中水平明显得到提高，发现问题、捕捉问题的能力也明显得到提升，研究生的专业能力得到很大提升。

尽管本项目是教学成果，但它在建设过程中，反过来刺激了语文学科科研，促进了学科建设。因为项目组每个成员都深深地懂得一个道理：教学改革的顺利进行离不开科研的大力支持，教学与科研相当于人的两只脚,是不可或缺的,而且以科研带教学、以教学促科研恰恰可以使二者相得益彰,相互促进。本研究成果,已通过公开发表、学术报告、推广应用等渠道产生了广泛的社会影响。总之,“课例研究教学模式”不仅在一所地方师范大学教育硕士学科教学(语文)方向研究生的培养中取得了一定的效果,而且被项目组成员和其他教师推广到中小学校本教研中,在提高新手语文教师的教学实践能力和优秀教师的教学科研能力方面,取得了良好的效果。

教育硕士课例研究培养模式是一项系统工程,它需要综合解决每个学科“为什么教、教什么、怎么教”的问题,也需要具体解决“课例研究”在培养教育硕士研究生的过程中“为什么教、教什么、怎么教”的问题,为此特别需要在以下两方面加强:(1)迫切期待教育理论界在实证研究的基础上创新学科课程与教学的理论成果和实践成果;(2)进一步形成大学与中小学深度合作、协同创新的良好机制与氛围。

第二节 目标三维·过程三坊·驱动三重：县域普通高中语文学科建设的经验与反思[1]

2022年12月，江西省樟树中学传来两条振奋人心的好消息：樟树中学申报的教学成果和优秀学科双双获得市级一等奖。樟树中学创建于1901年，有着悠久办学历史和文化底蕴，现有学生3491人，教职工293人。全校有语文教师48人，平均年龄34.8岁，是一支高学历、有朝气的学科教学团队。但是，在新课程改革持续推进的背景下，大部分教师对语文课程理解相对滞后，基于主观经验各自为战，很难形成共识，发挥教研组的合力作用。针对上述问题，学校从学科建设的高度出发，发挥高校学科专家专业引领作用，建立常态化语文学科建设机制，构建出一个"目标三维·过程三坊·驱动三重"县域普通高中语文学科建设模型，探索出了一条县域普通高中语文学科建设的标准化道路。在语文学科建设的推动下，语文教师专业化程度不断提高，教学水平稳步提升，近万名学生成为语文学科建设的直接受益者。

一、问题的提出

时代的发展、课程的改革、课堂的变革，最终要落实到教师专业发展上来。一所学校，没有教师的专业发展，就没有课堂教学的变革、没有学

① 本节为2022年江西省宜春市基础教育教学成果奖一等奖成果报告。

生的发展、没有学校的发展。目前,办学条件相对落后、办学特色不够鲜明、教育评价不够科学等多方面因素正在制约着县域高中的特色发展,其中,最为迫切需要解决的瓶颈问题是学科育人问题。

(一)问题聚焦:县域普通高中语文教学没有充分实现学科育人目的

始于2003年的普通高中语文课程改革,在育人目标上发生重大转向,即由"知识—技能"型转向"素养—养成"型。2017年12月,教育部颁布了《普通高中语文课程标准(2017年版)》,进一步提出"语文核心素养"育人目标,以学习任务群的方式组织课程内容,进一步深化教学方式的变革和教学评价改革。语文课程、教材、教学、评价层面的系统变革,对县域中学改革课堂教学,实现语文学科育人的目标提出了挑战。樟树中学近年来虽然招聘了一批著名师范大学的本科生、研究生,但是以传统的灌输、填鸭式教学为主的语文课堂没有发生根本转变,耗时多、效益低,一直制约着学校语文教学改革的发展。因此,这种教学现状与语文学科育人新课程改革的要求还有很大的差距。

(二)探路方向:系统开展语文学科建设,以形成校本化的学科育人特色

要实现语文学科育人功能的发挥或教学水平的改观,常见的做法要么是鼓励教师钻研业务、多做课题、多搞校本教研,要么是倡导集体备课、公开课研讨、名师示范,要么是外出参观学习、培训进修。这些做法不能说是错误的,但问题是:包括樟树中学在内的全国同类学校已经在这些方面做得够多了,为何依然普遍存在类似的语文学科育人功能发挥不到位的现象呢?在语文专家和教育专家的双重引领下,樟树中学领导班子终于意识到问题出在这些名目繁多的做法既没有形成合力,也没有

达成共识，更没有真正地引进新的语文教育理论与教改成果上，看似事情做了不少，但学校整个语文学科育人功能并没有整体提升。为此，樟树中学领导班子决定围绕语文学科来开展系统化的建设，以期形成校本化的学科育人特色。

二、解决问题的过程与方法

成果单位作为一所县域普通中学，把解决问题的切入点选在了教师队伍建设层面，经过五年的探索，逐步形成了一条由规范化到专业化的语文学科建设之路。

（一）自主探索阶段（2014年9月—2017年8月）

2014年9月，金新林校长调入樟树中学工作，大力推进校本教研工作。2016年9月，学校经过近两年的调查、访谈和座谈，制定了校本教研管理制度，主要做法是：(1)集体备课常态化，要求单周举行备课组教研活动，双周进行教研组教研活动；(2)教研活动规范化，做到“三确定”，即确定时间、确定主题、确定主讲人；(3)听评课多样化，每学期定期举办教学观摩与研讨活动。校本教研管理制度推行两年后发现，教研效果还是不理想，与预期目标相差甚远。教研活动虎头蛇尾、走样变通、形式化的现象十分严重，教师的专业发展、课堂教学变革始终徘徊不前。

（二）建模规划阶段（2017年9月—2018年8月）

2017年底，教育部颁布了高中各科新的课程标准。面对新课程、新高考改革的转型期，樟树中学领导班子通过多次商讨，认为仅靠学校内部力量很难有所突破，于是决定选择语文学科为突破口，邀请师范大学的学科专家引领学校的语文学科建设。经过慎重考虑，2018年8月，学校主要领导赴南昌与赣南师范大学、江西师范大学的相关专家商讨学校语文学科建设事宜。经过近一个月的调研、讨论，樟树中学完成了语文学科建设的三年规划方案，并成立了专家组和学科建设办公室，开启了专家引领的语文学科建设的旅程。具体做法是：(1)前期调研，系统梳理学校语文学科建设取得的经验和存在的突出问题，找准问题的突破口；(2)在反复研讨的基础上制定《江西省樟树中学语文学科建设项目规划与实施方案》，具体包括语文学科建设的目标、任务和预期达成的标准；(3)组建学科建设专家小组，负责校本教研的规划与实施；(4)成立语文学科建设领导小组并下设办公室，实行扁平化管理，负责语文学科建设的组织与实施。

(三)协同攻关阶段(2018年9月—2020年8月)

2018年9月，以赣南师范大学王从华博士为首席专家的专家团队正式进入学校，开始系统指导学校的语文学科建设项目。具体做法是：(1)每月开展一次为期2~3天的专家引领下的校本课例研修；(2)每学年组织一次到省外名校的访学活动；(3)每学期开好一次语文学科建设的动员会和总结会；(4)在反复实践探索的过程中，编制教研组、备课组、课堂教学、考试命题等模板，规范语文学科建设行为和活动；(5)及时收集校本研修的过程材料，具体包括专家讲座、教学设计案例、课堂教学课例和学生学业评价方面的材料，对照规划方案，评估项目开展和完成情况，并撰写评估报告。经过两年系列主题研讨，校本化语文学科建设模型初步建构完成，课堂教学发生根本改变，语文教师专业素养得到快速提升。

(四)优化推广阶段(2020年9月至今)

2021年7月，为期三年的语文学科建设项目落下帷幕，对三年来学科建设中存在的问题，专家们与老师们一起研讨、总结、完善，完成《扎根校本，协同共建：一所县域高中语文学科建设的实践探索》书稿的撰写。2022年1月，“新课标、新教材、新高考背景下高中语文学科建设成果展示暨中国高等教育学会语文学习科学专业委员会江西省分委会第二届年会”在樟树中学召开，赣南师大、上海浦东教育发展研究院等省内外各高等院校的语文教育界专家学者、教育管理者和中小学语文教师等240余人参加了会议，对三年来学科建设的成果与经验进行总结与推广。语文教研团队先后到信丰中学、万载中学和赣州六中等10余所学校上示范课，得到所到学校领导和语文教师的高度好评。

三、成果主要内容

成果单位语文学科建设项目通过三个阶段有计划、有步骤地实施，在坚持了长达三年的实践探索之后，成果逐渐显现。通过变革学校课程领导、学科专家引领和校际联动的三重驱动，常态化开展三个工作坊促进语文教师专业发展，进而形成了校本化的语文课程理解、教学模型和教学评价，构建了“目标三维·过程三坊·驱动三重”的高中语文学科建设模型（图4-2-1），突破了县域中学语文学科建设的困境，实现了语文教师专业发展、课堂教学变革和学校学科建设提升良性互动的发展目标。

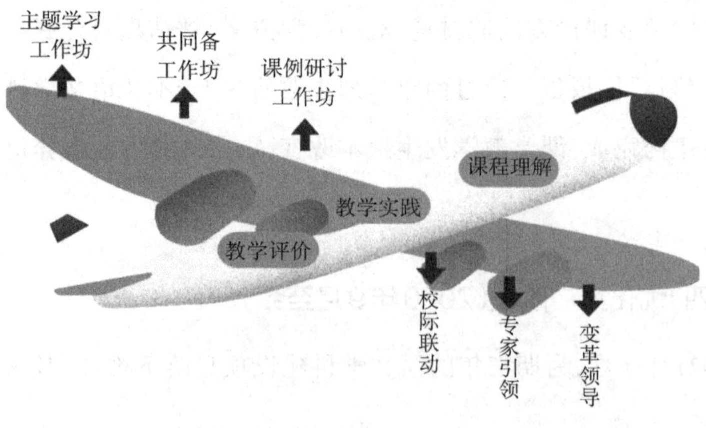

图 4-2-1　语文学科建设"目标三维·过程三坊·驱动三重"模型

(一)目标三维:以课堂变革为本体引领语文学科建设

目标是先导。学校语文学科建设的目标最终要通过语文教师的专业发展来实现。教师是专业的实践反思者,实现语文教师的专业发展要在专业的实践场域里通过教学实施、教学评价来重构教师的课程理解。基于此,成果团队通过文献梳理、考察调研和前期实践,充分评估学校教学条件和语文教师已有的专业基础,从课程理解、教学实践和教学评价三个维度制定了教师专业发展的目标体系。

1.维度一:课程理解——变革课堂教学的方向维度

课程理解主要指教师内化的课程,语文课程目标、内容、组织和评价必须经过教师转化才有可能成为运作的课程和经验的课程。根据新修订的高中语文课程标准和樟树中学已有的师资条件和学情特点,我们把学校的语文课程定位为"培养主题阅读者·培养个性化表达者"。根据新课标在具体情境中开展任务群学习的课程实施理念、新课标精神和特定的任务与情境,樟树中学语文教师整合阅读与鉴赏、表达与交流、梳理与探究,在培养成为常态的阅读者(用阅读特定文本的方法阅读特定文本)和写作者(在真实或拟真的任务情境中开展写作)的基础上,通过专题学习的方式实现"培养主题阅读者·培养个性化表达者"的目的。

2.维度二:教学实践——变革课堂教学的运作维度

以教学内容选择与重构为中心,构建阅读、写作、口语交际、专题学习、单元整体教学模型。这里的教学内容指的是填补学生由学习起点到学习终点落差的核心知识。根据王荣生教授等学科专家的研究,当前语文教学普遍存在"教学内容缺失"的问题,因此,我们把语文学科教学改革的重心放在教学内容的开发上,重在探索"根据文本体式与选文功能类型(定篇、例文、样本、用件、引子)及学生学情确定教学内容”。图4-2-2和表4-2-1分别以阅读、写作教学内容选择与开发为例作简要说明。

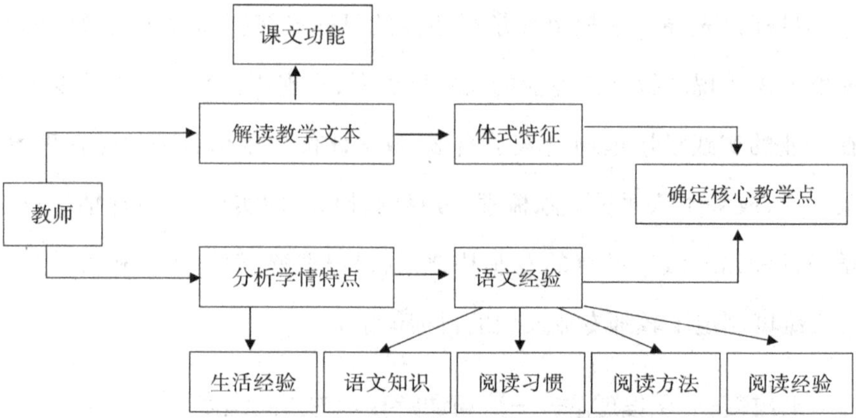

图4-2-2 阅读教学内容选择思路图

表4-2-1 “文学短评”写作教学内容选择表

写作单元分析	任务情境创设	学情分析	教学内容选择
1.文体:文学短评。 2.单元知识:对文学作品要有深入理解和准确的把握;善于聚焦,从“小”处切入;叙议结合。	1.场景:某中学举行二十周年校庆,向优秀校友和社会知名人士征集寄语、题词或诗文。 2.话题:词《临江仙》能否采用。 3.角色:学生评委。 4.目的:做出评议,争取被学校采纳。 5.文体:文学短评。	1.学生有鉴赏诗歌经验,但缺乏独立评析经验。 2.不了解文学短评文体特点。	1.从内容和形式两个角度选择评论点。 2.按照引—析—评的思路安排材料。 3.运用“观点句+多则引述分析说理”方式展开分析。

3.维度三:教学评价——变革课堂教学的检测维度

教学评价是落实教学目标的重要手段,成果团队借鉴项目顾问王荣生教授的前期研究成果,主要从教学内容的角度建构阅读、写作等不同教学模型的评价工具和量规,按照“教什么评什么”的基本原则制定评价量规,对教学设计和课堂教学进行评析,找到问题并提出修改建议。

观课评课的基本视角是学生,关注的关键教学事件是:应“学生已有的学习经验”而改进“课堂学习状况”,进而促进学生形成学习经验,其中好的做法或存在的不足。如表4-2-2所示,评课的过程分为四步:(1)课堂教学行为描述;(2)教学内容分析;(3)教学目标分析;(4)联系教材和学情,做出评价并提出改进建议。

表4-2-2 观课评教的一般流程

步骤	要点	内容	注意事项
1	课堂教学行为描述。	教师教的活动,学生学习活动。	教的活动与学的活动的关联。
2	教学内容分析。	教师实际在教的内容,学生实际在学的内容。	教的内容与学的内容的关联。
3	教学目标分析。	学生所学的内容达到了怎样的学习目标。	学习内容与学习目标的关联。
4	联系教材和学情,做出评价并提出改进建议。	教材(文体和选文功能)与学情分析,做出正面评价和负面评	评价时要说清楚原因和努力的方向。

观课议课的焦点问题是教学内容。从教的方面而言,教学内容主要指教师在教学过程中呈现的种种材料及传递的种种信息,它既包括在教学中对语文教材内容的沿用,也包括教师对教材内容的处理、加工、替换和改造。教学内容主要以“知识”的样态出现,包括百科知识和语文知识。如图4-2-3所示,依据教学内容选择的情况,把好的语文课分为四个层级:最低标准、较低标准、较高标准和理想标准。依次列出九个评价要素,细化评价指标,用来改进语文课堂教学,进而提升语文教师的专业素养。

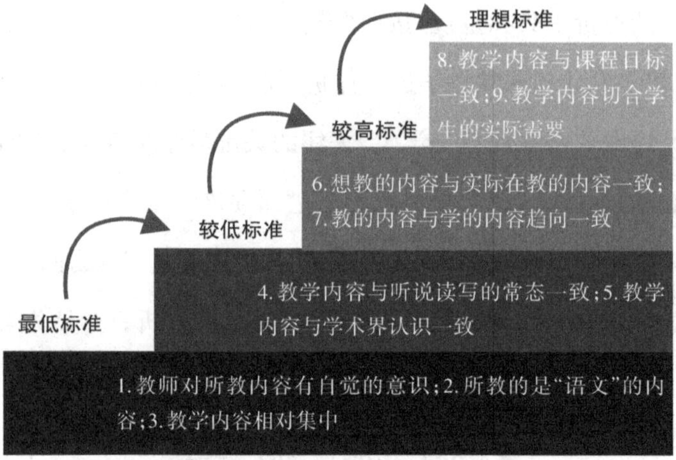

图 4-2-3　教学内容视角的四个层级教学评价图

(二)过程三坊:以教师专业发展为突破口深化语文学科建设

要实现以语文教师专业发展为中心的语文学科建设目标,我们根据真实工作场景的特点,以研究真问题为抓手,建构了"三坊一体"的校本教研模式(图 4-2-4),通过主题学习、备课和备课研讨、上课和课例研讨,开展了形式多样的课例研究,并指向语文教师话题PCK的改善。

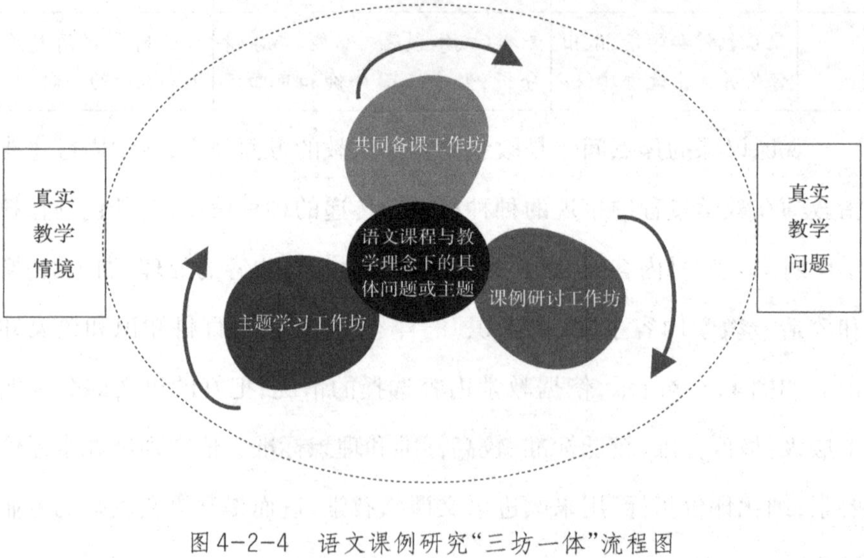

图 4-2-4　语文课例研究"三坊一体"流程图

工作坊一：主题学习工作坊。主题来自两个方面的整合，一是语文教师提出的问题、疑惑，二是课程标准和教师专业标准要求，且指向教学实践中真实的问题，核心问题是“教什么、怎么教”“学什么、怎么学”，目的是促进学生语文学习由“被动学习”走向“主动学习”，由“个体学习”走向“合作学习”，由“浅表学习”走向“深度学习”，而且每次学习围绕一个主题展开。

工作坊二：共同备课工作坊。根据每次研修的主题，先组织专家与语文教师分组共同备课，然后组织备课研讨并对教学设计进行修改、优化，最后教师上课、观课。在此基础上，让参与备课的教师与一线教学名师同课异构，其他语文教师学习从教学内容的角度观课。

工作坊三：课例研讨工作坊。这里的课例研究，主要指的是行动中的课例研究，语文教师既是学习者、行动者，也是研究者。同时，把名课研习和课例研讨有机结合，研究上好语文课的方法，把教学目标、教学环节和“学的活动”关联起来选择和开发合宜的内容，生成优质的语文课例。

通过“三坊”研修，改善语文教师的话题PCK。语文教师话题PCK需要在特定的主题和情境下，综合运用语文学科内容知识、教学方法与策略知识、有关学生的知识、教学媒体的知识和课程知识开展教学过程中呈现的知识形态。本项目发现，语文教师话题PCK的形成需要经历四个阶段（图4-2-5）：（1）分析教材内容和一般学情特点选择教学内容，在这一阶段话题PCK改善的难点体现在两个方面，一是专业的语文学科内容知识和教科书使用知识的转化，二是科学分析学情知识的运用。（2）依据教学内容选择匹配的教学方法。在这一阶段需要彻底扭转语文教师运用讲授法来教学的习惯做法，根据教学内容的需要选择教学方法。（3）掌握“学习活动”的知识，把课堂教学以“教的活动”为中心转向以“学的活动”为中心。这一阶段的做法是采用逆向设计的方法，先确定终点目标和评估指标，然后以学生为主体设计和组织学习步骤，每一环节都有学生的表现性行为的评估。(4)根据课程标准和教材，在连续的教学中，考虑具体的学情特点选择教学内容，组织学生的活动，评估教学目标的达成度。由于高考的压力和语文教师大量事务性工作，只有极少数语文教师能走到这一阶段。

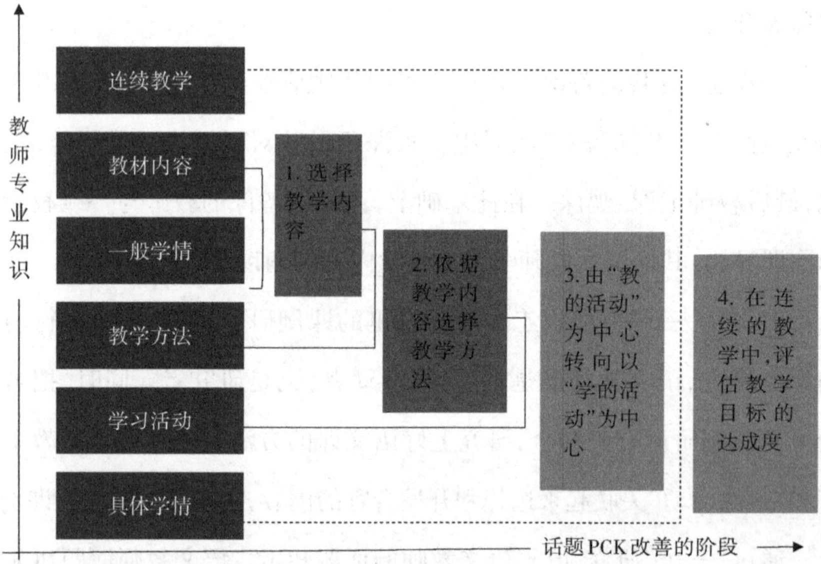

图4-2-5　语文教师话题PCK改善的四个阶段

（三）驱动三重：以多元主体协作助力语文学科建设

樟树中学语文学科建设集中体现了系统性、科学性。学校行政通过变革课程领导方式，引进专家资源，搭建校际之间的合作对话平台，从而发挥多元能动主体的作用，以促进教师专业发展为核心，系统且有层次地推进学校语文学科建设。

驱动一：变革领导——语文学科建设多重驱动的激励要素

学科建设涉及学校技术核心的革新，它需要以校长为首的行政团队实现由管理向领导的转型。樟树中学领导班子高度重视语文学科建设，通过学校发展愿景描绘、邀请专家团队、出台激励政策，激励语文教师积极参与主题研修，并成立语文学科建设领导办公室实施“扁平化管理”来全程推动语文学科建设。

驱动二：专家引领——语文学科建设多重驱动的品质要素

语文学科建设是以知识的除旧纳新和理念的更新来改变学校语文教学实践“浅表化”的关键所在。基于此，学校主动寻求学科专家的指导，聘请既有深厚理论修养又具有丰富的教学实践经验的学科专家作为首席专家，组建包括理论引领的学科专家、智慧启迪的教研行家、行为示范的教学名家在内的专家团队，系统指导语文学科建设。在专家团队的指导下，学校语文学科建设分三年实施，按照《江西省樟树中学语文学科建设项目规划与实施方案》(2018年9月)制定学年度行事历，确定学年、学期、每月学习培训内容，开展专题研修。到目前为止，到校指导的语文学科知名专家、教科书编审、优秀教研员和著名特级教师共计30人。多元能动主体的深度参与为学校语文学科建设提供了专业的指导，保证了语文课堂教学改革发展的品质。

驱动三：校际联动——语文学科建设多元驱动的协同要素

单靠一所学校的力量很难解决学科建设过程中的各种焦点和难点问题，这就特别需要寻求志同道合的兄弟学校来共同参与、协同攻关，以实现优势互补和资源共享。为了解决高中专题教学、写作教学、高考专题复习的难题，在专家引领下，学校与北京、上海、浙江等地区的名校共建校际语文学科教研共同体。三年来，学校分批派出40多位语文教师赴北京、上海、江苏和浙江等地的高中名校交流研讨，并与北京师范大学附属燕化中学金英华名师工作室、华东师范大学第二附属中学成龙名师工作室、苏州中学高新校区孙晋诺名师工作室、浙江师范大学附属中学童志斌名师工作室建立了密切的联系，开展有专家指导的教研活动，联合探索高中语文教学中的难题，效果良好。

四、成效与反思

（一）成效

1. 课堂教学发生根本转变，学生语文综合素养全面提升

在语文学科建设的推动下，樟树中学课堂教学基本实现了由“教”为中心向“学”为中心的转变，学生成为语文学习的主人，学生的语文学习兴趣和热情也被充分地激发出来。近三年来，高考语文成绩节节攀升，越来越多的学生被清华、北大等名校录取，语文高考成绩120分以上人数、130分以上人数均取得增长，与省内同等类型的县域省级重点中学相比有显著提升。

• 调查显示，高中生对语文学习比较感兴趣、非常感兴趣的比例达到91.6%，相比开展学科建设前提高了近30个百分点；认为语文课堂对提高自己的语文素养比较有帮助、非常有帮助的比例达到88.3%，相比开展学科建设前提高了近26个百分点。

• 在第二十届世界华人学生作文大赛中，樟树中学有12名同学获奖，其中叶如宽、廖欣若、杨新宇同学获得全国一等奖。

• 近五年，学生获得省市级作文、演讲、书法比赛等奖项100余项。

• 2021年，学校一本、二本上线学生语文平均分在“江西省重点中学九校联盟”中位列第一名；实验班学生高考语文平均分突破120分大关。

• 近五年，先后有10位同学考取清华、北大，均得益于语文成绩的突破。

2. 工作坊研修成效显著，教师教学教研能力显著提高

语文学科建设显著提高了语文教师的专业素养，语文课例研修工作坊的开展，使一大批青年教师脱颖而出，教学、科研能力显著提升，在县域高中语文课堂教学改革中起到引领示范作用。

• 近五年来，学校语文教师教学比赛获得市级以上奖励50余项，其中，关慧华的微课《阿房宫赋》在全国语文学习科学专业委员会举办的“新课标、新教材与学习方式的变革”中小学课堂学习方式展示会上获一等奖。刘晓维等7位老师在2020年全省新冠肺炎疫情防控期间承担了江西省中小学线上教学平台授课任务，并在全省防疫期间线上教学优质课评选活动中荣获一等奖、二等奖等多项荣誉。龚青梅获得省级优质课比赛三等奖。

• 举办三坊主题研修20次，累计45天，共计315学时；听专家报告42场，听名师及本校教师展示课98节；到北京、上海、浙江等名校交流学习10天；语文教师阅读专业书16本，撰写研修日志、心得体会人均3万余字。

• 主持立项省级研究课题5项，其中刘晓维老师主持的课题《基于地方红色文化资源开发的高中语文革命文化专题教学课例研究》获省教育科学重点立项课题并顺利结题。

• 语文教师公开发表省级以上期刊论文30余篇，其中人大复印资料《高中语文教与学》全文转载1篇，中文核心以上论文3篇。

• 出版专著《扎根校本，协同共建：一所县域高中语文学科建设的实践探索》1部，参编教材《整本书阅读教学》1本。

3. 完成了各项教研活动建模，语文教研文化逐渐生成

经过多年的实践探索，樟树中学完成了校本教研活动、共同备课、观

课议课等建模，并在实践中不断改进。在此基础上，语文校本教研文化得以生成，语文学科体系建设日益完善，学校办学水平显著提升。

• 编印了近9万字的《江西省樟树中学语文学科建设模板》，形成了校本化语文学科建设制度体系。

• 语文教研组、备课组的教学、教研氛围更加浓郁，备课活动、读书活动的开展更加扎实有效，获2022年宜春市首届优秀学科组一等奖。

• 教学成果获得2022年宜春市首届基础教育教学成果一等奖。

• 助力学校获得江西省第二届文明校园、江西省第一批“五个一百美育工程”校园文化建设示范学校、宜春市教育工作“突出贡献集体”等荣誉称号。

4.教学效益不断彰显，学科建设辐射影响不断扩大

随着语文学科建设持续推进，教学效益进一步彰显。有10余所省内名校纷纷来校交流学科建设经验，教学成果也分步在校内数学、英语等学科推广运用。10家教育媒体对本成果做了专题报道，成果的辐射影响不断扩大。

• 2022年1月，学校成功举办了“新课标、新教材、新高考”背景下高中语文学科建设成果展示会，向来自全国近500名专家和教师展示语文学科建设成果，得到湖南师范大学张良田教授、上海浦东教育发展研究院胡根林研究员等省内外专家和一线教师的高度好评。

• 赣州中学、南康中学等10所学校来校交流语文学科建设经验；学校语文教师左斌、胡美玲、周佳丽等多次到万载、信丰、赣州等地上示范课、研讨课10余节。

• 光明日报、江西教育、江西教育电视台等10家媒体系统报道了学校语文学科建设经验。

(二)反思

樟树中学语文学科建设已形成自己的特色，语文课堂教学质量和教师专业发展水平都得到显著提高，学生语文学业素养有效提升。但一所优质学校的变革是一个系统的工程，仅靠一个学科的建设也难以有效满足学校持续发展的需要，为此，特别需要进一步将“目标三维·过程三坊·驱动三重”的高中语文学科建设经验更好地推广辐射到其他学科建设中，并进一步探索、优化和提高，形成樟树中学的品牌。

第三节 基于“教学内容”革新的语文课例研修工作坊模型构建与协同实践[①]

百年现代语文教学改革与论证的焦点问题是“教什么”问题。新课程改革以来,语文教学层面普遍存在的“教学研究单维度、教师培训单向度、课堂教学单尺度”现象,就与此问题缠绕在一起,成为语文课程教学改革必须正视并亟须解决的问题。本成果以“教学内容”革新为突破点,立足中小学语文教师的实际需求,构建了可以实现“知识的更新、迁移和运用”贯通的“三坊一体·梯级递进”语文课例研修工作坊模型并开展了协同实践。主题学习工作坊搭起教学内容革新的“理解之桥”,共同备课工作坊搭起教学内容的“确定之桥”,课例研讨工作坊搭起教学内容的“转化之桥”。到目前为止,该成果已在江西、浙江、湖南、广东四省和澳门特别行政区120多所中小学校推广应用。

一、问题的提出

新课程赋予教师“研究者”的身份,支持教师开展教学研究,鼓励学校开展校本教研,并提供各种培训帮助教师提升教学水平,提高教学质量。然而,语文教学研究与实践中却出现了诸多棘手问题,其中最突出的就是“三单”现象。

① 本节为2022年国家级基础教育教学成果奖二等奖成果报告.

（一）问题：我国语文教学研究与实践长期存在“三单”现象

本成果核心成员均有中小学任教、研究生学习、师范大学教师教育和中小学语文教师培训的丰富经历。经过长期的切身体验和系统的专业实践，发现新课程改革中语文教学研究与实践普遍存在“三单”现象，即：语文教学研究单维度（大学专业人员的语文教育研究普遍呈现为“应然”式理论取向，而中小学一线语文教师普遍表现为“我以为”式的教学经验总结，二者均呈现单维取向，缺乏“知其然”与“知其所以然”的融通和统一），语文教师培训单向度（语文教师参与的新课程培训普遍为“获得模式”，主要表现为培训者向受训者的讲授与灌输），语文课堂教学单尺度（常态的课堂教学以教为主，学生被动学习；教学内容以教材内容为主，读写知识严重缺失；教学结果以知识掌握为主，语文能力培养严重不足）。

（二）出路：回归情境探求“三单”问题的破解之道

把语文教学研究与实践关联起来的关键要素是“情境”。语文课堂教学要回归生活情境，让学生经历语文知识探索、发现、转化、生成的完整过程，即：以现实经验为基础，在做中学，才能享受学习的快乐，并最终形成品性和智能；语文教师研修要回归教学情境，面对特定班级的学生和教学材料，结合课程标准，确定“教什么”“怎么教”，扩展学科教学知识，才能生成教学智慧；语文教学研究要回归教学现场，针对语文教学中真实存在的问题，通过理论运用、创生来解决，才能彰显语文教学研究的实践特质。

二、解决问题的过程和方法

成果主持人作为一名有10年中学语文教学经历的大学专业研究人

员，曾陷入实践的“沼泽地”，在攻读硕士、博士之后，再带着理论回到这片“沼泽地”，力图发挥理论研究者的引领作用，构建体现“做中学”理念的多重交互平台，优化语文教师“学科教学知识”(PCK)，解决长期以来我国语文教学研究与实践中的“三单”问题。

(一)问题诊断与理念探寻(2006—2012年)

作为一线语文教师进入大学攻读教育学硕士、博士学位后，成果主持人在系统学习教育教学理论与阅读大量教育专业文献，先后参与并主持20余项教师培训项目后发现：在新课程改革背景下，“参与式”培训模式极大地调动了语文教师参与培训的热情，大学专家与中小学名师合作组成的培训者团队也能显著增强培训效果。基于此，成果主持人利用在市示范中学兼任科研处主任的机会，以市级教育规划重点课题为依托，尝试建立专家引领的校本教研机制，邀请大学教授进课堂听评课、做讲座。经过三年的实践，语文教师以“教”为主的课堂教学发生了一些改变。

(二)实践尝试与模型初建(2012—2015年)

在义务教育阶段课程标准修订背景下，成果主持人进入一所地方师范大学从事语文教育专业领域的教学研究工作，独立主持多项“国培计划”中小学语文教师培训项目。通过培训调研和文献研究，发现王荣生教授提出的“语文课程内容、教学内容研制与教师同步发展”为解决语文教学理论与实践“两张皮”问题指明了方向。2013年10月，成果主持人作为博士后工作人员进入王荣生研究团队，并作为共同备课专家和学术班主任全程参与三个工作坊课例研修(主题学习工作坊、共同备课工作坊、课例研讨工作坊)。与此同时，成果主持人把三个工作坊研修引入所在学校的国培项目，并担任一所小学名师成长工程的导师，进入多所学校开展语文课例研究。

（三）实践推进与模型优化（2015—2018年）

2015年，应本成果核心成员（系大学研究人员兼任实验校校长）邀请，成果主持人作为课程顾问进入这所学校，开展系统的语文学科建设。调研发现，这所学校非常认同从“教学内容”角度观课评教的观点。但在实际的操作中，如何选择相对集中的教学内容，如何判断教学内容的正确性，如何评估教学内容的现实化，如何在连续的教学中选择合宜的教学内容，却面临着诸多问题。基于此，校本教研主题以不同体式选文、教学内容确定为突破口，优化了备课、观课评课模板，开展“三个工作坊”的课例研修。其中主题学习工作坊提供教学内容选择的理论知识，共同备课工作坊运用备课模板转化运用理论知识，课例研讨工作坊在运用评课模板过程中改善学科教学知识。经过三年的实践探索，正式推出语文课例研修“三坊一体·梯级递进”的模型，并运用于由60多所协同实验校组成的语文教师研修项目。

（四）推广运用与成果深化（2018—2022年）

2018年9月10日，习近平总书记在全国教育大会上强调，教师“承载着传播知识、传播思想、传播真理，塑造灵魂、塑造生命、塑造新人的时代重任”。在此背景下，中小学校语文学科建设与教师专业发展需求越来越强烈，本成果主持人、参与人分别担任项目专家、学术顾问，先后有五十多位学科专家和语文名师参与其中的“三坊一体·梯级递进”课例研修项目迅速在江西、浙江、广东、湖南四省和澳门特别行政区120多所中小学校推广应用，分别形成了学科教学知识（PCK）、教学问题解决、项目式学习三条主题研修路径，沉淀了一大批课例研修成果，通过在线平台传播优质课例研修资源。

三、成果的主要内容

针对上述问题，项目团队协同基地学校，本着三重“做中学”融为一体的理念，经过十六年理论研究与实践探索，构建了以“教学内容”革新为突破口的“三坊一体·梯级递进”语文课例研修工作坊模型（图4-3-1），搭建起一座语文教学理论与实践、课堂教学改革与教师专业成长、教育研究者与一线教师同步发展的立交桥，开辟出一条推进中小学语文学科建设和语文教师专业发展的有效路径。

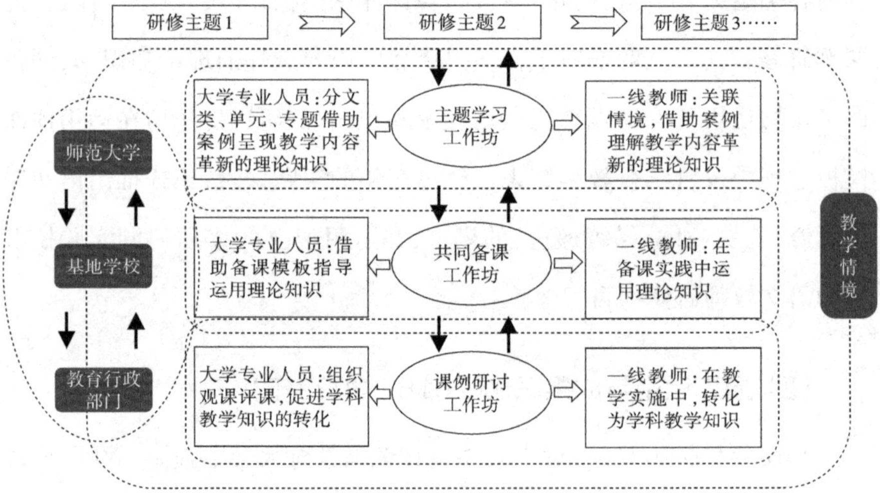

图4-3-1　语文课例研修“三坊一体·梯级递进”工作坊模型

（一）工作坊：“做中学”理念导向下的问题破解之道

疑难问题的解决犹如医者治病，需要先由“病象”找到“病灶”、再由“病灶”找到“病根”，然后在剖析“病根”的基础上找到解决问题的起点，并不断探寻和优化解决问题的过程与方法。正因为如此，项目组针对前述语文教育中长期存在的“三单”问题,理性分析问题的形成根源,秉持团队认可的基本理念,聚力共同认准的行动模式,持续开展了长达20余年的协同探索。

1.“做中学”:解决语文教学“三单”问题的上位理念选择

正如前所述,语文教学“三单”问题的根源都是缺失交互情境,具体表现为语文理论工作者远离语文教学实践开展“隔岸观火”式的研究,语文教师培训脱离语文教学现场开展“坐而论道”式的灌输,语文课堂教学疏离学生生活开展“无关痛痒”的讲授。针对问题,对症下药,项目组通过研讨、实验、再研讨,最终认定走进真实的教学情境,“做中研”“做中学”是解决问题的基本方向。“做中学”,本是以美国教育家杜威为代表的实用主义教育哲学的基本教学主张,因其特别强调学习应当是主体与外部真实世界交互影响的过程而同样适用于语文教育中“三单”问题的解决,但具体能把问题解决到何种程度,还需要在“做中研”。

2.“教学内容”革新:破解语文教学“三单”问题的抓手

针对语文教学改革缺少抓手的问题,成果团队坚定不移地选择从“教学内容”入手,建构教学内容确定的学理机制。教材中的课文或写作任务高于学生现有的语文经验,学生通过学习完成阅读或写作任务,必须有学习的内容——主要是语文知识。一篇课文教什么,“依据体式”和“依据学情”是应该可以确定的;一次写作教什么,“依据写作任务”和“依据学生写作过程中的困难”也是可以确定的。基于此,我们在工作坊课例研修中,借助学科专家和学术著作等学术资源,更新学科知识;借助学科教学专家和语文名师,更新学生和教学知识,进而优化教师的学科教学知识(PCK)。

3.“课例研修工作坊”：践行“做中学”理念的行动模式选择

“做中学”中“做”的本义就是行动、工作、实践。基于此，课例研修工作坊分为三步进行：(1)搭建起学科教学研究者、语文名师和一线教师共同参与的学习工作坊；(2)随着课例研修的推进，由三类人员轮流担任“坊主”；(3)依据情境确定“主题”，通过主题学习工作坊、共同备课工作坊和课例研讨工作坊研修，在对话、反思和实践中发现问题、做出假设、解决问题。

（二）三坊一体·梯级递进：搭建知识更新、转化与创生之桥

基于“知识是在情境中习得并创生的，知识源于生活情境，中转站则是理智地提炼、概括，最后再回到情境中解决问题”的情境理论，本成果的核心内容是回到教学现场，通过理论研究建构语文知识生产“工具箱”，通过“三坊一体·梯级递进”工作坊模型构建，搭建起语文教学理论知识、教学实践知识和语文知识融会贯通的立交桥。

1. 一体：“三类人员”共同指向“语文知识”的吐故纳新

语文教学改革要解决的关键问题是知识问题，即“教什么”“学什么”的问题。工作坊要解决的首要问题，无疑也是知识问题，具体包括学生完成学习任务的语文知识、教师完成教学任务的学科教学知识和学科教学专业人员具备的专业理论知识三种形态。语文课例研修围绕学生需要学习的“语文知识”这一核心知识展开，进而优化语文教师的学科教学知识和专业人员的专业理论知识和实践知识。我们通过多年实践探索与提炼，形成了识字写字、阅读、写作、单元整体教学和语文跨学科教学五个教学领域“语文知识”革新的研修主题（图4-3-2），基本解决了课程改革下的语文教师专业发展需求。

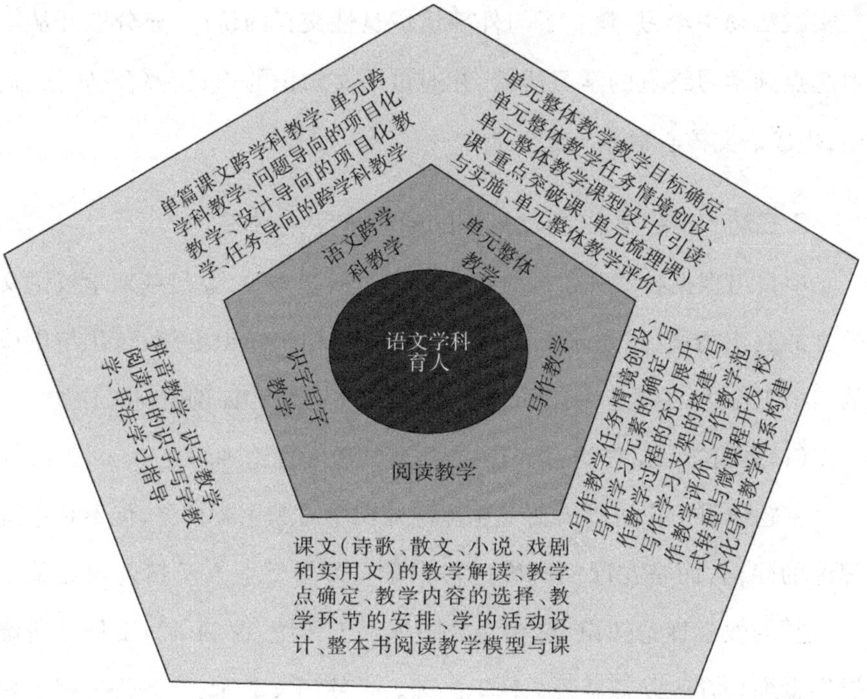

图 4-3-2　三坊一体:语文五个教学领域的知识吐故纳新图

(1)专业人员:以“教学内容”确定为焦点传递理论知识

大学教师教育专业人员针对语文教学诊断中发现的真实问题,提供专业的理论知识和可靠的教学资源,开发了阅读、写作和评课模板,指导一线语文教师以选择和开发合宜的教学内容为抓手,优化学科教学内容知识,推动语文课堂教学变革和教师专业发展。

(2)语文教师:在“教学内容”确定和转化过程中重构学科教学知识

在语文课例研修工作坊中,一线语文教师(包括语文名师)经历双重知识建构:一是运用备课、观课评课模板,重构语文知识体系;二是改善教学实践,重构学科教学知识体系。基地学校语文教师在语文知识和学科教学知识的更新重构和转化运用中不断提升专业发展水平。

(3)中小学生:掌握语文知识,生成语文核心素养

在课例研讨工作坊中,学生在语文教师指导下,激活已有经验,在语

文实践活动中学习，建立了与外部情境良性交互的桥梁，充分展开从学习起点到学习终点的学习活动，并通过语文知识的积累、整合、转化、运用，生成语文核心素养。

2. 三坊："梯级递进"推动知识的更新、转化与生成

项目组根据杜威关于思维过程的五个阶段理论，立足基地学校语文教学的真实情境，重点聚焦后面三个步骤建构出知识更新、转化与生成的三个工作坊：主题学习工作坊、共同备课工作坊和课例研讨工作坊。

（1）主题学习工作坊：指向语文实践的教学理论理解之桥

主题学习工作坊以语文专业理论知识学习为主要任务，但不是系统理论的建构，而是在课例研修过程中学科教学专业人员精选聚焦某一"主题"的教学理论知识，旨在为共同备课工作坊、课例研讨工作坊研修提供思维与方法以彰显语文教学之理。一线语文教师，在研修过程中建立教学理论与教学实践的关联借助理论审视自己的教学行为，在充分的对话过程中主动更新学科教学知识。在实践探索过程中，项目组根据语文教师专业发展理论，建构了梯级递进的语文教师学科教学知识（PCK）的进阶研修内容体系（图4-3-3）。

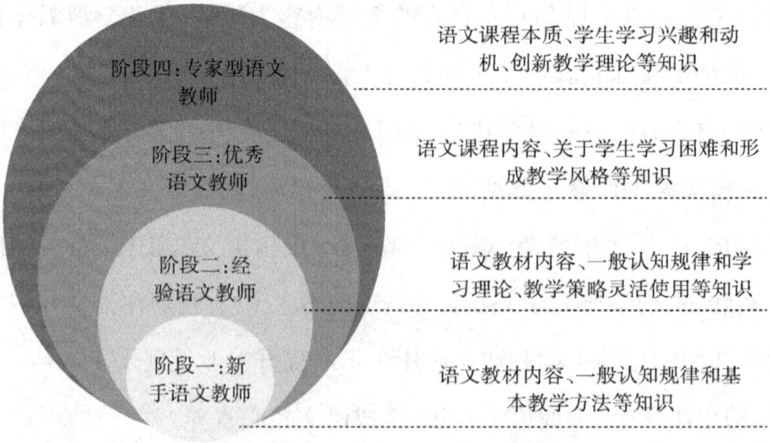

图4-3-3　不同教师专业发展阶段主题学习工作坊知识分布图

(2)共同备课工作坊:指向真实情境的教学理论转化之桥

大学专业人员作为备课专家进入中小学校,与一线教师共同经历备课以及研讨过程。在共同备课过程中,借助备课模板(图4-3-4、图4-3-5),选择以篇达类、由点及面的课例,勾连教学理论与实践,追问无疑处,推进纠缠处,解释困惑处,推进备课成果的物化,指引教师反思自己的学科教学知识。基地学校教师则在共同备课过程中,激活已有的专业知识,迁移运用新知识完成备课任务。在备课研讨中,备课专家和一线教师围绕备课成果中存在的问题展开研讨,寻找解决问题的学理依据,生成并改进备课成果,深化新知识的转化与运用。

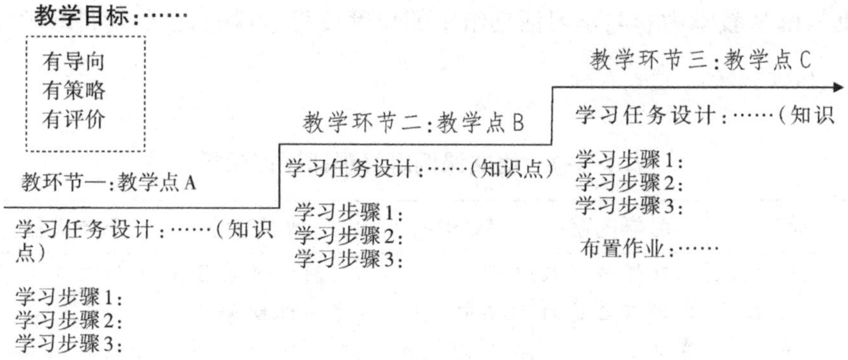

图4-3-4　阅读教学备课模板

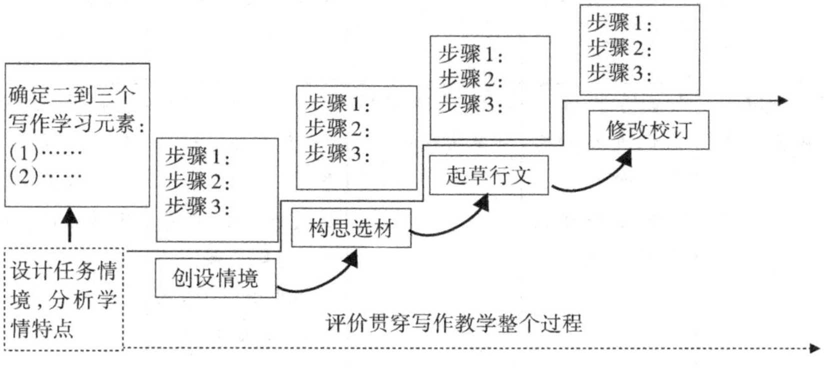

图4-3-5　写作教学备课模板

(3)课例研讨工作坊:指向问题解决的学科教学知识生成之桥

课例研讨工作坊是大学专业人员、一线教师(语文名师)和学生三重"做中学"充分对话的平台,旨在通过课堂实施、观察与课例研讨,达到促进学科教学知识生成的目的(见表4-3-1)。在课堂观察与实施阶段,执教者通过学生学习行为的变化来反思自己的教学行为;观课者充分关注学生学习活动,通过对学生学习行为的观察,抽取"语文教学内容"选择的关键事件,从教学内容视角思考教与学的意义。课例研讨阶段,语文研究者、一线教师(语文名师)聚焦主题,在对课堂进行还原的基础上,以学生学到了什么为依据,来讨论其中的教学得失及其学理依据,从而帮助教师从教学内容与学习活动组织的角度反思、重构自己的学科教学知识(PCK)。

表4-3-1　语文课例研修观课评课模板

等级	教学内容	教学目标	教学方法	教学流程
最低标准:教师知道自己在教什么。	1. 教师对所教内容有自觉的意识; 2. 所教的是"语文"的内容; 3. 教学内容相对集中;	1. 明确; 2. 集中; 3. 体现选文的体式特点;	1. 能依据学习任务单组织并开展听、读、说、写、演等"学的活动"; 2. 学生能参与到学习活动中来;	1. 依据课堂教学一般流程(组织教学、检查预习、组织学习活动、及时回顾总结)展开教学;
较低标准:教学内容正确。	4. 教学内容与听说读写的常态一致; 5. 教学内容与学术界认识一致;	4. 体现选文的功能类型;	3. "学的活动"与"教学内容"相匹配; 4. 教师能运用举例、图解、示范等方法来推动"学的活动"的展开;	2. 依据文体特点和学情特点确定二到三个有梯度的教学点;

续表

等级	教学内容	教学目标	教学方法	教学流程
较高标准:教学内容的现实化。	6.想教的内容与实际教的内容一致; 7.教的内容与学的内容趋向一致;	5.学生的言语实践得以呈现;	5."学的活动"在纵向维度(认知、技能或情意)和横向维度(学生之间)开展得比较充分;	3.每个教学点"学的活动"有序展开(活动任务、活动时间、活动形式、活动成果);
理想标准:语文课程目标的有效达成。	8.教学内容与课程目标一致; 9.教学内容切合学生的实际需要。	6.满足学生的学习需求并与课程目标相一致。	6."学的活动"形式多样。	4.核心教学点安排适时,学习活动充分展开。

(三)协同实践:语文课例研修分类实施多元推进策略

"三坊一体·梯级递进"语文课例研修项目一般分为前期调研、制定方案、项目实施和项目总结四个阶段。在项目推进过程中,有师范大学、教育行政部门(包括教师进修学校或教研机构)、中小学校三类主体参与其中。针对基地学校的实际需求,项目组会根据主体、学段、研修领域的差异,重点围绕协同机制的建立、研修路径的选择、研修成果的生成三个方面分类制定项目方案,以利于协同实践的顺利开展。

1.协同机制建立:张扬主体优势

语文课例研修项目一般实行首席专家负责制,根据参与主体的不同,最大限度地发挥各自优势,既分工又协作。(1)师范大学语文教育研究人员担任首席专家,充分发挥其理论引领作用,制定项目方案和研修主题,组建专家团队(包括学科专家和一线名师)参与课例研修,并对项目成果进行优化提炼。(2)教育行政部门主要发挥管理监督的作用,由分管领导根据中小学校的实际需求,负责经费审批、资源调配、关系协调等工作,服务项目实施的整个过程。(3)中小学校则指定分管校领导担任项目办公室主任,一方面协助项目首席专家做好相关工作,另一方面负责该项目的组织、协调、实施和评估等工作。

2.研修路径选择:体现需求差异

根据基地学校语文学科建设的具体情况和主观需求,项目团队在实践中形成了学科教学知识、教学问题解决、项目式学习为主题的三种课例研修路径,如图4-3-6所示。每一种研修路径都以学生"学的活动"为起点,以语文教育研究者、语文教师和中小学学生共同成长为终点,展开系列主题的研修,研修内容串联起来都可以构成一条连续而完整的经验链条。

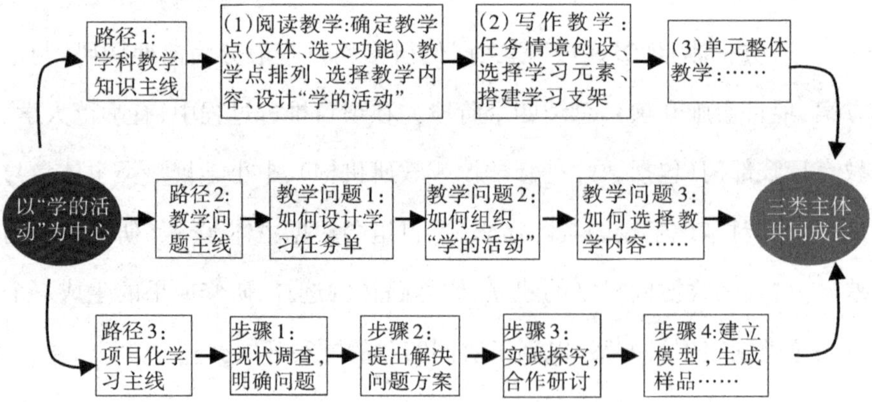

图4-3-6　语文课例研修实施的三条基本路径

3.研修成果生成:突出领域特征

在实践推进过程中,不同单位选择实施语文课例研修项目有不同的领域差异,有的是系统的校本语文学科建设,有的是区域化的语文学科建设,有的是语文学科内部某一领域的改进(如阅读、写作、单元整体教学或语文跨学科教学等)。基于以上差异,项目组除了物化研修过程成果,还指导基地学校生成校本研修成果,从而为其相应领域的校本教研工作提供可持续的资源支持。

四、成效与反思

(一)成效

1.以"共同体"为依托,带动学科专家与一线教师结伴成长

在十余年理论研究与实践探索中,形成了以本成果核心成员为学术领头雁的语文教学研究"共同体"。一大批学科专家和一线教师在课例研修中成长起来,进而显著提高了基地学校语文教学质量,为学校赢得了良好的办学声誉。

• 课例研修专家团队形成了一个以语文课例研修为平台的"实践共同体",汇集语文学科专家、语文名师近50人。近五年来,先后有10人获评正高职称,1人被评为全国优秀教师,1人获评上海市育才奖。

• 近五年来,本成果团队成员完成国家社会科学基金重点项目1项,省级以上相关课题10余项,主持和参与省级以上高水平团队各1个,完成教育部委托的《中小学幼儿园教师培训课程指导标准(义务教育语文学科教学)》1项,主编语文地方教材1套、部编版高中语文教材1册,出版参与式培训教材8本,获得国家级教学成果奖2项,省级以上教学成果奖5项。

• 近五年来基地学校语文教师成功申报省级以上课题10余项,公开发表论文100余篇,出版校本教材2套,获得省级以上教学成果奖2项,其中特等奖1项,二等奖1项,有5位语文教师获评正高职称。

2.以“课例生成”为旨趣，促进教师教与学生学的双向互动

项目团队在语文课例研修过程中持续建设并生成的课例，为中小学语文教师开展课例研修，由“教的活动”为中心转向以学生“学的活动”为中心提供了可靠的资源，间接促进了教与学的关联互动。

• 成果团队由课例研究到“三个工作坊”培训，再到“三坊一体·梯级递进”工作坊模型构建，积累了丰富的研究资源，经整理出版的课例研修成果共18本，其中“参与式语文教师培训资源”8本教材，截至2021年底发行量已达35万册。

• 基地学校在课例研修过程中积累了丰富的案例，发表论文200余篇，出版高质量校本教材3套，其中有1门课程获得省级出彩校本课程二等奖。

3.以“教学内容”为焦点，实现理论创新和经验推广的比肩共进

项目团队抓住基础教育新课程改革中语文教学存在的关键问题，展开持续、深入和大规模的研究和实践，取得的丰硕成果，已通过公开发表、学术报告和推广应用等渠道产生了广泛的社会影响。

• 围绕语文课程理论、阅读教学内容、任务写作和课例研究，出版相关著作28本，发表论文120多篇，其中CSSCI期刊论文28篇，人大复印资料全文转载50余篇。2017年以来，《中学语文教学》《语文教学通讯》《江西教育》系列刊发本团队课例研修成果，其中1项成果被教育部采纳。

• 十多年来，项目团队成员主持的以“国培计划”为代表的四级培训项目均采用课例研修工作坊模式，现已培训各级各类语文教师近2万人。

• 项目团队成员受邀到全国开展近百场主题报告，在全国产生了重大影响。中国教育报、光明日报、中国教师报等国家级媒体和江西教育等20多家新闻媒体先后对本成果做了专题报道。

（二）反思

语文课例研修是一项系统工程，需要综合解决语文学科“为什么教”“教什么”“怎么教”以及课程教学改革问题。进入到语文课程教学改革的深水区，今后还需要持续做好以下两项工作。

一是进一步加强“实践共同体”建设，根据课程改革新要求，对语文教学改革新领域的理论问题展开研究，生产更多“精要、有用、能用”的新知识。

二是进一步加强与中小学校的合作，通过协同实践解决更多让语文教师棘手的教学实践问题，为基础教育阶段语文课程教学改革做出更多贡献。

后记

本书即将付梓之际，正逢江南初夏的雨季，每天在烟雨朦胧的校园里穿行，多了一丝清凉、悠闲和随之而来的挥之不去的思绪。

世上有了水，才能孕育生命；有了河流，才能孕育文明。水，不管是飘自天空，还是涌自地下，聚之成流的起始处即为源。源头活水奔涌而出，跳荡在山岩间，为山溪；欢唱在绿草、丛林间，为清溪。小溪水一路汩汩滔滔，聚流成河，网布在大地上，哺育着千千万万的生命，哺育着人类的文明。面对着奔腾不息的黄河，哲人孔子喟然长叹："逝者如斯，不舍昼夜！"其中蕴含了多少生命的叹惋啊！明代杨慎的《廿一史弹词·临江仙》，一句"滚滚长江东逝水，浪花淘尽英雄"，写尽了多少历史兴衰、人生浮沉的感叹。在我的记忆深处，河流已经化作生命中不可或缺的部分，流进了我的每一根血管，每一处毛孔。

在我童年的记忆里，始终镌刻着一条清亮亮的溪流。她，从我家门前流过，向西南方向斗折蛇行十余公里后，流入浍河，再迤逦东下二十余公里，奔向淮河。淮河是中国南方和北方的分界线，在夏代以前属古涂山国。相传，帝尧之时，洪水滔天，尧用鲧治水，九年不息。舜摄天子政，东巡视鲧之治水无状，乃殛鲧于羽山，举鲧子禹，使续鲧业。禹娶妻涂山氏，治淮水于荆山、涂山之间，采用疏导的办法，劈开荆、涂二山，使淮河水向东奔流，彻底解决了江淮的水患，留下了三过家门而不入的动人传说。这是多年以后，因为一次偶然的机会，拜谒了涂山顶上的禹王庙才知道的；但占据了我整个童年记忆的，只有那条清亮亮的流淌不息的清溪水。

我的家乡坐落在坦荡如砥的黄淮平原上，这条被称为“沟湾”的溪流像一条飘带，缠绕在田畴村庄之间，在蓝天白云的映衬下，白亮亮的，充满着神秘和灵性。春天，溪水被最先泛绿的水草摇醒，伸了伸懒腰，荡起粼粼的波纹，小鱼小虾不甘寂寞地探出小脑袋，用新奇的眼光打量着这个新鲜的世界。水里、岸上，芦苇尖尖的前额最先钻出来，有的还顶着细长的叶带，密密麻麻地排列着，像整装待发的军队；白茅草、苦苦芽、绵绵蒿……各种有名字、没名字的草儿，从小河岸边温暖湿润的泥土中争先恐后地探出了头，蓟蓟芽、牛舌兰、蒲公英……各种有名字、没名字的花儿争相次第开放。田野里，麦苗返青了，油菜在一夜之间抽出了高高的菜薹，托出黄绿相间的花苞；蜜蜂在其间嗡嗡地忙碌着，蝴蝶在花间翩翩起舞。各种有名字的、没名字的小飞虫也像从地底下冒出来的一般，三五成群的，时而在花瓣上优雅地散步，时而在花丛中振翅低飞，时而在野草藤蔓间嬉戏……河滩边，小路旁，屋前房后，柳树的枝条柔软了、变绿了，还开出毛茸茸的花串；杨树绿了，槐树绿了，泡桐树或紫色或粉红色的喇叭花挂满枝头，一不留神，香甜可口的槐树花就开败了。大人们在鹅黄嫩绿相间的田野里劳作着，孩子们拾起镰刀，背起打到屁股的背篓，在田埂上、小河边割草喂猪、喂牛羊。“茅衣嫩，牛断顿；茅衣老，牛吃草。”我们这群打草的孩子累了，就会躺在河岸边柔软的草地上，一边晒着太阳，一边看天上飘动的白云，回想起来都觉得无比的惬意。

油菜的豆荚一天天饱满起来，小麦刚刚抽出嫩绿的麦穗，桑树上的桑葚刚刚有点泛红，小溪的水就断了凉，这时候，夏天在布谷鸟的鸣叫声中翩然而至。小溪是农村孩子天然的乐园。春天摸田螺，夏天捕鱼虾。摸田螺的季节还没过完，孩子们就迫不及待地走进夏天。大人们“莫要下河戏水”的嘱托，早被温暖的东南风吹得无影无踪了。只要有空闲，孩子们就会一头扎进溪水里嬉戏。年龄小的孩子抓住岸边的杂草，做狗刨状，两脚拼命地拍打着水面，在激起的带着黄泥点子的水花中惊叫着、大笑着；只有少数年龄大一点的孩子，才敢游到溪流的中间去。在河中间打着圈子踩水的邻居三哥，一度成为我崇拜的英雄。我最得意的游水动作是仰泳，身子仰躺在水面上，四肢在水中舒展开来，眼睛仰望着天空飘过的白云，如《西游记》里的神仙一样逍遥自在。

除了戏水，最快乐的事莫过于捕鱼摸虾了。小河边的沟沟岔岔里，芦苇丛中，只要有水的地方，到处都有鱼虾，可以摸，可以钓，可以用网、虾笼、鱼罩和苇帘子捕，可以围起一个小水塘舀干水捉。我的爷爷是一位捕鱼高手，春天淅沥的季节，正是他织虾笼、绩苇帘的最佳时间，那些精心破好的白亮而又细长的苇眉子在爷爷的怀里跳跃着、跳跃着，一个个漂亮的虾笼很快就编织好了。收完小麦不久，淮北地区的雨季就来临了。接连几天，黑中带黄的浓云布满天空，白亮亮的雨柱挂在天地间，泛着泥土气息的雨水从瓦楞间、草檐上跳跃着落到地面上，再溅起层层水花，顺流而下，小河的水很快涨起来，空气中弥漫着新鲜的鱼腥味。等雨稍细下来的时候，站在前屋门槛上向东南方向望去，一片白茫茫的水的世界，爷爷的虾笼、苇帘就可以派上用场了。这时，戴着草帽、披着雨布的爷爷扛起铁锹、铁锨第一个冲进雨幕里，在平缓的溪流中间筑起一道水坝，在水坝两端水流较缓的地方栽下虾笼，在水流湍急的地方留出三尺宽的水流，架起苇帘，前端用泥土固定在水下，后端用木桩架起来。上游湍急的流水经过苇帘漏下去，顺流而下的大鱼小鱼就成了帘上之物。我六岁那年的夏天，爷爷在村口小桥顶上筑坝捉鱼，我披着雨布站在苇帘旁候鱼，只见水花猛地泛起，一条一尺多长的红鲤鱼打着翻身进了苇帘，水流泄去，红鲤鱼鼓动着鲜红的鳃在苇帘后端拼命地挣扎。爷爷舒展双臂，双手从苇帘的两边向中间一扣，这条鲜活的大鲤鱼就被捉进了水桶。看到这一幕，我非常兴奋，嚷着要摸一摸这个大家伙。学着爷爷的样子，我双手向水桶里一操，活蹦乱跳的红鲤鱼就被我掬在怀里。说时迟，那时快，这个大家伙头部向前面猛地一摆，尾巴狠狠地扫过我前胸，只听“扑棱”一声，它已跃了出去，眨眼间就消失在浑浊的溪水中。我刚从惊惧中缓过神来，很快就陷进深深的懊悔里，大颗大颗的泪珠和着雨水倾泻下来。不知何时，爷爷一声不响地走到我身边，用长满老茧的手掌抚摸着我的面颊，柔声说：“傻孩子，不要哭了，知道吗？这是跳龙门的鲤鱼，力气大着呢，跑了一点都不可惜。她的肚子里有很多鱼仔，将来可以生出更多的鱼呀。”刹那间，爷爷戴着草帽、留着花白胡子的慈祥的笑容，嵌进了我的脑海。

离开故乡偏远的小村落，来到浍河岸边的县中读书后，我才知道：祖国九百六十多万平方公里的土地上，分布着无数条河流，其中，最著名的当数长江和黄河。上语文课时，读朱自清的《荷塘月色》，脑子里留下的只有“这令我到底惦着江南了”，读丘迟的《与陈伯之书》混混沌沌地只记得“暮春三月，江南草长，杂花生树，群莺乱飞”，读苏东坡的《赤壁赋》，对“白露横江，水光接天……浩浩乎如冯虚御风……飘飘乎如遗世独立”最有感觉。无数次在梦中，我像喝醉了酒的太白先生一样，在朦胧的月光下飞渡长江天堑，飞到繁花似锦、烟雨朦胧的江南去了。

第一次走进梦里江南，一睹中国第一大河——长江的风采，是1991到安师大参加美术考试的那个夏天。十八岁的我，平生第一次坐火车出门远行，心情既有点激动，也夹杂着莫名的紧张。那时候，芜湖长江大桥还没有开通，火车只能坐到芜湖北站，然后再乘渡轮过江。我是深夜十一点四十分到达芜湖北站的，出站口向右转一个弯，就是长江客运码头，而首班轮渡要到凌晨三点才开。信步走在码头边，白茫茫的江水浩渺无际，和远处亮着灯火的城市、黑魆魆的山色铺展在一起，看不到尽头。江风挟裹着江涛翻涌而来，激起的浪花猛力地拍打着岩石，发出"哗啦、哗啦"的声响，驱散了空气的余热，让人不禁打起寒战。这个夜晚，没有月光，也没有星光，四周只有攒动的人头，路灯下昏黄的身影一片散乱，有人在默默地抽烟，丝丝缕缕的烟草味悄悄钻入鼻孔，感觉痒痒的。有人在低声交谈，卷起的舌音传递着陌生而奇怪的信息；有人在岸边徘徊，鞋底轻触石板，发出"啪嗒啪嗒"的颤音；有人已经迷迷糊糊地睡着了，发出一阵阵轻微的鼾声……我静静地躺在花了两块钱从当地小贩手里买来的草席上，分明感觉到身下石头的温热，心底却蓦然升腾起薄薄的凄凉。凌晨三点半，我乘坐的渡轮已驶到江心，江北的码头在"哒哒"的马达声里渐行渐远，江南的城市还没有显出清晰的轮廓，四周是一片水的世界，江轮上惨白的灯光播洒在黄褐色的水面上，船体前行时激起的江水的波纹在夜幕中荡漾开去，天空中渐渐挤出一丝微黄。"日暮乡关何处是，烟波江上使人愁"，读了六年中学的那座小县城，离县城二十余公里的那个小村庄，那条名不见经传的溪流和爷爷慈爱的面容霎时盈满心头。

渡过长江，就是江南，我曾经魂牵梦绕的地方就这样走进我的生命。自此以后，我见过镜湖的柳影，感叹"山欲飞来烟满堤"的奇异；饱览锡山、惠山的夜月，聆听那一夜的二胡在天明前的伤感；徜徉在黄浦江畔，领略“十里绮罗外滩烟”的梦幻；漫步在鼓浪屿上，看“浮玉明珠满目陈”的壮阔与奇美……但是，第一次跨过长江的浩荡烟波无论如何都挥之不去，深深植根于我灵魂深处。

黄河是中华文明的源头，十六年前，我离开了淮河边的那座小县城，再一次背起行囊到黄河上游的西北师范大学求学，在黄河岸边整整生活了六年。自此，黄河不再是一个符号，她的朝晖夕阴，万千气象，从此与我血脉相连。初见兰州的黄河是2006年4月下旬的一天——这里的春天来得较晚，东部地区的桃树早已挂上果子了，这里的桃树才冒出嫩红色的花蕾——黄河两岸的杨柳正绽放着鹅黄嫩绿，岸边的水草刚吐露出一丝绿意，可是一川清凌凌的黄河水穿过两岸耸立的光秃秃的黄土山，向下游奔涌流去，一带青碧的水流和满眼土黄的群山竟这样自然地组合在一起，让人不得不惊叹造物的神奇。假如你逆流而上七十五公里，进入刘家峡库区，那神奇的景色更会让你惊异不已。来自青藏高原的冰山雪水被刘家峡大坝阻挡以后，形成了一百三十余平方公里的水面。这一片河水清澈无比，像一块巨大的由表及里包裹着鹅黄、浅绿、深绿、靛青的蓝水晶，透明而又深邃。从高空俯瞰刘家峡，黄褐色的大地上仿佛镶嵌着一块碧绿晶莹的宝石。坐游轮在刘家峡库区游览，你会发现，远处是莽莽苍苍的黄土高原，脚下是清澈的河水，水动船移，微风拂面，如在仙境中游走。捧起清冽的河水，呷上一口，清凉的甘甜便沁入心脾，令人十分惬意。黄河水流过的地方，干燥的黄土地上就能长草、植树、种庄稼、建村庄、建城市……黄河水流过的地方生命得以滋养，村庄得以滋养，城市得以滋养……黄河是孕育生命和人类文明的伟大的母亲。

冬季穿兰州城而过的黄河水，最像我故乡的溪流，水流舒缓清澈。到了春天，水流日渐增大，河水开始泛黄，曲曲折折的河床里的水流也加快，河水转弯的地方，是水流最急的地方，远隔三五里远，就能听到哗哗的流水声，像一曲天然的交响乐奏响在天地间。夏天，青藏高原的冰雪水加上甘南地区雨水的流入，黄河兰州段的水位也急剧上涨，浑浊的河水激起一个个巨大的漩涡向下游横扫过去，河中沙洲和岸边的水草、小树被连根拔起，浩浩荡荡顺流奔泻而下。站在中山桥俯瞰黄河，或在水车园渡口乘羊皮筏子，你一定能真切地感受到黄河的刚猛和雄浑。秋天，黄河水位下降，浊水转清。来到黄河湿地公园、龙园等风景绝佳处，你能看到游人如织的场面，芦苇荡森然簇立，成群的野鸭子游来游去，黄河鲤鱼在河湾处游弋，时不时有几只白鹭从湛蓝的天空中飞过。这是兰州黄河一年中最迷人的季节。

兰州是我国古代西部地区的一座重镇，古名金城，秦汉时属陇西郡，汉昭帝始元六年置金城郡，隋文帝以后，金城、兰州几易其名，历来是兵家必争之地。唐代大诗人高适《金城北楼》写道："为问边庭更何事，至今羌笛怨无穷。"元末明初诗人王祎《兰州》诗写道："洮云陇草都行尽，路到兰州是极边。谁信西行从此始，一重天外一重天。"滔滔不息的黄河见证了兰州城的兴衰，也滋养了这一方水土，这一方水土上的黎民百姓。兰州带河扼湟，屹然首峙于陇原大地，山川灵秀。百年学府，靠山临河，弦歌不辍。在兰州求学的六年，是我一生中最美好的岁月，闲暇之余，与师长友朋漫步在黄河岸边，畅谈人生，纵论学术，收获颇丰。离开兰州，转瞬已十年有余。每静心思之，师长故交音容犹在目前，黄河的涛声依然回荡在耳侧。

当北方的大地还是一片枯黄的时候，二月底的千年宋城已是一片生机盎然的仲春景象了。阳光格外明媚，天空显得非常高远，远处山青如黛，近处的榕树、香樟叶子是绿油油的，小草碧绿如茵，紫红的、粉红的山茶花开得正热烈。章江从西南方的三江乡迂回曲折而来，像一条白亮亮的丝带绕城而过，在龟角尾汇入赣江；贡江则从东南方的会昌迤逦而来，其间先后接纳平江、桃江，在八境台与章江交汇，称为赣江。站在三江汇合处，身后是穿越千年历史的古城墙、高高矗立于古城墙上的八境台和远处贺兰山顶的郁孤台，前面是烟涛浩渺的三江口，两面是绿树环绕的群山，难怪苏东坡亲临赣州，登八境台，遍览虔城风光，不禁脱口赞道：

"八境见画图，郁孤如旧游。

……

他年三宿处，准拟系归舟。"

最终，东坡先生没有兑现他系舟赣州的夙愿，却坚定了我落户赣州的想法。2012年的6月，我再一次告别回不去的故土，告别雄奇的黄河所滋养的第二故乡，踏着三千里路的云月风尘，义无反顾地向赣州走来！

有了山，有了水，一座城市就有了灵性，赣州城一年四季都是被青山绿水环绕的。登上城南的峰山，放眼远望，在烟雾迷蒙之中，赣州城像一幅太极图镶嵌在江南的山水之间，宛如蓬莱仙境。坐车或步行走进城市的每一个角落，你都能充分感受这座城市的魅力，人潮涌动的南门口，古色雅致的文清路，人来人往的浮桥，凭高远眺的郁孤台，都值得你去细细品味一番。在星光闪烁的夜晚，到南河浮桥头江边的大船上，边喝茶聊天，边欣赏江景，绝对是赣州人独特的享受。

当然，欣赏山水人文景观，要有恬淡雅致的情怀，苏轼遭遇乌台诗案被贬黄州后，巧遇被贬谪到地处岭南荒僻之地而后北归的王巩，被劝酒的柔奴感动，高声吟道"此身安处是吾乡"。此后，东坡先生遭遇多次贬谪，南海归来，九死一生，仍然留下生命的绝响，"问汝平生功业，黄州惠州儋州。"这句诗以久惯世路的旷达来取代人生失意的哀愁，其雅量和胸怀是何等惊人。近知天命之年的我，不知为什么，徜徉在千里赣江的源头，越来越思念那条哺育我成长的无名河流。每次回到故乡，我都要到小河边走一走，看一看。然而童年的清澈、明亮、多姿多彩的母亲河，已然改变了模样。破败的村庄，现在已经很少有人居住，熟悉的老屋也早已倒塌，砖头瓦砾之间正疯长着野草，当年堆满墙角的虾笼、渔网和苇帘子也早已不知踪迹。由于工业污水和生活污水的排放，小河水变得黑黝黝的，像母亲酿制的陈酱。水里、岸上，芦苇和野草疯长着。小河边，爷爷的坟墓孤零零地立在斜阳里，坟堆上长满了不知名的杂草和砍了又发的苦桃树，与周围远远近近高高低低的杨树、玉米混杂在一起，汇聚成了莽苍苍的绿色海洋。四周一片死寂，只有远处偶尔传来一两声暮鸦的啼鸣。不知为何，二十多年前，长江渡轮上莫名的悲凉再一次袭上心头，徘徊在故居的檐下，我却成了漂泊无依的游子。

何其有幸，我和语文结缘半生。1996年秋天，我成为家乡中学的一名语文教师，懵懵懂懂地参加了县级、市级教坛新星大赛，先后参加了苏鲁豫皖接壤区中学语文教学研讨会和全国中语会举办的语文教学研讨会，不知不觉间喜欢上了语文教师这个职业。攻读硕士、博士和博士后期间，又先后得到了西北师范大学靳健教授、石义堂教授、姬秉新教授，上海师范大学王荣生教授等诸位先生的悉心指导，让我在语文教育领域找到了自己的研究方向。在语文课程与教学、教师培训研究领域，王荣生教授对我的影响是巨大的。他提出的语文课程取向、教材功能类型、教学内容选择、阅读教学设计流程等诸多创见都给我很多启发。回到江西后，我以一所学校语文学科建设实践研究为突破口，回归真实的学校教学情境，融通主题学习工作坊、共同备课工作坊和课例研讨工作坊建构校本研修模型，以学校语文教学的问题为抓手，开展连续的主题教研，构建了“三坊一体·梯级递进”的课例研修模型，从一所学校做到江西、浙江、湖南、广东四省和澳门特别行政区一百二十多所学校，再到若干个区域的语文教师专业研修，得到了项目学校和语文教师的充分肯定。本书就是近六年课例研究成果的总结，在成果完成的过程中，贵溪市象山学校、樟树中学等项目学校的语文教师和“三人行语文课例研究工作室”团队的专家，参与了部分案例的开发、实施和指导工作。在梳理成果的过程中，我的研究生施旭晖、明玉华、刘杨梅、余红梅、李琳、李少冲、李建、钟怡茜等同学做了大量的资料整理、校对工作。在此，我要对指导我的老师、项目校的领导及老师、项目团队的专家和我的研究生们，表示深深的谢意。与此同时，我还要感谢西南大学荣维东教授的大力推荐，感谢西南大学出版社李青松编辑在后期编辑中的辛勤付出。一股股的力量，如不竭的源泉，推动着我沿着语文教育研究的滚滚洪流奔腾向前，鼓舞着我向整本书阅读、大单元教学、跨学科教学等语文教育研究的远方漫溯。

“百川东到海，何时复西归。”河流，一旦从源头处出发，虽历经百折千回而不返，这是自然的规律。河流，从悠悠洪荒中走来，给大地披上五彩的盛装，滋养千千万万的生灵；河流，从亘古烟尘中走来，见证了历史的兴衰，波澜不惊，宠辱皆忘；河流，从每一个人的心底流出，经历了太多悲欢离合，每一滴水珠里都蕴藏着温暖的记忆，并坚定不移地奔向远方……

又到了雨季正浓的夏日江南，岭梅开了又谢了，山茶花开了也谢了，映山红的花苞正吸收着如烟的雨雾一天天饱胀。章江、贡江、赣江首尾相继，环山抱城，静默地流淌着，岸边的小草树木绿得正欢……